Ayala M. Pines
Elliot Aronson und Ditsa Kafry

AUSGEBRANNT

Vom Überdruß zur Selbstentfaltung

Aus dem Amerikanischen übersetzt
von Agnes von Cranach

Klett-Cotta

Klett-Cotta
www.klett-cotta.de
Die Originalausgabe erschien unter dem Titel
„Burnout – From Tedium to Personal Growth"
im Verlag The Free Press, a division of
Macmillan Publishing Co., Inc., New York
© 1981 by Ayala M. Pines, Elliot Aronson with Ditsa Kafry
Für die deutsche Ausgabe
© J. G. Cotta'sche Buchhandlung Nachfolger GmbH, gegr. 1659,
Stuttgart 1983
Fotomechanische Wiedergabe nur mit Genehmigung des Verlages
Printed in Germany
Umschlag: Finken & Bumiller, Stuttgart
Foto unten: Getty Images/Chris Ryan
Auf säure- und holzfreiem Werkdruckpapier gedruckt
und gebunden von Gutmann+Co. GmbH, 74388 Talheim
ISBN-13: 978-3-608-94285-9
ISBN-10: 3-608-94285-8

Zehnte Auflage, 2006

Bibliographische Information Der Deutschen Bibliothek
Die Deutsche Bibliothek verzeichnet diese Publikation in der
Deutschen Nationalbibliographie; detaillierte bibliographische
Daten sind im Internet über <http://dnb.ddb.de> abrufbar.

Inhalt

Zur Einführung

Ausbrennen: Ein neuer, psychologischer Begriff? Die Nennform ist im Deutschen noch ungewöhnlich. Das Mittelwort der Vergangenheit *„ausgebrannt"* kennt jeder, der mit den Erscheinungen unserer Leistungsgesellschaft zu tun hat. Was läßt Menschen ausbrennen? Was ist das Wesen dieses Zustandes? Wo liegen die Ursachen? Wie wirkt er sich aus? Und vor allem: Kann man etwas dagegen tun? Das sind die Fragen, die die Autoren dieses schmalen, aber wichtigen Bandes bewegen. Ihre Antworten sind nicht nur von theoretischem Interesse. Für viele Menschen können sie existenzielle Bedeutung gewinnen, denn es geht hier um das Überleben in Arbeits- und Lebensbedingungen, die von vielen engagierten und wertvollen Menschen kaum oder nicht mehr ertragen werden.

Die Autoren beginnen damit, die Symptome des Ausbrennens zu schildern: körperliche, emotionale und geistige Erschöpfung, Überdruß, das Nicht-mehr-Können, Fluchtgedanken oder Apathie, Hoffnungslosigkeit. Wen trifft ein derartiges Schicksal? Nicht etwa Menschen, die ihr Leben aus eigener Schuld ruinieren. Das Unheimliche und die Tragik des Geschehens besteht darin, daß gerade tüchtige, an ihrer Arbeit interessierte und motivierte Menschen, vor allem in helfenden Berufen, vom Ausbrennen bedroht sind: Ärzte, Krankenschwestern, Lehrer, Sozialarbeiter, Pfarrer. Es sind Menschen, die häufig ein hohes Maß an Autonomie in der Gestaltung ihrer Arbeit genießen, Menschen, die aus eigenem Antrieb arbeiten, zugleich aber auch Aufgaben vorfinden, die nie zu Ende sind.

Die Autoren zeigen uns die Ursachen: dauernde Anspannung, zahlreiche Begegnungen mit anderen Menschen, die „ans Lebendige gehen", das, was man mit einem teilweise schon abgegriffenen Wort den „täglichen Streß" nennt. Seine Wirkungen sind dann besonders tiefgreifend, wenn aufreibende Arbeit und die dauernde Belastung von wenig Anerkennung und mitmenschlicher Unterstützung begleitet sind. Ausbrennende Menschen leiden häufig an Einsamkeit. Sie fühlen sich isoliert, schämen sich ihren Zustandes – und verschlimmern ihn damit.

Wenn uns die Autoren nur dies zu sagen hätten, wäre es ein trauriges Buch. Zum Glück hat es eine zweite, hoffnungsvolle Seite. Es hält uns nicht den Spiegel vor, sondern bietet Hilfen zur Bewältigung der beschriebenen Zustände. Das Ausbrennen kann man vermeiden. Wo es eingesetzt hat, kann man den Prozeß bremsen und rückgängig machen. Die Autoren haben mit Angehörigen zahlreicher Berufe Arbeitsgruppen organisiert, mit ihnen zusammen Strategien der Streßbewältigung und der Arbeits- und Lebensgestaltung besprochen und sie zu ihrer Verwirklichung angeleitet. Sie haben das Problem aber nicht nur im Einzelfall untersucht, sondern zeigen auch, wie ganze Institutionen und Organisationen verändert werden können, so daß ihre Angehörigen zu einer humanen Arbeits- und Lebensform zurückfinden. Der Begriff des „sozialen Unterstützungssystems" ist hier zentral. Letztlich geht es darum, dem einzelnen und den Arbeitsgruppen Möglichkeiten der positiven Lebensgestaltung aufzuzeigen und sie zu ihrer Verwirklichung zu befähigen.

Das Buch ist anschaulich und praxisnah. Zahlreiche konkrete Fallbeschreibungen illlustrieren die allgemeinen Aussagen. Der Leser erkennt darin seine eigene Situation, er lernt, sie gedanklich und handelnd in den Griff zu bekommen und zu verändern. Der wissenschaftliche Hintergrund wird nur angedeutet.

Ein Anhang zeigt, was exakt erforscht ist. Das Wichtige aber ist die Beschreibung der Bildung von Arbeitsgruppen und ihrer Vorgehensweise, in denen moderne Menschen ihre Situation reflektieren und gemeinsame Lösungen zur Bewältigung ihrer Probleme suchen und finden.

Der Herausgeber und der Verlag freuen sich, dem deutschsprachigen Leser ein Buch vorzulegen, das nicht nur neue Einsichten vermittelt, sondern auch Wege zeigt, unsere moderne Gesellschaft und das Leben in ihr humaner zu machen.

Hans Aebli

Dank

Viele Leute haben direkt oder indirekt zu diesem Buch beigetragen. Wir freuen uns, unseren Dank an erster Stelle unserer Freundin und Kollegin Christina Maslach auszusprechen. Dr. Maslachs Arbeiten haben unser eigenes Interesse am Thema dieses Buches gesteigert; einer der Autoren hat bei manchen dieser frühen Forschungsunternehmungen mit ihr zusammengearbeitet. Wir danken auch Dr. Dalia Etzion, mit der wir unsere transkulturellen Untersuchungen durchführten; ihre Kommentare zu einer früheren Version unseres Manuskriptes waren äußerst hilfreich. Auch Isamu Saito von der Rissho-Universität in Tokio, Japan, und Dale Stanley von der Community Health Clinic in Saskatoon, Kanada, die bei den transkulturellen Untersuchungen über das Überdrußerleben mit uns zusammengearbeitet haben, gebührt unser Dank. Jacob Golan und Edna Eldar erforschten die gleichen Probleme in Israel, Dov Eden von der Universität Tel Aviv hat sehr zum Verständnis des Bewältigungsprozesses beigetragen.

Mehrere Studenten der Universität von Kalifornien in Berkeley haben sich aktiv an der Überdrußforschung beteiligt: Alan Kanner hat zwei Untersuchungen geplant, deren Ko-Autor er ist; Liz Lopez, Teresa Ramirez und Susan Rauss waren ebenfalls an unseren Erhebungen beteiligt. Wir danken ihnen allen. Steve Weinberg und die Mitarbeiter des Management Training Program der Universität von Alabama haben bei den Untersuchungen über das Ausbrennen in Institutionen mitgearbeitet.

Unsere Dankbarkeit gilt auch allen, die uns in Interviews oder Gesprächen ihre Beobachtungen über den Prozeß des Ausbrennens und ihre persönlichen Erfahrungen mitgeteilt haben, namentlich Sue Gershenson, David Woods, Harriet Herman, Diane Crawford, Sylvia Guendelman, Irene Melnick, Moshe Kafry und den Mitarbeitern des Smyth Fernwald Child Care Center. Wir danken auch Linda Steck für die Überarbeitung des Manuskriptes und Carol Hecker für die Schreibarbeit.

Vor allem aber danken wir den Tausenden einst ausgebrannten Menschen, die an unseren Forschungsarbeiten teilgenommen haben und deren Erfahrungen die Grundlagen dieses Buches sind.

I. Teil:
Was bedeutet Ausbrennen?
Was bedeutet Überdruß?

1. Kapitel: Was versteht man unter Ausbrennen?

In unserer modernen Gesellschaft leiden immer mehr Menschen am Ausbrennen (*Burnout*), am Überdruß (*Life tedium*) und an Streß. Wir haben uns mehrere Jahre lang mit der Erforschung dieser Erscheinungen befaßt. Wir haben gezielte Untersuchungen unternommen und Arbeits- und Diskussionsgruppen veranstaltet, in denen wir den (insgesamt mehreren tausend) Teilnehmern unsere Forschungsergebnisse ausführlich und zum Teil in persönlichen Gesprächen mitgeteilt und sie nach ihren eigenen Erlebnissen und Erfahrungen befragt haben. Heute wissen wir, wodurch das Ausbrennen verursacht wird und wie es überwunden werden kann. Wir wissen: Dieses außerordentlich schmerzliche und quälende Erlebnis ist durch geeignete Gegenmaßnahmen zu bewältigen. Es kann den Weg zu klareren Einsichten in das Selbst weisen, das Einfühlungsvermögen anderer Menschen gegenüber verfeinern und wichtige Lebensveränderungen, Wachstum und Entwicklung einleiten. Menschen, die das Ausbrennen erlebt und überwunden haben, finden fast ausnahmslos zu allgemein besseren, anregenderen und weniger einengenden Lebensbedingungen.

Eine formale Definition des Ausbrennens findet sich im zweiten Kapitel. Für den Augenblick wollen wir es als einen seelischen Zustand umschreiben, der häufig bei Menschen eintritt, die mit anderen Menschen arbeiten (und zwar vor allem, aber nicht ausschließlich, in den helfenden Berufen) und die in ihren Beziehungen zu ihren Klienten oder Patienten, zu ihren Vorgesetzten oder Kollegen die Gebenden sind. Zu diesem Zustand gehört eine ganze Reihe von Symptomen: Man fühlt sich ganz allgemein elend – emotional, geistig und körperlich ermüdet. Man fühlt sich hilflos und hoffnungslos, man bringt keine Begeisterung für die Arbeit und keine Lebensfreude mehr auf. Das Ausbrennen tritt meist nicht als eine Folge vereinzelter traumatischer Ereignisse auf, sondern als schleichende seelische Auszehrung; tragischerweise betrifft es vor allem Menschen, die einmal besonders begeisterungsfähig und idealistisch waren. Wir haben immer wieder gefunden, daß ein Mensch einmal „entflammt" gewesen sein muß, um ausbrennen zu können. Mit anderen Worten: Wer mit einem gewissen Zynismus an einen bestimmten Beruf (wie zum Beispiel die Krankenpflege) herangeht, ist wahrscheinlich nicht so gefährdet wie ein wirklicher Idealist, der aufrichtig wünscht, anderen Menschen viel zu geben, und sich in den ersten Berufsjahren auch wirklich zur Hilfe fähig, angeregt und gefordert fühlt. Es sind also gerade die allerbesten Leute bestimmter Berufsgruppen, deren Arbeitseffizienz nachläßt. Das ist eine der ernstesten Folgen des Ausbrennens: auf diese Weise macht es uns alle ärmer.

Einige Beispiele

Was geschieht, wenn ein Mensch ausbrennt, läßt sich am besten durch einige Beispiele darstellen. Die eindrucksvollsten Erfahrungen machten wir mit Krankenschwestern, die hoffnungslos Krebskranke pflegten. Weshalb das Ausbrennen in diesem Lebensbereich zu einem schwerwiegenden Problem wird, ist leicht verständlich: Die meisten Krankenschwestern, die sich für die Arbeit auf solchen Stationen melden, bringen ein unglaubliches Maß an Idealismus mit. Sie wollen wirklich helfen, und sie nehmen großen Anteil am Leiden ihrer Patienten. Dennoch sind sie nach kurzer Zeit vom Ausbrennen bedroht, weil sie sich rückhaltlos für Patienten engagieren, die einer nach dem anderen sterben und aus dem Leben der Schwestern verschwinden. Das allein ist eine große Belastung. Überdies stehen sterbende Krebskranke, von denen viele große Schmerzen leiden, selbst unter schwerster seelischer Belastung. Es versteht sich, daß die meisten nicht in der Verfassung sind, rücksichtsvolle, dankbare und zugängliche Patienten zu sein. Auch das trägt zum Streß der Schwestern bei. Sie geben viel und erfahren wenig Dank.

In dieser kaum erträglichen Situation beginnen die meisten Krankenschwestern, sich selbst zu schützen, ohne sich dessen bewußt zu werden. Viele distanzieren sich gefühlsmäßig von ihren Patienten, andere erlauben sich einen gewissen schwarzen Humor und mokieren sich in Gesprächen mit vertrauten Freunden über die Kranken. Daß sie (weil sie sich schützen müssen) immer weniger Zuneigung zu ihren recht anspruchsvollen Patienten fühlen, führt allmählich dazu, daß sie unfreundliche Gefühle gegen jene Menschen entwickeln, denen sie helfen sollen (und wollen). In dem Maß, in dem diese Gefühle der Ablehnung wachsen, entstehen in den Krankenschwestern Gefühle der Schuld und der Beschämung wegen ihres Verhaltens, ihrer Einstellung und ihrer allgemeinen Geistesverfassung. Die Belastung durch die harte Arbeit, die Gefühle der Ablehnung, Hilflosigkeit und Hoffnungslosigkeit, der Ausweglosigkeit gehen kontinuierlich ineinander über und bewirken, daß die

Betroffenen sich erschöpft und allgemein schlecht fühlen, was wiederum die Gefühle der Ablehnung intensiviert – womit der Kreis sich schließt.

Gerade weil diese Krankenschwestern früher so idealistisch waren, sind diese Gefühle der Schuld und Beschämung sehr stark: „Ich, ausgerechnet ich dürfte nicht so fühlen . .", diesen Satz haben wir immer wieder gehört; und weil sie so fühlen, lassen sich viele verleiten, ihren Zustand vor aller Welt zu verbergen. Wir hörten von vielen Schwestern, daß sie sich zwar miserabel fühlten, aber nach außen hin forsch, tüchtig und sogar fröhlich zu scheinen versuchten. Aus diesem Verhalten entsteht die tragische Widersprüchlichkeit ihrer Lage: Sie alle fühlen die Symptome des Ausbrennens; aber um sich sehen sie Kolleginnen, die sich forsch, tüchtig und wohlgelaunt geben. Dabei sind so gut wie alle innerlich aufgewühlt, was sie durch vorgetäuschte Ausgeglichenheit oder Sarkasmus zu überspielen suchen. In Wahrheit beneiden sie ihre (scheinbar ausgeglichenen, tüchtigen) Kolleginnen.

Was ist aus dieser Situation zu schließen? Viele der Krankenschwestern haben uns *ihre* Schlußfolgerungen mitgeteilt: „Die meisten scheinen gut zurechtzukommen, also muß es an mir liegen. Vielleicht bin ich nicht stark genug, oder allzu sensibel. Vielleicht werde ich verrückt? Ich bin wohl nicht zur Krankenschwester geboren." Kurz gesagt: Da diese Frauen nicht in der Lage waren, ihren Gefühlen Ausdruck zu geben, blieb ihnen verborgen, daß sie nicht allein waren. Infolgedessen fühlten sie sich unzulänglich, was wiederum ihren Streß steigerte. Sie gaben sich selbst die Schuld für ihr Ausbrennen, statt zu sehen, was es war: eine Reaktion auf eine Situation, die überwältigende Belastungen mit sich bringt, und sich auf beinahe jedermann in ähnlicher Weise auswirkt.

Für den weiteren Verlauf des Geschehens ist es von großer Bedeutung, wo die Menschen die „Schuld" suchen. Das heißt: In welchem Bereich sehen sie die Ursachen ihrer Probleme? Wenn sie das Übel ihren Dispositionen zuschreiben und also die Ursache ihres Ausbrennens in ihrer eigenen charakterlichen Schwäche oder Unzulänglichkeit sehen, werden sie sich entsprechend verhalten: den Beruf wechseln oder psychotherapeutische Hilfe suchen. Wenn sie dagegen die Ursache ihres Ausbrennens großenteils als eine Funktion der Situation sehen, werden sie sich bemühen, die Situation zu verändern, was durch einen völlig anderen Komplex von Maßnahmen zu erreichen ist. Manchmal liegt die primäre Ursache tatsächlich in der Person — dann kann ein Stellenwechsel oder Psychotherapie die beste Lösung sein. Unsere Arbeiten haben jedoch gezeigt, daß der Grund für das Ausbrennen in der überwiegenden Mehrheit aller Fälle in der Situation liegt. Es ist klar, daß die für die Krankenschwestern auf Krebsstationen wesentlichen Streßfaktoren nicht zu ändern sind. Alle diese Schwestern müssen erleben, daß die meisten ihrer Patienten sterben. Es gibt jedoch viele Möglichkeiten, Streßsituationen zu mildern. Diese Bewältigungsstrategien haben sich als sehr hilfreich erwiesen. Wir schildern sie in den folgenden Kapiteln.

Für den Augenblick genügt die Feststellung, daß der erste und wichtigste Schritt eine Veränderung der Perspektive sein muß. Die entscheidende Frage heißt nicht: „Was stimmt nicht mit mir?" Sie muß heißen: „Was kann ich tun, um die Situation zu ändern?" In unseren Arbeitsgruppen bitten wir die Teilnehmer bald nach Beginn, aufzuschreiben, wo die Hauptursachen des Stresses liegen, den sie in ihrem Beruf erleben. Dann schlagen wir ihnen vor, sich zu fünft oder sechst zusammenzusetzen und zu besprechen, was sie aufgeschrieben haben. Diese Phase ist immer eine der aufregendsten in unseren Arbeitsgruppen. Viele unserer Krankenschwestern und Krankenpfleger von den Krebsstationen reagieren angeregt und voll Glück auf die Entdeckung, daß sie nicht so allein sind, wie sie geglaubt haben. Nachdem sie Jahre der quälendsten Gefühle von Schuld und Unzulänglichkeit durchlebt haben, wird ihnen nun klar, daß die lächelnden Gesichter ihrer Kolleginnen und Kollegen die gleichen Gefühle verbergen. Von diesem Moment an sind sie imstande, ihre Probleme als situationsbedingt und nicht als Folge ihres persönlichen Versagens zu sehen.

Es stimmt, daß die Belastungen, denen diese Krankenschwestern ausgesetzt sind, ein extremes Beispiel sind, doch sollte der Leser keinesfalls schließen, daß das Ausbrennen nur Menschen befällt, die sich täglich mit dem Tod auseinandersetzen müssen. Es kann auch in anderen Berufen auftreten und bei Menschen, die es allem Anschein nach „geschafft" haben. Sehen wir uns eine solche Gruppe an: Zahnärzte gehören einer gehobenen Berufsklasse an; beinahe jeder von uns hat seine Erfahrungen mit ihnen gemacht. Die meisten Leute sind überrascht, wenn sie hören, daß Zahnärzte am Ausbrennen leiden. Der Beruf erscheint nicht allzu anstrengend, er ist lukrativ und verursacht vergleichsweise wenig Streß. Niemand stirbt im Behandlungsstuhl. Zahnärzte sind auch nicht in *bürokratische Maschinerien* eingespannt. Sie sind ihre eigenen Herren und verfügen über ein hohes Maß an Kontrolle, Autonomie und Macht. Indessen: In den vergangenen vier Jahren haben wir in unseren Arbeitsgruppen mit mehreren hundert Zahnärzten gefunden, daß die Rate des Ausbrennens bei ihnen extrem hoch liegt.

Weshalb? Was läßt Zahnärzte ausbrennen? Hier wirken mehrere Faktoren zusammen. Wir wollen uns auf die wichtigsten konzentrieren: Zahnärzte sind Spezialisten mit gründlicher Ausbildung und großen Fachkenntnissen. Sie erledigen ihre Aufgaben meist ausgezeichnet und mit Routine — aber sie befinden sich fast ausnahmslos in einer Situation, in der sie einfach niemanden haben, der in der Lage ist, ihnen die ihrer Arbeit gebührende Anerkennung zu zeigen. Weder ihre Patienten noch ihre Mitarbeiter sind kompetent, Anerkennung zu äußern, die ihnen etwas bedeutet. Nehmen wir das Personal der Praxis: Für gewöhnlich besteht es aus einer Bürokraft, einer Dentalhygienikerin und einer Zahnarztgehilfin. Diese Angestellten erfüllen wichtige Funktionen und sind unentbehrlich, aber sie sind keine Experten; sie können nicht sagen: „Alle Achtung, diese Krone haben Sie aber wirklich phantastisch gemacht."

Aber die Patienten sind doch sicherlich dankbar? Denken wir einmal darüber nach. Fast jedermann, der eine Zahnarztpraxis betritt, ist nervös, hat ein wenig Angst und wünscht nichts anderes, als nach kurzer und schmerzloser Behandlung möglichst schnell wieder zu gehen. Kaum jemand geht gern zum Zahnarzt, was diesem natürlich nicht entgeht. Doch obwohl er sich über die Gefühle seiner Patienten völlig im klaren ist, bleibt es für ihn unerfreulich, gefürchtet zu werden. Zahnarztpatienten sind also nicht in der Verfassung, sich Gedanken über das zahnärztliche Bedürfnis nach Anerkennung, Respekt und Würdigung zu machen. Überdies bearbeiten Zahnärzte Mund und Zähne ihrer Patienten, was diesen nicht nur Unbehagen und Schmerzen bereitet, sondern auch jegliche Mitteilung verhindert, wenn man von Schnauben, Stöhnen und Brummen absieht. Der Arbeit zusehen können die Patienten auch nicht; sie könnten sich also auch nicht anerkennend äußern, wenn sie sprechen könnten.

Rufen Patienten ihre Zahnärzte auch einmal am nächsten Tag an, um ihnen zu sagen, wie gut die neue Füllung paßt, daß nichts „stört"? Die meisten Zahnärzte in unseren Arbeitsgruppen berichten, daß sich Patienten nach der Behandlung nur melden, wenn sie Beschwerden haben.

Wenn man so Stunde für Stunde, Tag für Tag und Woche um Woche erlebt, daß eine große Bemühung nur minimale Anerkennung erhält, fühlt man sich sehr belastet. Das Ergebnis ist die Erosion der Lebenskräfte, die als „Ausbrennen" bekannt ist.

In unseren Gesprächen über diese Situation erfuhren wir von vielen Zahnärzten, daß ihre Reaktionen auf diesen Mangel an Anerkennung das genaue Gegenteil dessen sind, was wir empfehlen würden: Sie reagieren kraft ihrer Autonomie mit einer Entscheidung, die vernünftig erscheint, und nehmen noch mehr Patienten an. Sie sagen: „Meine Arbeit langweilt mich, sie wird nicht gewürdigt — also will ich wenigstens so viel wie möglich verdienen." Sie leben in Luxushäusern, fahren teure Wagen, und sie fürchten sich jeden Morgen vor ihrem Arbeitstag und sehnen den Tag herbei, an dem ihnen die Zinsen ihrer Investitionen finanzielle Freiheit sichern und sie ihren Beruf aufgeben können. Diese Darstellung einer Reaktion auf das Ausbrennen ist natürlich stark vereinfacht. Sie enthält jedoch viel Wahres. Wir haben in unserer Arbeit mit Zahnärzten (und Leuten aus anderen gehobenen Berufsgruppen) gefunden, daß Geld zwar nützlich ist und man vielleicht ein wenig Glück damit kaufen kann. Ein gutes Heilmittel gegen das Ausbrennen ist es jedoch nicht.

Wir haben gefunden, daß Zahnärzte das Ausbrennen am besten bewältigen können, wenn sie weniger Patienten annehmen und diesen mehr Zeit widmen, um sie zu beruhigen und ihnen die Angst zu nehmen. Auf diese Weise lernen sie ihre Patienten als Menschen kennen und diese sie. Wenn wir die Zahnärzte in unseren Gruppendiskussionen bitten, typische unangenehme Patienten zu beschreiben, verwenden sie Adjektive wie „mürrisch", „nicht mitteilsam", „uninteressant", „unzugänglich", „unkooperativ" und so weiter. („Wie treffend Sie mich beschreiben!" rief einmal einer von uns aus, „nicht den herzlichen, charmanten Menschen, den meine Freunde kennen, sondern mich beim Zahnarzt, ängstlich, nervös und den Mund voll Watte.")

Zahnärzte, die sich Zeit für ihre einzelnen Patienten nehmen, können dadurch eine Menge Abwechslung in einen ansonsten eintönigen Tag bringen. Wenn sie ihre Patienten nicht nur als Leute mit behandlungsbedürftigen Zähnen, sondern als eigenständige Persönlichkeiten sehen lernen, erweisen sie sich selbst eine Wohltat.

Umgekehrt können die Patienten ihre Zahnärzte als kompetente und um ihr Wohl bemühte Menschen kennenlernen. Sie können sich für die Arbeit des Zahnarztes interessieren und ihm die aufrichtige Anerkennung erweisen, die er verdient.

Diese Ratschläge haben wir vielen Zahnärzten gegeben. Außerdem empfahlen wir ihnen dringend, sich von Zeit zu Zeit mit Kollegen zu treffen, mit denen sie Ideen austauschen und über die interessanten Probleme und Arbeiten der vergangenen Wochen sprechen können. So erhalten sie von Kollegen die fachliche Unterstützung und Anerkennung, die ihnen bei ihrer isolierten Arbeit in einer Privatpraxis abgehen.

Diese Empfehlungen sind nicht ganz leicht zu befolgen; richtig in die Tat umgesetzt sind sie jedoch eine wirksame Strategie gegen das Ausbrennen.

Strategien gegen das Ausbrennen

Nach diesen konkreten Beispielen wollen wir nun einige allgemeine Empfehlungen nennen; damit geben wir gleichzeitig eine kurze Vorschau auf die Kapitelfolge dieses Buches.

Die wichtigsten Strategien zur Bekämpfung des Ausbrennens sind die folgenden: Erstens muß man erkennen, daß ein Problem besteht. Zweitens muß man sich entschließen, in eigener Verantwortung etwas dagegen zu tun. Drittens muß man sich um möglichst klare Erkenntnisse über dieses Problem bemühen und, viertens, Bewältigungsmaßnahmen* entwickeln, die umfassender anwendbar und wirksamer sind als die bisherigen.

Die Eskalation des Ausbrennens wird vor allem durch die gekoppelten Gefühle von Hilflosigkeit und Hoffnungslosigkeit bedingt: „Es gibt zuviele Dinge in meinem Leben, die mir nicht gefallen, auf die ich aber keinen Einfluß habe. Ich fühle mich da völlig hilflos und habe jede Hoffnung aufgegeben, jemals etwas ändern zu können." In diesem Satz geht es um zweierlei: erstens um die objektive Realität der Situation, zweitens um die Wahrnehmung der Situation durch die Person. Wir wissen, daß Menschen, die auszubrennen drohen, manche Aspekte ihrer Situation stärker beeinflussen können, als ihnen bewußt ist. Sobald sie eine, wenn auch geringe Möglichkeit zur Einflußnahme sehen, fühlen sie sich weniger hilflos und hoffnungslos, und das noch, bevor sie darangehen, diese einzusetzen. Zwei Personen können am gleichen Ort die gleiche Aufgabe erfüllen und dabei völlig verschiedene Gefühle erleben. Die eine fühlt sich völlig hilflos und ohne Hoffnung. Die zweite empfindet, daß Hilfe möglich und Hoffnung vorhanden ist. Die erste dieser Personen erlebt intensives Ausbrennen, die zweite nicht. Stellen wir uns Zahnärzte vor, die sich bemühen, möglichst viele Patienten in möglichst kurzer Zeit zu behandeln, weil sie 350.000 DM im Jahr verdienen zu müssen glauben. Sie fühlen sich gebunden, hilflos und hoffnungslos in einer Zwangslage, die gar keine ist. Sie können sich leicht aus ihr befreien, sie müssen sich nur damit abfinden, mit etwas weniger Geld auszukommen. Soviel Autonomie ist nicht in vielen Berufen möglich. Wir haben jedoch festgestellt, daß beinahe alle Menschen mehr Handlungsspielraum haben, als sie meinen.

---

* In dem Begriff „Bewältigung", wie er in der Streßforschung und auch in den in diesem Buch dargestellten Untersuchungen verwendet wird, ist keine Aussage über den Erfolg enthalten. Da dies für die Umgangssprache nicht gilt und dieses Buch allgemein verständlich sein soll, haben wir *coping* sinngemäß mit Bewältigung, Bewältigungsversuch, Bewältigungsverhalten etc. übersetzt.

Manchen Menschen gelingt es, selbst wirksame Bewältigungsstrategien zu entwickeln und derart das Ausbrennen zu vermeiden oder in Grenzen zu halten. Andere brauchen Hilfe wie sie Tausende in unseren Arbeitsgruppen gefunden haben. Wir hoffen, daß auch dieses Buch Hilfe bietet.

Man muß sich bewußt sein, daß ein Problem besteht

Die Bewältigung eines Problems beginnt mit der Erkenntnis, daß es besteht. Manche Menschen verstecken sich vor Problemen und versuchen, jeden Gedanken daran zu vermeiden. Sie glauben, daß alles ist, wie es sein muß. Ihr Motto „Anders ist das Leben nicht" macht ihr Unbehagen etwas erträglicher, verhindert aber auch, daß sie Lösungen suchen und finden. Dieser allgemeine Zynismus im Gewand einer „philosophischen" Weltanschauung macht es diesen Menschen unmöglich, bewußt zu erkennen, was mit ihnen geschieht.

Andere Menschen wieder sind sich ihrer Probleme bis zu einem gewissen Grad bewußt, halten sie aber für selbstverschuldet. Ihre Bewußtheit ist gewöhnlich partiell, fast immer fehlgeleitet und daher dysfunktional. Nehmen wir das Beispiel der Krankenschwestern: In Stellungen, in denen sie viel Schweres erleben und hohe Anforderungen erfüllen müssen, entwickeln sie, wenn sie auszubrennen beginnen, entweder einen gewissen Zynismus oder aber Gefühle der Schuld und Beschämung wegen ihrer Einstellung und ihres Verhaltens gegen ihre Patienten; sie versuchen, diese Gefühle vor aller Welt zu verbergen; diese Gefühle fördern das Ausbrennen. Um sich eines Problems wirklich bewußt zu werden, muß man seine Ursache erkennen. Diese Erkenntnis vertieft das Unbehagen, bis man sich aktiv mit dem Problem auseinandersetzt.

Zusammenfassend: Der erste Schritt zu diesem Bewußtsein ist die Erkenntnis, daß ein Problem besteht; der nächste die, daß dieses Problem zum größten Teil durch die Situation und nicht durch die eigene charakterliche Unzulänglichkeit bedingt ist.

Man muß sich entschließen, in eigener Verantwortung zu handeln

Wenn man erkannt hat, daß ein Problem überwiegend situationsgegeben ist, muß man entsprechende Bewältigungsstrategien einsetzen. Die Frage lautet nun nicht mehr: „Was stimmt nicht mit mir?", sondern: „Was kann ich tun, um meine Umgebung so zu verändern, daß sie erfreulicher wird und ich meine persönlichen und beruflichen Ziele besser verwirklichen kann?" Wer aber Veränderungen bewirken möchte, muß bereit sein, die Verantwortung dafür zu übernehmen. Dieser Schritt ist gewöhnlich schwierig. Viele Menschen verantworten bereitwillig, was sie für ihre eigene „Schuld" halten, übernehmen Verantwortung aber nur widerwillig, wenn es um situationsbedingte oder institutionelle Probleme geht: Diese Dinge sind ihrer Meinung nach Sache der Organisation.* Das ist an sich durchaus vernünftig gedacht, man kann jedoch leider nicht immer damit rechnen, daß die Organisation in dieser Hinsicht aktiv wird. Besonders einsichtige Organisationen mögen dieser Aufgabe gerecht werden; sie sind aber seltene Ausnahmen. Ein Mensch, der erkannt hat, daß er seine Umgebung zu beeinflussen vermag, gewinnt an Macht und kann sein Leben besser steuern. Sobald ein Mensch in einer schwierigen Situation Verantwortung für Veränderungen übernimmt, bedeutet das schon Therapie, weil derart die schwächenden Effekte der Gefühle von Hilf- und Hoffnungslosigkeit aufgehoben werden. Nicht nur einzelne Menschen, auch kleine Gruppen können Veränderungen erreichen, wenn sie das wirklich wollen. In den folgenden Kapiteln wird sehr ausführlich besprochen, auf welche Weise das geschehen kann.

Man muß das Problem durchdenken

Ist man sich der Existenz eines Problems bewußt und bereit, Verantwortung zu übernehmen, muß man zu klaren Einsichten zu gelangen suchen. Menschen, die in ihrer Arbeit in einer bürokratischen Organisation vom Ausbrennen betroffen werden, fällt es gewöhnlich schwer, zu unterscheiden, was verändert werden kann und was nicht. Menschen, die glauben, man könne alles verändern, was ihnen destruktiv und gegen Menschlichkeit und Menschenwürde zu verstoßen scheint, sind vom Ausbrennen bedroht: Bürokratien haben gewisse Aspekte, die einfach nicht zu ändern sind. Wer es dennoch versucht und scheitert, verfällt Gefühlen der Hilflosigkeit und Hoffnungslosigkeit und glaubt zuletzt, daß gar nichts verändert werden kann. Andere Leute glauben das von allem Anfang an. Sie gelangen schnell zu zynischen Einstellungen und versuchen nie, etwas zu ändern. Sie arbeiten einfach ihre Zeit ab.

Wie gesagt: Manche Dinge sind gar nicht oder nur sehr schwer zu ändern. Jede schwierige Arbeitssituation hat aber auch Aspekte, die sich ohne große Mühe ändern lassen. Wir haben gesagt, daß klare Einsichten

---

* „Organisation" versteht sich hier und in der Folge als ein konkretes soziales Gefüge mit bestimmten Merkmalen. Es kann sich um öffentliche Einrichtungen wie Krankenhäuser oder um private Unternehmen wie eine Fabrik handeln.

in bestehende Probleme angestrebt werden müssen. Damit meinen wir unter anderem auch die Entwicklung der Fähigkeit, zwischen den veränderbaren und den unveränderbaren Aspekten einer Organisation zu unterscheiden: Wer das kann, kann seine Anstrengungen auf Veränderungen konzentrieren, die mit großer Wahrscheinlichkeit Verbesserungen versprechen. Auch hier ist zu sagen, daß sich nicht erst die Veränderungen wohltuend auswirken: Schon der Prozeß, in dessen Verlauf eine Person fähig wird, Veränderungen einzuleiten, wirkt den Gefühlen der Hilflosigkeit und Hoffnungslosigkeit entgegen, und das Ausbrennen läßt nach, auch wenn die Situation noch lange nicht ideal ist.

In einer der öffentlichen Hilfsorganisationen, mit denen wir arbeiteten, litten viele Mitarbeiter sehr darunter, daß in den höheren Hierarchiebereichen nicht bekannt zu sein schien, wieviel Anstrengung ihre Arbeit kostete. Dieser Umstand wurde sehr häufig als Ursache des Unbehagens am Arbeitsplatz genannt. Die Leute hatten das Gefühl, daß ihre Arbeit nicht gewürdigt werde. Dabei war es höchst unrealistisch, in einer Bürokratie dieser Art Anerkennung von hochgestellten Beamten zu erwarten. Nur tiefgreifende Veränderungen der gesamten Struktur hätten systematischen Ausdruck der Anerkennung von oben ermöglicht. Unsere Intervention war einfach, aber wirksam: Wir rieten den Angestellten gleicher hierarchischer Stufen, sich gegenseitig zu belohnen. Wir entwickelten ein System von Besprechungen und Kontakten und ermutigten sie zu gegenseitiger Aufmerksamkeit, Wertschätzung und Anerkennung.

Wir haben immer wieder gesehen, wie sehr es Individuen in Organisationen an Anerkennung fehlt. Diese Menschen leiden darunter, daß sie sich nicht gebührend geschätzt fühlen, machen sich aber ihrerseits kaum jemals auf, um die Arbeit anderer zu loben. Dabei ist unserer Erfahrung nach die Würdigung guter Leistungen anderer Leute eine der besten Möglichkeiten, auf die eigenen aufmerksam zu machen. Wenn Menschen von sich aus aufeinander zugehen und sich gegenseitig die Unterstützung und Anerkennung bieten, die ihnen fehlt, nimmt diese Unterstützung geometrisch zu. Solche Unterstützungssysteme unter Gleichgestellten sind leicht einzuführen. Sie verringern das Bedürfnis nach systematischer Anerkennung „von oben", die nur schwer oder gar nicht zu erreichen ist.

Zu den Unterscheidungen, die erlernt werden müssen, gehört auch die zwischen den tatsächlichen Anforderungen einer Stellung und den selbstgestellten Anforderungen, die manche Menschen irrigerweise dem Vorgesetzten oder der Organisation zuschreiben, was zur Folge hat, daß sie ständig überarbeitet sind. Wenn diese Leute genau prüfen, von wo die an sie gestellten Anforderungen ausgehen, können sie erkennen, daß ihre Überlastung von ihnen selbst und nicht von der Organisation ausgeht. Damit wird ihnen klar, daß sie über mehr Einfluß verfügen, als ihnen bisher bewußt war. Nun müssen sie sich mit der Frage befassen, ob sie diesen Einfluß ausüben wollen oder nicht.

Man muß Bewältigungsmaßnahmen entwickeln

Einige wichtige Bewältigungsmethoden wurden schon genannt: Zum Beispiel sollte man, um ein bestimmtes Problem klar sehen zu können, einige Unterscheidungen erlernen. Im oben zitierten Fall erforderte die Erkenntnis, daß die Anerkennung gleichgestellter Kollegen das Lob der Vorgesetzten ersetzen konnte, die Entwicklung der Fähigkeit, Alternativen zu suchen und zu finden. Man muß auch lernen, das Selbst zu erforschen, um die eigenen Bedürfnisse in einer gegebenen Situation klar ausdrücken zu können. Um Probleme und Lösungsmöglichkeiten mit anderen Menschen besprechen zu können, muß man lernen, „aktiv" zuzuhören und sich klar mitzuteilen. Diese Fertigkeiten sind wesentlich; daß sie leicht zu meistern sind, ist den folgenden Kapiteln zu entnehmen.

Wir erwähnen die Folge der strategischen Schritte im Kampf gegen das Ausbrennen im Beruf vor allem, weil wir betonen wollen, daß es nicht genügt, sich das Problem ernsthaft bewußtzumachen. Das ist nur ein guter erster Schritt: Wer ein Problem hat, sei es Alkoholismus oder Fettleibigkeit oder irgend etwas anderes, muß es klar erkennen und eine Veränderung wollen; behoben ist das Problem damit nicht. Auch hier ist eine Illustration der theoretischen Darstellung vorzuziehen: Letztes Jahr veranstalteten wir in Israel eine Serie von Arbeitsgruppen für leitende Angestellte. Einer der Teilnehmer, den wir hier Dov nennen, ist Vizepräsident einer der größten Ölgesellschaften des Landes. Als wir einige Monate später eine *intensivierte Arbeitsgruppe* für die Teilnehmer der vorigen organisierten, fanden wir Dov unter den Anwesenden − sehr zu unserer Verwunderung, weil Israel unmittelbar zuvor von einer ernsten Energiekrise betroffen worden war und wichtige Beschlüsse gefaßt werden mußten. Wir waren überzeugt, daß Dov, nach eigener Aussage „arbeitssüchtig" und, wie er meinte, in seiner Organisation unentbehrlich, in dieser Krise die Nächte durcharbeiten würde. Was also tat er hier?

Dov erzählte uns, daß er einige Monate vor der ersten Arbeitsgruppe einen schweren Herzanfall erlitten hatte. Sein Arzt verordnete ihm sechzig Tage Ruhe. Also unternahm er lange Spaziergänge in den Wäldern − und er sah Bäume, Blumen und Vögel wie zum ersten Male. Er erkannte, daß er in seinem Beruf ausbrannte. Ihm wurde bewußt, daß er die fünfzig überschritten und sich zu sehr verausgabt hatte, daß er immer härter arbeitete und immer weniger Freude daran fand. Er gelobte sich, sich in Zukunft mehr Zeit für alles zu nehmen, was ihm Freude machte, für seine Familie und sich selbst, und nicht mehr „süchtig" zu arbeiten: „Ich war über diese Entdeckung so aufgeregt", erzählte er, „daß ich es gar nicht erwarten konnte, meine neuen Erkenntnisse ins Leben umzusetzen. Ich hatte es damit so eilig, daß ich meinen Erholungsurlaub abkürzte und wieder ins Büro ging. Und in kürzester Zeit war ich wieder bei meinem Vierzehnstundentag."

Ein paar Monate später kam er dann, ohne große Erwartungen, in unsere Arbeitsgruppe über das Ausbrennen, zutiefst überzeugt, daß er zu alt wäre, um sich zu ändern. Im Verlauf der Diskussionen gewann er neue Einsichten und eignete sich ein paar nützliche Fertigkeiten an. Vor allem wurde ihm klar, daß es nicht genügt, das Problem zu erkennen. Obgleich er auf recht dramatische Weise, durch einen Herzanfall, zu dieser Erkenntnis gekommen war, konnte sie allein ihn nicht in einer wichtigen Lebensveränderung unterstützen.

Als nun die Ölkrise zufällig mit unserer *intensivierten Arbeitsgruppe* zusammenfiel, erwies sich, daß er sein Leben wirklich verändert hatte. Der alte Dov hätte, von seiner Unentbehrlichkeit überzeugt, auf unsere Diskussionen verzichtet. Der neue Dov hatte neue Prioritäten gesetzt, er selbst und seine Bedürfnisse standen jetzt an erster Stelle. Noch wichtiger war, daß er die (Ich-befriedigende) Vorstellung der eigenen Unersetzlichkeit aufgegeben und sich entschlossen hatte, mehr Verantwortung zu delegieren, was ihm immer leichter fiel. Und nun war er in seinem Beruf erfolgreicher als je zuvor, er konnte mehr für seine Gesellschaft und mit Sicherheit mehr für seine Familie und sich selbst tun, weil er gelernt hatte, aus der Verteilung von Autorität Befriedigung zu beziehen, und nicht mehr glaubte, alles selbst erledigen zu müssen. Dovs Selbsthilfe gegen das Ausbrennen kam nicht nur ihm selbst zugute, sondern auch seinem Unternehmen und seinen Untergebenen, seiner Familie und seinen Freunden.

Wir schreiben dieses Buch, um alles, was wir aus unseren Forschungsarbeiten und in unseren Arbeitsgruppen gelernt haben, mit Ihnen zu teilen. Wir hoffen, daß diese Lektüre Sie nicht nur über das Phänomen des Ausbrennens im allgemeinen und über Ihre eigene Gefährdung informieren wird, sondern außerdem Orientierungen und Verfahren vermitteln kann, die Ihnen bei der Bewältigung Ihrer Probleme helfen.

2. Kapitel: Wie erlebt man Ausbrennen und Überdruß?

Überdruß und Ausbrennen sind Zustände körperlicher, emotionaler und geistiger Erschöpfung. Die Betroffenen fühlen sich körperlich verausgabt, hilflos, hoffnungslos und emotional erschöpft. Sie entwickeln negative Einstellungen zum Selbst, zu ihrem Beruf, zu anderen Menschen und zum Leben ganz allgemein. Ausbrennen und Überdruß sind Empfindungen des Unglücks und der Unzufriedenheit, des vergeblichen Strebens nach Idealen. In extremen Formen berauben sie die Menschen der Fähigkeit, sich mit ihrer Umwelt auseinanderzusetzen und sich an ihr zu freuen.

Überdruß und Ausbrennen sind in ihren Symptomen zwar ähnlich, ihrem Ursprung nach aber verschieden. Beide sind gehäufte Reaktionen auf Erschöpfung. Überdruß kann aus jeder *chronischen Belastung* (geistiger, körperlicher oder emotionaler Art) entstehen; das Ausbrennen ist das Resultat andauernder oder wiederholter *emotionaler Belastung* im Zusammenhang mit langfristigem, intensivem Einsatz für andere *Menschen*. Gefordert wird so intensive Anteilnahme vor allem in den Berufen der Gesundheitserziehung und der öffentlichen Dienste, deren Angehörige sich in vielen Fällen „berufen" fühlen, sich um die psychischen, sozialen und physisch-materiellen Probleme anderer Menschen zu kümmern. Ihr Ausbrennen ist die schmerzliche Erkenntnis, daß sie diesen Menschen nicht mehr helfen können, daß sie nichts mehr zu geben und sich völlig verausgabt haben. Den Terminus „Ausbrennen" (*burnout*) verwenden wir in diesem Buch durchwegs für Situationen, in denen ein Mensch mit anderen Menschen zu tun hat. Es sollte klar sein, daß das Syndrom des Ausbrennens fast immer Überdruß mit umfaßt.

Überdruß tritt zwar manchmal infolge einer plötzlichen Veränderung, etwa einer traumatischen Lebenserfahrung, auf, entsteht aber weit häufiger allmählich aus den typischen Widrigkeiten und dem chronischen Streß des täglichen Berufs- und Privatlebens. Überdruß entsteht am Leben in Umwelten, in denen die negativen Aspekte vor den positiven überwiegen, in denen das Individuum zu viele Belastungen, Konflikte und Anforderungen und zu wenig Anerkennung und Belohnung erlebt.[1] Menschen, die sich geschätzt und wertvoll fühlen, sind den Anforderungen anspruchsvoller Karrieren gewachsen. Menschen, die mehr Streß als Unterstützung erfahren, verfallen leicht dem Überdruß.

Wir wissen aus unseren Forschungen*, daß Menschen in bestimmten Lebensphasen zu einem gewissen Grad von Überdruß neigen.[2] Unsere Untersuchungen erfaßten 3916 Frauen und Männer, darunter 3195 Amerikaner, 118 Kanadier, 199 Japaner und 404 Israeli. Sie kamen aus vielen verschiedenen gehobenen Berufsgruppen und waren zwischen 17 und 87 Jahre alt.

In unseren Forschungsprojekten über das *Ausbrennen* beobachteten wir die Angehörigen der helfenden Berufe bei ihrer Arbeit, sammelten ein umfangreiches Datenmaterial und führten persönliche Interviews durch.[3] Unsere Gruppenarbeit umfaßt über hundert Seminare in zehn verschiedenen Staaten der USA sowie in Israel, bei Gruppengrößen von 12 bis 500 Personen.[4] Die Teilnehmer** waren Psychologen, Psychiater, Psychotechniker, Berater, Sozialarbeiter, Bewährungshelfer, Gefängnis-

---

* Die in diesem Buch berichteten Korrelationsdaten beruhen durchwegs auf Selbstbefragung; sie geben eine Beziehung zwischen einer Variablen (zum Beispiel umgebungsbedingtem Streß) und einer anderen (zum Beispiel dem Grad des Ausbrennens) an. Diese Daten haben wohl ihren Wert, sind aber nicht immer zweifelsfrei zu interpretieren. Es ist oft schwer zu sagen, welche Variable Wirkung und welche Ursache ist, oder ob nicht vielleicht beide die Wirkungen einer tiefer liegenden Ursache sind: Bewirken bestimmte streßreiche Tätigkeiten das Ausbrennen? Macht der Prozeß des Ausbrennens den Betroffenen streßanfällig? Oder ziehen manche Berufe Menschen an, die zum Ausbrennen neigen und eine Menge Streß erleben? Für gewöhnlich sagt einem der gesunde Menschenverstand, welche kausale Folge am sinnvollsten scheint. Mit anderen Worten: Bei den meisten berichteten Daten kann man annehmen, daß spezifische Variablen (wie bestimmte Arten von Streß) die Ursachen von Überdruß sind.
Bei diesen Selbstbefragungsdaten ergibt sich ein weiteres Problem. Es kann nämlich geschehen, daß die Resultate von allgemeinen Faktoren wie der Aufrichtigkeit der Antwortenden oder ihrem Wunsch nach gefälliger Selbstdarstellung beeinflußt werden. Eine Korrelation zwischen Ausbrennen und depressiver Stimmung zum Beispiel könnte von diesen Faktoren mitbestimmt werden: Diejenigen, die aufrichtig genug sind, um zuzugeben, daß sie ausbrennen, sind dieselben, die aufrichtig genug sind, um auch ihre Niedergeschlagenheit einzugestehen. Solche Zusammenhänge sind bei vielen unserer Daten möglich. Wir glauben jedoch, daß diese Faktoren jeweils nur einen kleinen Anteil der Relationen erklären. Dieser „Glaube" ist eine informierte Beurteilung aufgrund übereinstimmender Befunde aus Hunderten von Interviewstunden und persönlichen Gesprächen in den Arbeitsgruppen. Wir meinen, daß die Fragebogen-Ergebnisse, an sich eher steril, durch die lebendige Interaktion mit Menschen, die das Ausbrennen erleben, gestützt werden.
** Wir haben darauf verzichtet, die amerikanischen Berufsbezeichnungen in die deutsche weibliche und männliche Form zu übersetzen.

personal, Kinder- und Jugendfürsorger und Lehrer an Sonderschulen, Grundschulen, Highschools, Colleges und Universitäten; Ärzte, Krankenschwestern, Zahnärzte, zahnärztliches Personal, Manager, höhere Beamte und Angestellte aus verschiedenen Institutionen und Organisationen der öffentlichen Dienste, Beschäftigungstherapeuten, Mitarbeiter der Schwangerschafts- und Geburtenberatung und Fürsorge, Dialyse-Assistenten, Juristen, Polizisten und Feuerwehrleute, Armeepsychologen, Nonnen, Priester und Experten für Organisationsentwicklung.

Das Ausbrennen ist kein isoliertes Phänomen und nicht für eine begrenzte Anzahl von Individuen charakteristisch. Es betrifft sehr viele verschiedene Menschen in beinahe allen helfenden Berufen. Ausbrennen hat schädliche psychische Auswirkungen und scheint ein wesentlicher Faktor für schlechte seelische Verfassung, Fehlen am Arbeitsplatz, Unpünktlichkeit und häufigen Stellenwechsel zu sein. Es beeinträchtigt auch die Qualität der Gesundheitserziehungs- und Fürsorgedienste. Menschen, die ausbrennen, entwickeln negative Selbstvorstellungen und negative Einstellungen zu ihrer Berufstätigkeit. Ihre Anteilnahme und ihre Gefühle für die Menschen, mit denen sie arbeiten, stumpfen ab und verkehren sich in manchen Fällen in Distanz, Abneigung und Teilnahmslosigkeit.

Ausbrennen verursacht Kosten und Verluste aller Arten. Wer seinen Beruf aufgibt, hat seine Ausbildung umsonst gemacht, wer ihn behält, zahlt mit seelischem Leiden. Organisationen erleiden Verluste an Talenten und Verluste durch schlechte Arbeitsleistungen; Klienten und Patienten müssen länger auf weniger Zuwendung warten und die Versorgung, die ihnen schließlich zuteil wird, ist schlecht und überdies ein demütigendes Erlebnis für sie.

Die drei Komponenten von Überdruß und Ausbrennen

Körperliche Erschöpfung

Ihre Merkmale sind Energiemangel, chronische Ermüdung, Schwäche und Überdruß. Ausgebrannte Menschen berichten von Unfallträchtigkeit, von erhöhter Anfälligkeit für Krankheiten, häufigen Kopfschmerzen, Übelkeit, Verspannungen der Hals- und Schultermuskulatur, Rückenschmerzen, Veränderungen der Eßgewohnheiten und des Körpergewichts, und dergleichen mehr. In der wissenschaftlichen Literatur werden weitere psychosomatische Leiden erwähnt: erhöhte Krankheitshäufigkeit,[5] lästige Erkältungen und häufige Anfälle von Grippe oder anderen Viruserkrankungen.[6]

Auch die paradoxe Kombination von Ermüdung und Schlafschwierigkeiten wird oft genannt.[7] Man ist tagsüber müde, kann aber nachts nicht schlafen, weil man sich durch immer gleiche Gedankenkreise quält oder Alpträume hat. Der Inhalt dieser Träume bezieht sich oft auf den Zustand des Träumers: Ein Gefängniswärter litt unter Träumen, in denen er gejagt und erschossen wurde; eine Kellnerin träumte von Dutzenden hungriger und verärgerter Gäste, die schimpften, weil sie ihnen das vor Stunden bestellte Essen noch nicht gebracht hatte; ein Kernphysiker, der eine Forschungsarbeit unter Zeitdruck abschließen und veröffentlichen mußte, träumte, daß sich seine besten Ergebnisse als Irrtum erwiesen.

Viele Menschen versuchen ihren Überdruß durch Alkohol, Zigaretten, Barbiturate, Beruhigungsmittel und Halluzinogene zu bekämpfen. Manche reagieren auf Überdruß, indem sie zuviel essen: „Am Abend kann ich nur noch vor dem Fernsehapparat zusammenbrechen und Riesenportionen Eis essen", sagte uns eine ausgebrannte Lehrerin. Die Erleichterung, die solche Bewältigungsversuche schaffen, währt nicht lange und läßt die Betroffenen nur noch erschöpfter und verzweifelter zurück.

Emotionale Erschöpfung

Wer emotional erschöpft ist, fühlt sich niedergeschlagen, hilflos und hoffnungslos und sieht keinen Ausweg. In extremen Fällen können diese Gefühle zu psychischer Krankheit oder Selbstvernichtungsgedanken führen.[8] Emotionale Erschöpfung kann zu unbeherrschbarem Weinen und zum Versagen der Bewältigungs- und Kontrollmechanismen führen. Überforderte Menschen haben das Gefühl, alle ihnen noch verbliebene emotionale Energie für die täglichen Verrichtungen ihres Lebens zu brauchen. Sie meinen, nichts mehr geben zu können. Eine Sozialarbeiterin sagte: „Manchmal möchte ich meinen Klienten sagen: ‚Wen kümmert das? Glauben Sie, nur Sie haben Probleme? Ich vielleicht nicht?' "

„Vor ein paar Jahren", sagte ein Jurist, „dachte ich, das Leben sei immerwährende Begeisterung und Freude, ich liebte meine Arbeit und führte ein sehr geselliges Leben. Jetzt habe ich das Gefühl, mein Beruf sei eine Sackgasse. Meine emotionalen Reserven sind erschöpft, meine besten Freunde gehen mir auf die Nerven, ich kenne meine Kinder kaum und bringe nicht die emotionale Energie auf, ihnen ein Freund zu sein.

Es fällt mir schwer, meine Klienten höflich und geduldig zu behandeln. Ich ertrinke im Selbstmitleid und wünsche mir nichts, als in Ruhe gelassen zu werden." Der ausgebrannte Mensch fühlt sich emotional ausgehöhlt und ist dabei reizbar und nervös. Seine Familie und seine Freunde bedeuten ihm keine Kraftquellen mehr, nur noch weitere Anforderungen. Leere und Verzweiflung nehmen zu, die Zufriedenheit im Beruf und bei anderen Aktivitäten nimmt ab. Glück und Hoffnung weichen Einsamkeit, Entmutigung und Ernüchterung:[9] „Mir war, als sterbe meine Seele", erinnerte sich eine Fürsorgerin.

Geistige Erschöpfung

Für den Zustand geistiger Erschöpfung ist charakteristisch, daß die Betroffenen negative Einstellungen zum Selbst, zur Arbeit und zum Leben im allgemeinen entwickeln.[10] Menschen, deren Überdruß wächst, finden ihre Arbeit nicht mehr befriedigend und verlieren ihre Selbstachtung; sie fühlen sich unzulänglich, minderwertig und ihren Aufgaben nicht mehr gewachsen: „Mir sind die Hände gebunden, und ich fühle mich unnütz und ohnmächtig", schrieb der Manager einer großen öffentlichen Dienststelle. „Ich muß Entscheidungen treffen, für die mir die nötigen Informationen fehlen. Ich kann die Anforderungen meiner Stellung nicht erfüllen. Ich fühle mich wertlos, als totaler Versager, und ich bin ärgerlich auf meine Untergebenen, die dieses Versagen mitansehen."

Menschen, die vom Ausbrennen bedroht sind, entwickeln nicht nur negative Einstellungen zu sich selbst und ihrer Arbeitsleistung, sondern auch anderen Leuten gegenüber. Sie entdecken in sich selbst Grade von Kälte und Niedrigkeit, die sie nie für möglich gehalten hätten. Bei den Angehörigen helfender Berufe entwickeln sich dehumanisierende Einstellungen zu den Menschen, denen sie helfen sollen. In der umfangreichen sozialpsychologischen Literatur ist Dehumanisierung als ein Mangel an Bewußtheit der menschlichen Attribute anderer Menschen und als Verlust an Menschlichkeit in der Interaktion mit ihnen definiert.[11] Daß andere Menschen die gleichen Gefühle, Impulse und Gedanken haben wie man selbst, wird nicht mehr wahrgenommen; derart geht alle Gemeinsamkeit menschlicher Eigenschaften verloren. Menschen, die diesem Prozeß der Dehumanisierung verfallen, verlieren die Fähigkeit, die persönliche Identität ihrer Mitmenschen wahrzunehmen, sprechen immer weniger auf sie an und behandeln sie, als wären sie keine. Wer jedoch andere Menschen dehumanisiert, erlebt selbst weniger Gefühle, Einfühlung gelingt ihm immer weniger, er dehumanisiert sich auf diese Weise selbst.[12] Ausgebrannte Menschen in helfenden Berufen sehen ihre

Patienten und Klienten oft nicht mehr als Individuen, sondern als Aggregate von Problemen: „Sie sind wie die Tiere", sagte ein Gefängniswärter. „Ich will nichts mehr mit diesen Verlierern zu tun haben", sagte eine Fürsorgerin: „Wenn sie schon so lange die Opfer der Gesellschaft sind, haben sie es wahrscheinlich nicht besser verdient."

Wer in seinem Beruf nicht zufrieden ist, kommt oft zu spät zur Arbeit und geht oft früher weg, dehnt Arbeitspausen aus oder geht der Arbeit ganz aus dem Wege.[13] Einstmals sehr idealistische Menschen verändern ihre Einstellungen, bis ihnen „alles völlig egal" ist. Katherina L. Armstrong,[14] die das Ausbrennen von Fürsorgeangestellten untersuchte, die sich mit Kindesmißhandlungen und Kindesvernachlässigung zu befassen hatten, identifizierte die folgenden Symptome: Diese Menschen empfingen täglich Widerwillen vor der Arbeit, sehen ständig auf die Uhr, verschieben Kontakte mit den Klienten, versuchen Telephongespräche und Besuche zu vermeiden, sehen die Klienten als Stereotype, können sich nicht auf das Gespräch mit ihnen konzentrieren, sind in ihrer Empörung gegenüber dem Klienten intolerant, fühlen sich gelähmt und hilflos, werden zynisch und geben ihren Klienten die Schuld an den Problemen. Nach unseren Daten waren die Krankenschwestern auf Intensivstationen[15] signifikant niedergeschlagener, unfreundlicher und ängstlicher als ihre Kolleginnen auf streßärmeren Stationen. Ausfälle und Abwesenheit infolge leichter Erkrankungen und unbestimmter somatischer Leiden (Kopfschmerzen, Magenschmerzen, Müdigkeit) waren hoch. Hyperaktivität und Ruhelosigkeit, Versetzungsgesuche, Konflikte mit anderen Angestellten und unpersönliche Beziehungen zu den Patienten traten bei Krankenschwestern in Arbeitsbereichen mit hohem emotionalen Risiko besonders häufig auf. Die Mitarbeiter einer psychiatrischen Klinik[16] fühlten sich niedergeschlagen und hoffnungslos, weil sie bei großem Zeit- und Energieaufwand wenig Erfolg verzeichnen konnten. Wenn ein Patient (vor allem nach anfänglicher Besserung) trotz aller Bemühungen der Helfer regredierte, reagierten diese mit Bitterkeit und Verstimmung, distanzierten sich und verloren das Interesse. Bei einer Untersuchung über die Merkmale des Ausbrennens der Helfer in psychiatrischen Bereichen[17] fanden wir, daß auch die Beschäftigungsdauer eine Rolle spielt: Je länger die Angestellten in einer psychiatrischen Klinik oder einem psychiatrischen Zentrum gearbeitet hatten, desto weniger liebten sie die Arbeit mit den Patienten, desto mehr vermieden sie direkte Kontakte mit ihnen, desto weniger erfolgreich fühlten sie sich in ihrem Beruf. Auch ihre Einstellung zu psychischer Krankheit änderte sich: Sie sahen ihre Patienten nicht mehr als Menschen, die Hilfe benötigten, sondern als Menschen, die Aufsicht brauchten. Sie suchten nicht mehr nach Erfüllung in ihrem Beruf, gute Tage wurden immer seltener; außer der Sicherheit, die ihre Anstellung bot, und dem Geld, das sie verdienten, sahen sie keine guten Seiten mehr an ihrer Arbeit. Herbert J. Freudenberger,[18] ein Psychoanalytiker, der sich mit dem Ausbrennen im Rahmen alternativer Institutionen befaßt hat, nennt Symptome wie Zynismus, Negativismus und eine Tendenz zum Verlust der Flexibilität. Die Mitarbeiter sprachen im Fachjargon über die Klienten, was die emotionale Distanz vergrößert, oder sie sprachen immer seltener miteinander, wurden zu Einzelgängern oder zogen sich zurück.[19]

Vergleichbare Einstellungsänderungen sind auch bei Lehrern häufig zu beobachten. Eine neu ernannte Professorin am College hatte sich gelobt, alle Anteilnahme und Hilfe zu bieten, die sie in ihrer Studienzeit ersehnt hatte. Sie stellte sich den Studenten voll und ganz zur Verfügung, ermutigte sie, zu ihr zu kommen, so oft sie wollten, sie sogar abends zu Hause anzurufen. Die Studenten waren begeistert. Sie bevölkerten ihr Arbeitszimmer, solange sie da war, und riefen dann bei ihr zu Hause an, sie erwischten sie im Kino, im Supermarkt, im Schwimmbad — es gab kein Entkommen. Allmählich wurden ihre Bürostunden kürzer. Jetzt empfängt sie Studenten nur nach Anmeldung. Ihre Tür im Institut ist verschlossen wie alle anderen auch. Sie entwickelte die übliche sogenannte „Undergraduitis", d.h. Studentenphobie, deren Symptome bei so vielen College-Lehrern auftreten: „Ich ertappe mich dabei, daß ich die Straßenseite wechsle, wenn ich Leute im Studentenalter kommen sehe. Das Lehren ist mir keine Freude mehr."

Das Erlebnis des Ausbrennens führt nicht nur zu negativen Einstellungen gegen das Selbst und die Menschen, mit denen man arbeitet, sondern beeinflußt auch die Einstellungen zu Kollegen, Freunden und Familienmitgliedern, verursacht Ehekonflikte und untergräbt persönliche Beziehungen. Ein Mensch, dessen Bedürfnisse im Beruf nicht erfüllt werden, fordert typischerweise mehr von seinem Ehepartner oder von seinen privaten Freunden. Nur sehr wenige Beziehungen können dem kontinuierlichen Druck dieser übertriebenen und ungerechtfertigten Anforderungen standhalten. Verhaltensweisen, die vordem gefällig oder gleichgültig schienen, werden zum Ärgernis. Ein ausgebrannter Arzt sagte: „Was immer meine Kollegen tun geht mir auf die Nerven – ihr Vokabular, wie sie reden, wie sie gehen. Sie kommen mir alle so dumm vor, ich kann gar nicht mehr verstehen, wie ich sie einmal anregend und attraktiv finden konnte."

Gefahrenzeichen

Manche Menschen reagieren auf das Ausbrennen überwiegend mit somatischen Symptomen, manche überwiegend mit emotionalen. Wer alle aufgezählten physischen, emotionalen und geistigen Erschöpfungsreaktionen aufweist, befindet sich in einer ernsten Krise, die durch Ausbrennen oder Überdruß verursacht ist. Gelegentlich oder vereinzelt auftretende Symptome können (und sollten!) als Warnung dienen. Sie zeigen, daß es an der Zeit ist, die Prioritäten im Berufs- und Privatleben, umgebungsbedingten Streß und die Wirksamkeit der eigenen Bewältigungsstrategien zu überprüfen und abzuwägen. Wir haben am Ende dieses Kapitels einen Selbstdiagnose-Fragebogen angefügt, der dem Leser helfen kann, den Grad des eigenen Überdrusses festzustellen.

Man sollte auch auf Gefahrenzeichen bei anderen Menschen achten. Wir baten die 118 Teilnehmer zweier Arbeitsgruppen, nach ihrer Selbstdiagnose den von einem ihrer engeren Kollegen angegebenen Überdrußwert zu schätzen. Die Korrelation zwischen den selbst festgestellten und den von den Kollegen geschätzten Werten war hochsignifikant.[20] Mit anderen Worten: Wenn ein Mensch ausbrennt, bleibt das seinen Kollegen nicht verborgen; ob der Betroffene um sein Ausbrennen weiß oder nicht, seiner Umgebung entgeht es nicht. Die Erkenntnis, daß man ausbrennt, klare Überlegungen über die Probleme und ihre Hauptursachen sind die ersten Schritte zur Bewältigung.

Wann treten Ausbrennen und Überdruß auf?

Der Zeitpunkt, die Form und die Folgen von Ausbrennen und Überdruß werden durch die Eigenschaften der betroffenen Person und durch die ihrer Umwelt bedingt. In bestimmten Berufen tritt das Ausbrennen häufig kurz nach dem ersten Antritt einer Stelle auf, zuweilen innerhalb weniger Monate oder eines Jahres. Eine Krankenschwester einer Station für Kinder mit Verbrennungen erzählte, daß sie – wie die meisten ihrer Stationskolleginnen – die emotionale Belastung dieser Arbeit nach einigen Monaten nicht mehr ertragen konnte und um Versetzung nachsuchte. Bei Krankenschwestern sind die Fluktuationsraten außergewöhnlich hoch. Die Nationale Untersuchungskommission für Krankenpflege und Krankenpflegeausbildung *(National Commission for the Study of Nursing and Nursing Education)* berichtet, daß während einer einjährigen Erhebungsperiode 70 Prozent der in amerikanischen Krankenhäusern angestellten Schwestern den Arbeitsplatz wechselten.[21] Im Arbeitsbereich des Kinderschutzes wechseln in gewissen Abteilungen jährlich fünfzig bis hundert Prozent des Personals.[22] Die Juristen der Armenrechtsabteilung berichten, daß die meisten Neulinge innerhalb von ein bis zwei Jahren ausbrennen. Die gleichen Raten gelten für so verschiedene Berufszweige wie Unterricht in den Elendsvierteln großer Städte, Sozialarbeit, Flugsicherung und Fernsehproduktion. Menschen in helfenden Berufen, die an ihren Arbeitsstätten wohnen, brennen im allgemeinen innerhalb von ein bis zwei Jahren aus. Angehörige anderer Berufe wie Ärzte, Zahnärzte, Lehrer und Privatunternehmer geben häufig längere Zeitspannen von vier bis fünf Jahren an.

Manchmal dauert eine Episode des Ausbrennens oder Überdrusses nur wenige Tage oder Wochen und kann ohne fremde Hilfe überwunden werden. In anderen Fällen können die Krisen Monate oder Jahre anhalten, ohne daß eine Lösung gefunden wird oder Besserung eintritt.

Herbert Freudenberger[23] hat gefunden, daß selbst in verschiedenen Episoden des Ausbrennens bei denselben Individuen Variationen auftreten. Er behauptet, daß die Zeitspannen zwischen den Episoden nach der ersten länger werden. Die erste setzt oft schnell ein, aber man lernt mit der Zeit, sich darauf einzustellen. Man übt mehr Selbstschutz und wird vorsichtiger, achtet mehr auf die eigenen Interessen und engagiert sich nicht mehr so eng und mit weniger emotionalem Aufwand. Es kann dennoch geschehen, daß man neuerlich ausbrennt, doch Freudenberger meint, daß diese späteren Episoden sich nicht so verheerend auswirken wie die erste.

Ausbrennen und Überdruß betreffen nur selten alle Sphären im Leben eines Menschen. Viele, die im Beruf ausbrennen, genießen ihr Familienleben und ihre privaten Aktivitäten. Andere fühlen sich ausgebrannt, weil ihre familiären Beziehungen auseinanderbrechen, erleben aber im Beruf glückliche Momente und Gefühle des Stolzes und der Bedeutung. Das Ausbrennen überträgt sich jedoch leicht von einer Lebenssphäre auf andere.

Die Konsequenzen von Ausbrennen und Überdruß

Die Menschen setzen sich auf unterschiedliche Weise mit dem Ausbrennen auseinander. Manche geben ihren Beruf auf. Der Verzicht auf eine Berufslaufbahn ist aber, besonders nach langwieriger Ausbildung, oft mit Gefühlen des Versagens, der Schuld und des Verlustes verbunden;

auch bedeutet er Kosten für die betreffende Organisation und die ganze Gesellschaft.

Andere Leute wechseln nur ihre Stellung im gleichen Beruf oder sogar in derselben Organisation; allerdings finden sie sich in ihren neuen Positionen oft mit den gleichen Problemen konfrontiert. Bei Menschen, die das Schicksal des Ausbrennens in mehreren verschiedenen Stellungen erlebt haben, können die Empfindungen der Hoffnungslosigkeit und des Versagthabens chronisch werden.

Wieder anderen Menschen gibt die Leiter des Aufstiegs die Möglichkeit, dem Arbeitsplatz zu entfliehen, an dem sie ausgebrannt sind. Im Verlauf unserer Untersuchungen trafen wir mit vielen Einzelfallarbeitern zusammen, die in ihrer Arbeit mit den Klienten ausgebrannt waren und daraufhin ihre Ausbildung weitergeführt hatten, um sich für eine Anstellung in der Administration zu qualifizieren, in der kein direkter Kontakt mit Klienten zu befürchten war. Das mag auf den ersten Blick als eine vernünftige Lösung erscheinen. Unserer Erfahrung nach gibt es jedoch nichts, was Ausbrennen mehr fördert, als ausgebrannte Sozialarbeiter, die nun Supervisoren anderer Sozialarbeiter werden. Stellen Sie sich die Szene vor: Eine junge Einzelfallarbeiterin nimmt ihren Dienst voll Idealismus und Begeisterung auf; was könnte ihr mehr schaden als eine Vorgesetzte, die ihren Idealismus nicht unterstützt, sondern sie entmutigt und ihr sagt: „Du wirst schon sehen"?

Dann gibt es noch die Menschen, die niemals aufgeben. Ihr Motiv ist das Bedürfnis nach Sicherheit, und wenn ihre Anstellung ihnen Unterhalt und eine annehmbare Altersversorgung bietet, bleiben sie als nutzlose Statisten in der Organisation.[24] Sie tun sowenig wie möglich, antworten auf alle Fragen „Ich weiß nicht" oder „Ich bin hier nur angestellt". In einer Abteilung der öffentlichen Dienste hörten wir von einem „Phantom"-Bewährungshelfer: Niemand wußte, wer er war oder was er tat, niemand kannte seinen Zeitplan. Seine Berichte gingen jedoch stets pünktlich ein, immer kurz und immer gleich. Menschen, die zu Statisten werden, verlieren die Motivation für Wandel oder Verbesserungen. Wenn ihnen eine Stellung angeboten wird, die mehr Befriedigung verspricht, nehmen sie sie gar nicht erst an.

Es gibt jedoch noch einen Weg, dem Ausbrennen und dem Überdruß zu entgehen: Eine solche Krise kann persönliches Wachstum einleiten. Sie kann zu einem Lebensabschnitt werden, in dem man Probleme erkennt und die von der Umwelt, vor allem von Beruf und Familie ausgehenden Anforderungen überprüft. In solchen Krisenzeiten kann man den Entschluß fassen, in eigener Verantwortung Unterstützungssysteme und Bewältigungsverfahren auszubauen. Man kann die Gelegenheit nützen, um Prioritäten neu zu ordnen, die eigenen Stärken und Schwächen kennenzulernen und Fertigkeiten und Fähigkeiten zu erweitern: „Ich erlebte unfaßbaren Schmerz und große Leiden", sagte ein Fernsehproduzent nach einer kurzen, aber heftigen Überdruß-Krise, „aber ich habe viel aus dieser Erfahrung gelernt. Ich war gezwungen, meine Prioritäten zu überprüfen. Mir wurde klar, woher der größte Streß rührte und welche positiven Seiten meines Lebens ich nicht vernachlässigen darf. Jetzt weiß ich, wo meine Stärken liegen und wo ich verwundbar bin, ich sehe mich selbst viel realistischer als früher. Ich bin zutiefst überzeugt, daß ich die Fehler der Vergangenheit nicht wiederholen werde. Ich weiß jetzt auch, wieviel Kraft ich aus mir selbst beziehen kann".

Ausbrennen und Überdruß sind komplexe Erlebnisse und Erfahrungen, die von der Vielfältigkeit menschlicher Natur beeinflußt werden. Einfache Fallberichte können dieser Vielfalt besser gerecht werden als abstrakte Beschreibungen. Wir berichten in der Folge sechs Beispiele, welche die häufigsten Reaktionsweisen auf Ausbrennen und Überdruß anschaulich machen. In allen Fällen handelte es sich um normale, gut angepaßte Menschen, deren typische Symptomkomplexe die Folge chronisch negativer Bedingungen und des ständigen Mangels an positiven Bedingungen in ihrer Umgebung waren.

Ein Fall von verlorenem Lebensmut

Charly, früher ein energischer, kreativer Mann, war von anhaltendem Überdruß befallen. Nach seinem Hochschulabschluß wollte er ein Modeatelier eröffnen; er war sicher, daß er „groß herauskommen" würde. Nichts konnte ihn bremsen. Er liebte die kreativen Seiten seines Berufes, die geschäftlichen sah er als große Herausforderung. Aber die Dinge liefen nicht so, wie er sich das erhofft hatte. Er fand sich in den Trivialitäten der Geschäftsführung gefangen und hatte kaum Zeit, seine schöpferischen Pläne zu verwirklichen. Er glaubte, alles besser zu können als seine Angestellten, also machte er alles selbst: Reklame, Buchführung, Bestellung und Schnittkontrolle, er selbst nahm Anrufe entgegen, er selbst rief sogar die Kunden an, die ihre Rechnungen nicht zahlten.

Als Charly dann endlich den Ruf erworben hatte, gutgeschnittene Modelle hoher Qualität zu erzeugen, erschien ihm sein Leben immer weniger erträglich. Er investierte alle seine Energien und den größten Teil seines Verdienstes in den Ausbau seines Unternehmens, seine Familie sparte, wo sie konnte. Nie hatte er das Gefühl, etwas erreicht zu haben oder erfolgreich zu sein, weil man, wie er sagte, „in dieser Branche nur so gut ist wie die neuesten Modelle: Niemand erinnert sich an die erfolgreichen Kollektionen früherer Jahre."

Angst und Ärger machten aus dem freundlichen Menschen einen mißtrauischen, der jedermann verdächtigte, ihn ruinieren zu wollen. Er hatte ständig Angst, daß irgend etwas im Geschäft schiefgehen könnte, was dann auch regelmäßig der Fall war. Jeder Tag brachte neue Krisen, die ihn ganz in Anspruch nahmen. Er betrat sein Büro um sechs Uhr morgens, zu Hause machte er bis Mitternacht Buchhaltung. Er sah kaum etwas von seiner Familie, er nahm nie einen freien Tag oder Urlaub. Er empfand Schuldgefühle gegenüber seiner Familie und nahm ihr das übel.

Nach vier Jahren hatte Charly alle seine physischen, geistigen und emotionalen Reserven verausgabt. Er fühlte sich, als wären seine Nerven zu einem Strick gedreht. Auch die immer größeren Dosen von Beruhigungsmitteln, die ihm sein Arzt verschrieb, halfen nichts mehr. Er haßte die Regierung wegen der Steuern, er haßte seine, seiner Meinung nach, inkompetenten Angestellten, die Konkurrenz, die Kundschaft – und am meisten sich selbst. Er konnte nicht mehr schlafen und nicht mehr essen. Nie war er guter Laune, nie fand er Entspannung. Charly brach zusammen und kam im Zustand totaler Erschöpfung ins Krankenhaus, wo er fünf Tage auf der Intensivstation lag. Nach seiner Entlassung wurden ihm mehrere Wochen Ruhe verordnet.

Nach dieser Erholungszeit zog er mit seiner Familie in einen Vorort. Er fühlte sich nicht mehr stark genug, kreative oder geschäftsführende Verantwortung zu übernehmen. Er hatte seinen Ehrgeiz und seinen kreativen Schwung für immer verloren und nahm eine Anstellung in einer großen Bekleidungsfirma an. Er war nicht mehr fähig, sich im Leben durchzusetzen, sein Lebensmut war dahin.

Ein Fall von Berufswechsel

Manche Leute glauben, daß sie ausbrennen, weil sie den falschen Beruf gewählt haben. Junge Lehrer und Lehrerinnen zum Beispiel erkennen oft bald, nachdem sie das erste Mal allein vor einer Klasse gestanden haben, daß sie den Unterricht fürchten. Carol war eine dieser Lehrerinnen. Ihre Familie hatte erwartet, daß sie Grundschullehrerin werden würde, „weil sie so gut mit Kindern umgehen kann" und „weil Grundschullehrerin so ein schöner Beruf für eine Frau ist". Carol hatte nie Zweifel in bezug auf diese Berufswahl, bis sie im letzten Jahr ihrer Ausbildung zum ersten Mal als Hilfslehrerin arbeitete. Da kamen ihr Bedenken: Diese ganze Situation — die lebhaften, lärmenden Kinder, ihre eigene Unsicherheit, ihr Mangel an Kontrolle — erschreckten und verstörten sie. Aber sie konnte sich nicht entschließen, so kurz vor dem Abschluß aufzugeben, also machte sie weiter. Nach zwei Jahren Unterricht war ihr klar, daß sie nicht mehr weiterkonnte. Sie fühlte sich nicht imstande, die großen und zuweilen gegensätzlichen Erwartungen der Eltern ihrer Schüler zu erfüllen; dazu hätte sie mehr Unterstützung von ihnen und der Schulleitung gebraucht. Wenn sie vor ihrer Klasse stand, fühlte sie sich schwach, hilflos und unglücklich. Wenn der Schultag vorbei war, war sie körperlich und emotional am Ende; sie sagte, sie brauchte einen Menschen, der sie „vom Boden aufkratzt". Der tägliche Streß des Unterrichtens ließ ihr keine Energie für andere Aktivitäten. Sie vernachlässigte ihr soziales Leben und verbrachte den größten Teil ihrer Freizeit in ihrem Zimmer, häufig krank und beinahe immer depressiv gestimmt. Carol erkannte, daß sie den Lehrerberuf aufgeben mußte, wenn sie nicht den Rest ihres Lebens unglücklich sein wollte. Sie nahm eine Sekretärinnenstelle in einem industriellen Unternehmen an und fand ihr neues Leben sehr befriedigend. Sie war froh, nicht mehr Lehrerin zu sein, und wunderte sich, daß sie das so lange ausgehalten hatte.

Ein Fall goldener Fesseln

Manche Menschen geben ihren Beruf auf, wenn sie merken, daß sie ausgebrannt sind; andere aber bleiben, weil sie sich eine Umstellung finanziell nicht leisten können oder weil sie zuviel in ihre Karriere investiert zu haben glauben.

Michael war Kinderarzt, er hatte seinen Beruf aus Liebe zur Medizin und zu Kindern gewählt. Nach seiner Ausbildung eröffnete er eine Privatpraxis und hoffte auf ein erfolgreiches und anregendes Berufsleben.

Mit der Zeit wurde ihm klar, daß ein Arzt in seiner Praxis sehr einsam sein kann. Da waren zwei Ordinationsschwestern und eine Sekretärin, aber da waren keine anderen Kinderärzte, die seine Arbeit und sein Können würdigten. Er fühlte sich auch nicht gefordert: Der Großteil seiner Arbeit war Routine und mit der Zeit langweilig. Er hatte sich die Medizin nicht als eine endlose Folge von Erkältungen und Milchschorf vorgestellt. Er wußte, daß er als Mediziner mehr leisten konnte, aber seine Arbeit war zur Routine geworden, und er hatte seinen Elan verloren. Nach und nach schwand sein Interesse für seine kleinen Patienten und an der Medizin, die Freude an seiner Arbeit, seine Begeisterung und seine Energie. Michael fand in seinem Beruf keine Befriedigung mehr und wußte, daß sich das auf sein Familienleben und auf sein Selbstbild auswirkte.[25]

Da er aber fünfzig und erfolgreich war, sah er keinen Ausweg. Er hatte ein Haus in einem Vorort und zwei Autos zu unterhalten, für jährliche Ferienreisen und die Privatschulen seiner beiden Kinder zu bezahlen. Geld war die letzte Befriedigung, die er noch aus seiner Arbeit beziehen konnte. Statt in anderen Aktivitäten einen Ausgleich für die Langeweile seiner Arbeit zu suchen, vergrößerte er seine Praxis und nahm mehr Patienten an. Und je mehr Patienten er hatte, desto weniger Zeit blieb für Gespräche mit ihnen und ihren Eltern; der persönliche Kontakt ging verloren. Unterhaltungen mit Patienten, die Abwechslung in die tägliche ärztliche Routinearbeit bringen können, erschienen ihm als Vergeudung seiner wertvollen Zeit, denn seine Zeit war Geld. Michael fühlte sich oft unglücklich und begann, sich Fragen über den Wert und die Ziele seines Lebens zu stellen. Er fühlte sich in goldene Fesseln gelegt, aber er fand sich damit ab und sehnte sich nach einer Zukunft, in der er von seinen Investitionen leben und mit Pädiatrie nichts mehr zu tun haben wollte.

Ein Fall eines nutzlosen Statisten

Ichak Adizes beschreibt Statisten in seinem Werk über schlechte Führungsstile:[26] „Der Statist ist apathisch. Er wartet, bis man ihm sagt, was er tun soll. . . Seine Hauptsorge ist, sich bis zur Pensionierung zu halten und das bißchen, was er hat, zu bewahren. Er hat keine Klagen, weil er fürchtet, Klagen könnten ihm schaden." Unserer Erfahrung nach arbeiten Menschen, die zu Statisten geworden sind, jahrelang so wenig wie möglich, bis sie zu einem Teil des Inventars der Organisation geworden zu sein scheinen. Niemand weiß, was sie tun, weil sie keinen Umgang mit Kollegen pflegen. Sie existieren unauffällig dahin, bis sie von ihrer Pension leben können.

Joseph ist ein Beispiel für einen Statisten. Er war seit dreiundzwanzig Jahren in einem großen Unternehmen angestellt und hatte „nur noch" elf Jahre auf seine Pensionierung zu warten. Er zählte die Jahre, Monate und Wochen bis dahin, und es wird nicht mehr lang dauern, bis er auch die Tage zählt.

Joseph war nicht immer so gewesen. Als er die Arbeit in dieser Organisation aufnahm, war er „blankäugig und gut im Fell" und voll Schwung und Ehrgeiz. Da er verläßlich war, wurde ihm unverhältnismäßig viel Arbeit aufgebürdet. Zunächst machte ihm das nichts aus, weil er erwartete, daß seine Extraleistungen Anerkennung finden würden. Aber die Anerkennung blieb aus – und er hörte von seinen Vorgesetzten nur dann, wenn etwas nicht funktioniert oder er seine Kompetenzen überschritten hatte. Er fühlte sich entmutigt und niedergeschlagen: „wie ein unnützer kleiner Bolzen in einer Maschine." Er litt unter Angstanfällen und Alpträumen, geriet leicht in Panik und hatte Selbstmordgedanken. Eines Tages beschloß er, einfach aufzugeben. Er brauchte seinen Verdienst und wollte seine Stellung behalten, aber er wollte sich bei seiner Arbeit nicht mehr anstrengen. Er wollte nicht mehr tun, als nötig war, um nicht gekündigt zu werden.

Joseph verabscheute seine Arbeit. Jeden Morgen, wenn er die Stufen zu seinem Büro hinaufging, erstarb etwas in ihm. Er kam pünktlich um acht Uhr und ging pünktlich um fünf Uhr, aber niemand wußte, was er in der Zwischenzeit tat. Er hielt höfliche Distanz, er wurde gewissermaßen unsichtbar (was in einer großen, komplexen Organisation nicht schwerfällt). Er saß an seinem Schreibtisch und wirkte sehr beschäftigt. Kam jemand mit einem Anliegen zu ihm, sagte er immer dasselbe: „Es tut mir leid, aber im Augenblick geht das wirklich nicht, ich habe sehr viel zu tun." Mit der Zeit hörten seine Kollegen auf, sich an ihn zu wenden; nur einige wenige wunderten sich, womit er eigentlich so beschäftigt war.

Seine privaten Freunde beschrieben einen anderen Joseph, nämlich einen interessanten, lebhaften und belesenen Mann, einen großen Musikkenner, einen leidenschaftlichen und informierten Münzensammler. Joseph verbrachte glückliche Stunden mit seiner Familie und mit seinen Freunden. In seinem Beruf verfolgte er nur mehr ein einziges Ziel: Er wollte bis zur Pensionierung durchhalten, aber nicht mehr arbeiten, als unbedingt nötig war, um nicht entlassen zu werden.

Ein Fall einer Flucht nach oben

Manche ausgebrannte Menschen bleiben in ihren Organisationen, arbeiten sich aber die Stufenleiter aufwärts. Jeanne wählte diese Flucht nach oben. Solange sie sich erinnern konnte, waren alle Freunde mit ihren Problemen, selbst mit sehr privaten, zu ihr gekommen, weil sie aufrichtig interessiert und voll Teilnahme war. Sozialarbeiterin in einer Fürsorgeabteilung zu werden erschien ihr eine naturgegebene Berufswahl.

Ihren ersten Fällen gab sie sich ganz — Zeit, Zuwendung und Tatkraft. Aber jedem Klienten folgte der nächste, alle in gleicher Not und alle mit schrecklichen Lebensgeschichten. Jeanne erkannte nach einiger Zeit, daß alle ihre Anstrengungen weder am Leben noch an den Ursachen der Armut ihrer Fürsorgefamilien etwas ändern konnten. Bürokratische Trägheit, endlose Aktenarbeit und schlecht geplante sozialpolitische Maßnahmen waren zusätzliche Belastungen, die ihr Ausbrennen beschleunigten.

Jeanne war in schlechter seelischer Verfassung, Sie tröstete sich mit Essen und nahm enorm zu, was sie natürlich noch mehr deprimierte. Sie schwänzte den Dienst, so oft sie konnte. Sie kam spät ins Büro und erledigte auf ihren Wegen im Außendienst private Besorgungen. Sie schränkte die Kontakte mit ihren Klienten so weit wie möglich ein, indem sie die Gespräche mit ihnen so kurz wie möglich hielt und es vermied, sie anzusehen. Sie begann ihre Klienten herabzusetzen, nannte sie „die Verlierer der Gesellschaft", gab ihnen die Schuld für ihre Lebensbedingungen und machte sich vor Kolleginnen über sie lustig.

Mit ihrer Einstellung zu ihrer Arbeit änderten sich ihre Ansichten über sich selbst. Sie wußte, daß sie im Begriff war, zynisch zu werden und alle Illusionen zu verlieren; sie haßte alle Welt und sich selbst am meisten. Sie begriff, daß sie ihr Leben ändern mußte.

Also ging Jeanne zurück auf die Fachhochschule, erwarb ihren *Master's Degree* und kehrte in eine höhere Stellung in dieselbe Abteilung zurück. In dieser Stellung würde sie nie mehr direkt mit armen Leuten zu tun haben. Ihre neue Machtposition gefiel ihr, die Aktenarbeit desgleichen: „Akten fordern keine Gefühle und haben keine physischen Bedürfnisse. Sie werden nicht zornig, und sie sind leicht beiseite zu schieben." Jeanne nahm keinen Anteil an den jungen Sozialarbeiterinnen, die ihre Laufbahn mit so viel Enthusiasmus aufnahmen wie einst sie selbst. Sie fühlte sich wohler mit den anderen Beamten, die den Weg nach oben gewählt hatten.

Ein Fall von Wandel und Wachstum

Sisyphus wurde von den Göttern verurteilt, einen großen Stein auf einen Berggipfel zu wälzen; aber dieser Stein rollte wieder herunter, sobald er oben lag. Die Götter meinten, „es gäbe keine schrecklichere Strafe als vergebliche und hoffnungslose Mühe". Albert Camus schreibt: „Diese Sage ist nur dann tragisch, wenn der Held die Strafe kennt. Wo bleibt die Qual, wenn ihn die Hoffnung auf Erfolg Schritt für Schritt aufrechterhält? Unsere Arbeiter tun ihr Leben lang Tag um Tag die gleiche Arbeit: Ihr Schicksal ist nicht weniger absurd — aber tragisch ist es nur in den seltenen Momenten, in denen ihnen das bewußt wird."[27]

Harriet wußte, wie es um ihr Leben stand, und dieses Wissen quälte sie. Sie war einundvierzig, verheiratet, Mutter zweier Töchter. Sie war eine erfolgreiche Schauspielerin, spielte Hauptrollen und bekam gute Kritiken, aber sie sah sich von Problemen umgeben. Sie verarbeitete ihre persönlichen Erlebnisse und Erfahrungen in ihren Rollen, wie das ihrer anspruchsvollen Auffassung von Theater entsprach, und war infolgedessen emotional überbeansprucht. Sie litt unter der Zusammenarbeit mit Leuten, die das Theater nicht so ernst nahmen wie sie selbst. Einmal trat sie als Alleindarstellerin in einem Stück auf, das sie selbst geschrieben und herausgebracht hatte; in dieser Zeit lebte sie nur dem Theater, stand sechs Abende in der Woche auf der Bühne und sah wenig von ihrer Familie.

Wie viele berufstätige Frauen fühlte auch Harriet die Last ihrer Rollen als Ehefrau und Mutter. Zeitknappheit und drängende häusliche Pflichten ließen sie jegliche Freude am Familienleben verlieren: „Mit meinen Kindern redete ich nur noch in Anweisungen — mach' die Tür zu, du mußt Klavier üben, und so weiter. Ich war keine glückliche Mutter mehr. Die Kinder waren mir lästig und störten mich."

Nach einem monatelangen Balanceakt zwischen ihren Rollen als Mutter, Ehefrau und Schauspielerin bemerkte Harriet die Zeichen beginnenden Überdrusses: „Mir war, als trüge ich eine ungeheure Last. Ich war permanent erschöpft und häufig deprimiert. Ich war ohne jede Energie und dabei körperlich angespannt, sehr reizbar und verstört." Es kam noch schlimmer. Harriet wurde bei einem Autounfall verletzt, an ihrem Haus mußten Reparaturarbeiten vorgenommen werden, ihr Mann entdeckte einen verdächtigen Knoten auf seiner Brust, und eine ihrer Töchter erkrankte. Harriet fühlte sich am Ende ihrer Kräfte.

„Ich litt unter Migräne, mir war übel, ich hatte Schwindelanfälle. Mein ganzer Körper war verspannt. Ich bekam eine Kehlkopfentzündung und konnte nicht sprechen, ich wollte mit niemandem sprechen. Ich mußte immerzu weinen. Es wurde so schlimm, daß ich nicht mehr aus dem Haus gehen konnte."

Harriet stellte sich ihrer Krise: „Das ist mein Stil. Was ich tue, tue ich ganz, und ich will aus allen Erlebnissen herausholen, was ich kann. Ich möchte aus allem soviel wie möglich machen." Sie wollte ihre Leiden hinnehmen und fühlen, sie verstehen und aus ihnen lernen. Sie gab sich ihrer Angst ganz hin, ihrer Frustration, ihrer Verrücktheit und ihrem Zorn.

Sie begriff, daß sie Zeit brauchte, um die Kontrolle über sich selbst und ihr Leben wiederzuerlangen, also fuhr sie für einige Tage ganz allein weg. In diesen Tagen überdachte sie ihre Rollen als Mutter, als Ehefrau, als Schauspielerin und als Person. Sie überprüfte die Anforderungen, die diese Rollen ihrer Meinung nach an sie stellten, und die Belohnungen, die sie ihr bedeuteten. Sie wußte, daß sie ihre Prioritäten abwägen, vor allem aber lernen mußte, auf sich selbst zu achten. Sie lernte, sich selbst Grenzen zu setzen, sich zu behaupten und zu verlangen, was sie brauchte.

Einige Wochen nach dieser Krise begann Harriet mit den Vorbereitungen für ein neues Theaterstück; diese Arbeitsstunden waren die schönsten des Tages für sie, aber sie wußte nun, wie viel ihre Familie ihr bedeutete: „Bei ihnen finde ich festen Grund unter den Füßen, sie sind es, die mir die Kraft und die Energie für meine beruflichen Experimente geben." Um Konflikte zu vermeiden, suchte sie ihr Berufs- und ihr Familienleben auseinanderzuhalten. „Ich habe das Gefühl, daß ich auf dem richtigen Weg bin", sagte sie, „ich fühle mich herrlich. Ich fühle mich stark. Ich habe das Gefühl, daß ich alles kann." Es ist wahrscheinlich, daß gelegentlich wieder Überdruß-Symptome bei Harriet auftreten werden. Aber da sie sie nun kennt, wird sie imstande sein, die Krise zu bewältigen. An der ersten Überdrußkrise, die sie erlebt hatte, war sie gewachsen.

Alle die Frauen und Männer, deren Krisen wir eben dargestellt haben, reagierten aktiv auf die Ereignisse, die ihr Ausbrennen oder ihren Überdruß verursachten. Diese Aktivitäten kann man als Bewältigungsmethoden bezeichnen. In den folgenden Kapiteln werden sie eingehend erörtert; für den Augenblick ist zu sagen, daß manche nützen und manche schaden und manche nur das Unvermeidliche hinauszuzögern. Die Bewältigungsstrategien, die Charly nach seiner Genesung einsetzte, bedeuteten den Verzicht auf seine kreativen und sachlichen Möglichkeiten. Diese Strategie kann zwar weitere Katastrophen abwenden, aber sicher nicht als optimale Lösung gelten, weil Charlys neue Beschäftigung ihm keinerlei Möglichkeit zur Entfaltung seiner kreativen Begabung gibt.

Auch Carol scheint die Krise bewältigt zu haben. Sie hätte, wie die Dinge lagen, als Lehrerin kaum ein befriedigendes Leben führen können und wechselte den Beruf. Zu diesem Fall ist zu sagen, daß wir unzählige Menschen kennengelernt haben, die trotz großer Begabung und Begeisterung für ihren Beruf ausbrannten, weil die Organisationen, in denen sie arbeiteten, ihnen die angemessene Arbeitsumgebung nicht boten und die gebührende Anerkennung versagten. Carols Probleme wären vielleicht durch einen Stellenwechsel im gleichen Beruf besser zu lösen gewesen als durch einen Berufswechsel.

Wenn die Probleme jedoch nicht für eine bestimmte Organisation spezifisch sind, sondern in der Arbeit selbst liegen, bedarf es komplexerer Bewältigungsstrategien, die noch zur Sprache kommen werden.

Der Einfluß der Umwelt

Wie ein Mensch auf eine Krise reagiert, hängt jeweils von einer komplexen Kombination persönlicher und umweltgegebener Variablen ab. In einer Arbeitsgruppe mit Geschäftsführern in Israel zeigte sich, daß das vordringlichste Bedürfnis aller Teilnehmer Freiheit in der Arbeit war, die Freiheit nämlich, zu tun, was sie für richtig hielten. Situationen, in denen diese Freiheit beeinträchtigt war, schienen ihnen unerträglich; sie sagten, unter solchen Bedingungen würden sie lieber andere Stellungen suchen. Diese Menschen konnten oder wollten einen Mangel an Autonomie nicht hinnehmen; daß einer von ihnen in seiner Organisation zum Statisten wird, ist nicht wahrscheinlich. Viele Angestellte einer Organisation der öffentlichen Dienste in den Vereinigten Staaten dagegen blieben trotz langer Perioden von Überdruß als Statisten, weil die Staatsanstellung ihnen die Sicherheit einer guten Altersversorgung garantierte. Ihnen bedeutete Sicherheit mehr als Einfluß und Autonomie.

Jeder Mensch erlebt Überdruß und Ausbrennen auf andere Weise, und jeder reagiert anders auf ein solches Erlebnis, weil jeder sich auf seine Art mit dem unvermeidlichen Streß im Berufs- und Privatleben auseinandersetzt. Es gibt Menschen, die alles und jedes schwernehmen und dramatisieren. Ihre Welt ist von üblen Mächten beherrscht, und sie glauben sich am besten gerüstet, wenn sie von vornherein das Schlimmste erwarten. Jedes Problem wird überhöht und gilt ihnen als Beweis, daß die Lage schlecht ist und naturgemäß noch schlechter werden muß.

Andere Menschen wieder meinen, daß die Dinge sich zum Guten wenden, wenn man sie sich selbst überläßt. Für sie sind Glück und ein lebendiges Leben das Wichtigste. Diese Menschen wissen, was wirkliches Unglück ist. Sie nehmen kleine Widrigkeiten nicht traumatisch wahr und machen keine Tragödien aus ihnen. Welche Auswirkungen umweltgegebene Bedingungen auf einen Menschen haben, hängt davon ab, wie er sie kognitiv einschätzt.

Diese „kognitive Einschätzung" ist ein zentraler Begriff in der Streßtheorie von Richard Lazarus,[28] Professor der Psychologie an der Universität von Kalifornien. Nach Lazarus sind alle unsere Gefühle von unserer Beurteilung der laufenden Auseinandersetzungen mit der Umwelt abhängig. Eingeschätzt werden die Bedeutungen der Auseinandersetzungen für das eigene Wohlergehen: Unsere eigenen Gedankengänge bestimmen, ob wir ein bestimmtes Umweltereignis als erfreulich, gleichgültig oder bedrohlich wahrnehmen. Die Ergebnisse dieser Einschätzungen können in fünf Grundkategorien gefaßt werden: Auseinandersetzungen mit der Umwelt sind (1) relevant oder irrelevant für unser Wohlergehen, (2) bereits schädlich, (3) potentiell schädlich, (4) herausfordernd oder (5) potentiell günstig. Ein und dieselbe potentiell streßhafte Reizkonfiguration kann bei verschiedenen Individuen verschiedene Reaktionsmuster hervorrufen, die von den individuellen Vorgeschichten und Persönlichkeitsmerkmalen abhängig sind. Eine Person reagiert mit Zorn, die andere mit depressiver Verstimmunng und die dritte vielleicht mit Angst und Schuldgefühlen. Wieder andere fühlen sich unter vergleichbaren Bedingungen nicht bedroht, sondern herausgefordert. Manche Menschen reagieren auf eine unheilbare Krankheit mit Niedergeschlagenheit, andere leugnen sie. Manche Menschen ignorieren Beleidigungen, andere sinnen auf Rache. Um die Entstehung dieser Muster und die Eigenheiten der Beziehungen zwischen Gefühlen und Bewältigungsverhalten zu erforschen, untersuchte Lazarus die Prozesse der Vermittlung zwischen Reizkonfiguration und Reaktionsmuster. Er ging von der Annahme aus, daß diese Vermittlung beim Menschen in Anbetracht seiner hoch entwikkelten Fähigkeit zum Denken in Symbolen, notwendigerweise kognitiver Natur sein müsse.

Individuelle Unterschiede beeinflussen auch Überdruß und Ausbrennen. Die Menschen haben unterschiedliche Bedürfnisse und verschiedene Ansichten über das Leben; sie beurteilen Streß aller Arten unterschiedlich und sind mehr oder weniger fähig, ihn zu bewältigen. Alle diese und noch andere intervenierende Variablen beeinflussen, wann das Ausbrennen einsetzt, wie lange es anhält und wie schwerwiegend seine Folgen sind. Seine Ursachen dagegen sind in den meisten Fällen nicht in der Persönlichkeit, sondern in deren Umwelt zu suchen. Jeder Mensch, der ständigen Belastungen ausgesetzt ist, denen keine angemessene Unterstützung entgegenwirkt, erlebt gewisse Grade körperlicher, emotionaler und geistiger Erschöpfung. Deshalb scheint uns die Konzentration auf die Umwelt aus theoretischer wie aus praktischer Sicht nützlicher als die auf das Individuum.

Die Umwelt eines Menschen setzt sich aus den Situationen zusammen, die sein Leben bestimmen, aus seinem Beruf, seinem Familienleben und seinem Bekanntenkreis, seinen Freizeitbeschäftigungen und so weiter. In allen diesen persönlichen Umwelten können ungeachtet aller Unterschiede gemeinsame Streßfaktoren identifiziert werden.[29] Für alle Berufsgruppen, die an unserer Untersuchung teilgenommen haben, konnten sowohl gemeinsame streßhafteste wie gemeinsame lohnendste Züge der Berufsarbeit festgestellt werden. Für Menschen in helfenden Berufen war der gemeinsame Streß häufig emotionaler Natur, wie er aus der Arbeit mit Kranken, Hilfsbedürftigen und Außenseitern entsteht. Die Büro- und Verwaltungsangestellten großer Organisationen vermerkten vor allem psychische Belastungen durch ein Übermaß an Aktenarbeit, gleichförmiger Routine und die Trägheit ihrer Administrative. Feuerwehrleute, Polizisten und Soldaten nannten körperliche Belastungen, ermüdende Übungen und gefährliche Arbeitssituationen als Ursachen ihres Überdrusses. Viele berufstätige Frauen schilderten Schuld- und

Angstgefühle, die auf Konflikte zwischen ihren häuslichen und ihren beruflichen Verpflichtungen zurückzuführen waren. Geschäftsleute litten unter dem Druck des Wettbewerbs, sie fühlten sich auch gezwungen, wichtige Entscheidungen ohne ausreichende Zeit und Information treffen zu müssen. Das sind natürlich stark vereinfachte Verallgemeinerungen; die spezifischen Probleme einiger Berufsgruppen werden in drei späteren Kapiteln sehr eingehend besprochen.

Wie die gewohnheitsmäßigen Lebensanschauungen eines Individuums die Auswirkungen von Ausbrennen und Überdruß beeinflussen, so beeinflussen die Situationen in den Organisationen, in denen die Menschen arbeiten, die Auswirkungen von Ausbrennen und Überdruß auf die Berufsgruppe. Organisationsinterne Umwelten werden durch physikalisch-materielle und, wichtiger noch, durch soziale Situationen bestimmt. In einem kleinen Unternehmen wird anders gearbeitet als in einer großen Organisation. Aber auch in vergleichbaren Organisationen finden sich unterschiedliche individuelle Probleme und Überdrußraten.

Zwei der Dienststellen für Familienberatung zum Beispiel, mit denen wir arbeiteten, hatten etwa gleich viele Psychiater, klinische Psychologen, Sozialarbeiter und Praktikanten. Beide lagen in Vorortgemeinden, beide versorgten vergleichbare Gruppen. In einer dieser beiden Dienststellen blieben die meisten Angestellten nur zwei oder drei Jahre. Die Abwesenheitsrate war hoch, die Mitarbeiter kamen spät und gingen früh. Sie waren lange unterwegs, um kurze Hausbesuche zu machen. Die Atmosphäre in dieser Dienststelle war feindselig und vom Wettbewerb bestimmt. Die Mitarbeiter verhielten sich reserviert und vorsichtig und waren überaus darauf bedacht, nicht ganz perfekte Kenntnisse keinesfalls zuzugeben. Selbst die Praktikanten wurden kritisiert, wenn sie Fragen stellten. Niemand wagte einzugestehen, daß ein Fall ihm Schwierigkeiten machte. Die Mitarbeiterbesprechungen waren „Krokodil-Sitzungen", in denen sich die Teilnehmer „bissen". In der anderen Dienststelle dagegen blieben die Mitarbeiter jahrelang, sie empfanden sie als „ein Zuhause", in dem sie Wärme, Anregung und Unterstützung fanden. Hier stellte sogar der leitende Psychologe seine Fälle vor, um die Anregungen und Reaktionen seiner Mitarbeiter zu hören.

Überdruß und Ausbrennen können durch organisationseigenen situationsbedingten Streß verursacht werden, durch Kombinationen von mehrfachem Streß, wie sie für bestimmte Berufsgruppen typisch sind, oder durch gewisse streßhafte Rollendefinitionen. Auch ein Mangel an positiven Aspekten der Arbeitsumgebung macht anfällig für Ausbrennen und Überdruß. Vielseitigkeit, Bedeutung und Autonomie sind Beispiele positiver Bedingungen, deren Fehlen[30] sehr wesentlich zum Überdruß und zur Unzufriedenheit im Arbeits- und Privatleben beitragen kann, wie sich erwiesen hat. Wenn diese positiven Bedingungen gegeben sind, können sie zu Puffern gegen das Ausbrennen werden.

Der Begriff Ausbrennen und einige andere Begriffe

Beinahe jeder Mensch brennt aus, wenn bestimmte Kombinationen von Umweltbedingungen gegeben sind. Am anfälligsten sind wahrscheinlich Menschen, die anfänglich die größten Idealisten waren (wenn es ihnen nicht gelingt, von sich aus wirksame Bewältigungsmethoden zu entwikkeln). Diese Voraussetzungen, d.h. der anfängliche Idealismus und Schwung, unterscheiden das Ausbrennen von der Arbeitsentfremdung der Fabrikarbeiter. Arbeitsentfremdung findet man bei Menschen, die von ihrer Arbeit nie etwas anderes als ihren Verdienst erwartet haben. Ausbrennen betrifft überwiegend diejenigen, für die das Gehalt einmal das Uninteressanteste an ihrem Beruf war.

Ausbrennen ist ein sozialpsychologischer Begriff, also etwas anderes als ein klinischer Begriff wie etwa endogene Depression. Bei einer Depression liegt die Ursache der Symptome in der Person und ihrer Vorgeschichte, und die Therapie wird auf diese eingestellt. Beim Ausbrennen konzentriert sich die Suche nach den Ursachen und nach möglichen Bewältigungsmaßnahmen auf die Umwelt. Das Erlebnis des Ausbrennens ist eher in sozialer als in individueller Perspektive zu sehen, außer in jenen extremen Fällen, in denen die Betroffenen (im klinischen Sinn) depressiv werden.

In ausgebrannten Organisationen ist jedermann müde, Ausbrennen ist jedoch mehr als gewöhnliche Ermüdung. Harte Arbeit ermüdet jeden Menschen. Zum Beispiel sprachen wir mit einem höheren israelischen Frontoffizier, dessen Stellung ihm Macht, Bedeutung und Herausforderung bot. Er sagte uns, daß er sich am Ende seiner harten Arbeitstage (die zwölf bis zwanzig Stunden dauerten) total erschöpft fühlte, nannte seinen Zustand aber eine „gute Erschöpfung", voll von Macht- und Erfolgsgefühlen. Hier fehlten die entscheidenden Elemente des Ausbrennens: Dieser Offizier erlebte offensichtlich keine Gefühle der Hilflosigkeit und Hoffnungslosigkeit, er fühlte sich auch nicht in auswegloser Lage. Übrigens kann nicht nur Streß durch Überforderung zum Ausbrennen führen: Auch Menschen, die sich zu wenig gefordert fühlen, die ihrer Ausbildung nach mehr leisten zu können glauben, als ihre Beschäftigung verlangt, sind gefährdet.

Warum wir dieses Buch schreiben

Im Verlauf aller unserer Seminare, Vorträge und Arbeitsgruppen wurde uns klar, daß allein schon die Identifizierung des Begriffs „Ausbrennen" therapeutischen Wert für die Teilnehmer hatte: „Also ist es Ausbrennen! Und ich dachte, es liegt an mir — ich dachte, mit mir stimmt etwas nicht!" war eine typische Reaktion. Die Schuldgefühle und die Verwirrung der Teilnehmer machten großer Erleichterung Platz, weil sie ihre Erlebnisse nun bezeichnen konnten.

In unserer Gesellschaft ist es, vor allem in beruflichen Bereichen, durchaus nicht immer ratsam, die eigenen Grenzen und Schwächen, Probleme oder fehlende Kenntnisse offen zuzugeben. Ein gehobener Angestellter hat unfehlbar und im Besitz voller Kontrolle zu sein. Die meisten fühlen sich schuldig, wenn sie in Schwierigkeiten geraten. Sie behalten ihre Probleme für sich, weil sie meinen, daß allen anderen gelingt, woran sie scheitern.

Ein Beispiel mag zeigen, wie diese Fehlannahme, ein einmaliger Fall zu sein, in einer Arbeitsgruppe gegen das Ausbrennen berichtigt werden kann. Helfer und Helferinnen in der Fürsorge sind wie die im ersten Kapitel erwähnten Krankenschwestern dem Ausbrennen besonders ausgesetzt, vor allem, wenn sie sich mit emotional sehr belastenden Fällen wie Kindesmißhandlung und Kindesvernachlässigung zu befassen haben. Viele dieser Sozialarbeiterinnen und Sozialarbeiter sind Idealisten, aber die meisten beginnen nach einem oder nach zwei Jahren auszubrennen: Je mehr Anteil sie nehmen, um so mehr Kraft kostet sie der Anblick der schlecht behandelten Kinder. Wenn die Belastung für die stark engagierten Helferinnen unerträglich wird, beginnen sie sich gegen diese Qual zu schützen, indem sie sich von der Situation distanzieren. Sie nehmen nicht mehr soviel Anteil an den einzelnen Fällen, vielleicht empfinden sie sogar Widerwillen gegen die Menschen, denen sie helfen sollten. Alle diese Verhaltensweisen dienen dem Selbstschutz, schaffen aber trotzdem Schuldgefühle und Beschämung bei den Helfern, die sich ja als Idealisten verstehen. Wie bei den Krankenschwestern auf den Krebsstationen entsteht ein Teufelskreis: Ausbrennen führt zu Ablehnung, die Schuldgefühle weckt; diese fördern das Ausbrennen, was wiederum zu Ablehnung führt. Die Helferinnen, die in diese Situation geraten, vermuten nun persönliche Gründe für ihr Unglück. Sie wurden in der Ausbildung nicht auf den Streß vorbereitet, der sie in ihrem Beruf erwartet, und kommen gar nicht auf den Gedanken, die Ursachen ihres persönlichen Unglücks in der Umwelt zu suchen; offensichtliche äußere Ursachen gibt es ja auch nicht, und das macht das Unglück noch unerträglicher, weil es unentrinnbar scheint;[31] Beschämung und Schuldgefühle der Helferinnen und Helfer nehmen zu, weil sie sich isoliert fühlen. Sie steigern ihre Bemühungen, ihr Ausbrennen zu verbergen. Eine Arbeitsgruppe kann diesen Zyklus beenden.

Wenn diese Leute nun in Arbeitsgruppen über das Ausbrennen zusammenkommen, ihre Erlebnisse und Erfahrungen austauschen und teilen, sehen sie ein, daß viele Menschen das gleiche erleben wie sie selbst. Sie entdecken, daß sie nicht allein sind, daß beinahe jede und jeder in ihrem Berufsbereich zumindest einige der Gefühle, die zu Ausbrennen und Überdruß gehören, mit ihnen teilt. Sie suchen die Antworten auf ihre Fragen nicht mehr in ihrer eigenen Unzulänglichkeit, sondern in ihrer Arbeitssituation.

Sobald unsere Teilnehmer begriffen haben, daß häufig gerade die am meisten engagierten Menschen ausbrennen, können sie ihr eigenes Ausbrennen ohne Scham oder Verlegenheit zugeben. In einer Arbeitsgruppe in Israel[32] gaben die Teilnehmer höhere Überdrußgrade an, nachdem sie die Beziehung zwischen anfänglichem Idealismus und Überdruß verstanden hatten: Eine Gruppe von 26 Managern füllte lediglich unseren Fragebogen aus, einer Gruppe von 21 Managern sagten wir vorher, „daß die größten Idealisten am leichtesten ausbrennen". Die Resultate zeigten, daß die zweite Gruppe signifikant höhere Grade von Überdruß angab. Schon die Erkenntnis, daß beinahe jeder Mensch in gewissem Maß ausbrennt, wirkt belebend auf die Teilnehmer unserer Arbeitsgruppen. Sie können nun die Energien, die sie zur Verschleierung ihres Zustands verbrauchten, zu dessen Bewältigung einsetzen.

Unsere Arbeit hatte zwei Schwerpunkte: der eine war die gezielte Forschung über die Ursachen und regelmäßigen Begleiterscheinungen von Ausbrennen und Überdruß, der zweite die Gruppenarbeit, welche die Bewältigung solcher Erlebnisse zum Ziel hatte. Die Hauptthemen dieses Buches entsprechen diesen Schwerpunkten. Wir haben in diesen beiden ersten Kapiteln die Begriffe „Ausbrennen" und „Überdruß" erklärt, um ausbrennenden Menschen zu zeigen, daß sie nicht allein sind. In den nächsten drei Kapiteln informieren wir über die häufigsten Ursachen von Ausbrennen und Überdruß für Angestellte in den öffentlichen Diensten, in komplexen Organisationen und für Frauen. Eingehende Überlegungen über die Ursachen und die regelmäßigen Begleiterscheinungen derartiger Krisen verhelfen zu klaren Einsichten und damit zu besseren Bewältigungsmöglichkeiten. In drei weiteren Kapiteln schildern wir dann, „was man dagegen tun kann". Mit der Identifizierung der Erscheinung und ihrer Ursachen ist nicht genug getan. Die entscheidende Phase ist die Suche nach Lösungsmöglichkeiten und deren Anwendung.

Selbstdiagnose

Sie können einen Wert für Ihren Überdruß errechnen, indem Sie den Fragebogen auf Seite 50 ausfüllen. Mit seiner Hilfe können Sie feststellen, wie sie Ihre Arbeit oder Ihr Leben empfinden, wie Sie sich im allgemeinen oder auch nur an diesem Tag fühlen.

Bei keinem der Tausenden von Fragebogen zur Selbstdiagnose, die im Lauf unserer Untersuchungen beantwortet wurden, ergaben sich die Werte 1 oder 7. Der Grund liegt auf der Hand: Niemand lebt im Zustand ewiger Euphorie, den der Wert 1 bezeichnen würde, und eine Person, deren Test den Wert 7 ergibt, dürfte kaum in der Lage sein, sich zur Teilnahme an einer Arbeitsgruppe oder an einem Forschungsprojekt zu entschließen.

Wenn Ihr errechneter Wert zwischen 2 und 3 liegt, geht es Ihnen gut. Allerdings möchten wir Ihnen nahelegen, den Fragebogen noch einmal vorzunehmen und zu überprüfen, ob Sie wirklich aufrichtig geantwortet haben.

Wenn Sie einen Wert zwischen 3 und 4 errechnet haben, erleben Sie Ausbrennen oder Überdruß und müssen unbedingt etwas dagegen unternehmen. Wenn der errechnete Wert höher als 5 liegt, ist Ihre Krise akut und Sie benötigen dringend Hilfe.

Anmerkungen

1 A. D. Kanner, D. Kafry and A. Pines, „Lack of Positive Conditions as a Source of Stress, *Journal of Human Stress* 4, no. 4 (1978): 33—39.

2 Ein detaillierter Bericht über diese Untersuchung findet sich in Anhang II.

3 Diese Untersuchungen wurden von Christina Maslach inspiriert und werden in den folgenden Büchern und Artikeln beschrieben: C. Maslach and A. Pines, „Burnout, the Loss of Human Caring". In A. Pines and C. Maslach, *Experiencing Social Psychology* (New York: Random House, 1979), S. 246—252; C. Maslach and A. Pines, „The Burnout Syndrome in Day Care Settings". *Child Care Quarterly* 6 (Sommer 1977): 100—113; A. Pines, „Burnout and Life Tedium in Three Generations of Professional Women". Paper presented at the Annual Convention of the American Psychological Association, San Francisco, 1977; A. Pines and C. Maslach, „Characteristics of Staff Burnout in Mental Health Settings". *Hospital and Community Psychiatry* 29 (1978): 233—237; A. Pines and C. Maslach, „Combating Burnout in One Child Care Centre: A Case Study". *Child Care Quarterly* 9 (Frühjahr 1980): 5—16; A. Pines, D. Kafry and D. Etzion, „Job Stress from a Cross-cultural Perspective". In *Burnout in the Helping Professions*, ed. K. Reid (Kalamazoo: Western Michigan University Press, 1980).

Bitte beantworten Sie nach der folgenden Skala, ob Sie

1	2	3	4	5	6	7
niemals	ein- oder zweimal	selten	manchmal	oft	meistens	immer

1. müde sind,   _____
2. sich niedergeschlagen fühlen,   _____
3. einen guten Tag haben,   _____
4. körperlich erschöpft sind,   _____
5. emotional erschöpft sind,   _____
6. glücklich sind,   _____
7. „erledigt" sind,   _____
8. „ausgebrannt" sind,   _____
9. unglücklich sind,   _____
10. sich abgearbeitet fühlen,   _____
11. sich gefangen fühlen,   _____
12. sich wertlos fühlen,   _____
13. überdrüssig sind,   _____
14. bekümmert sind,   _____
15. über andere verärgert oder enttäuscht sind,   _____
16. sich schwach und hilflos fühlen,   _____
17. sich hoffnungslos fühlen,   _____
18. sich zurückgewiesen fühlen,   _____
19. sich optimistisch fühlen,   _____
20. sich tatkräftig fühlen,   _____
21. Angst haben.   _____

Berechnung des Wertes:

Addieren Sie die für die folgenden Fragen angegebenen Werte:
1, 2, 4, 5, 7, 8, 9, 10, 11, 12, 13, 14, 15, 16, 17, 18, 21   (A) _____
Addieren Sie auch die für diese Fragen angegebenen Werte:
3, 6, 19, 20   (B) _____
Subtrahieren Sie (B) von 32   (C) _____
Addieren Sie A und C   (D) _____
Dividieren Sie D durch 21, und Sie haben Ihren Überdrußwert _____

4 Eine detailliertere Berichterstattung über diese Gruppenarbeit findet sich in Anhang I.

5 H. J. Freudenberger, „Burnout: Occupational Hazard of the Child Care Worker". *Child Care Quarterly* 6, no. 2 (Frühjahr 1980): 5—16 (1977): 90—99.

6 K. L. Armstrong, „How Can We Avoid Burnout?" *Child Abuse and Neglect: Issues on Innovation and Implementation.* DHEW Publication no. (OHOS) 78-30148, 2, (1978): 230—238.

7 In unseren Untersuchungen ergaben sich zwischen Überdruß und Schlafstörungen Korrelationen von r = .28 (p < .01) bis r = .47 (p < .001). Die Korrelationen zwischen Überdruß und körperlicher Gesundheit lagen zwischen r = —.20 und r = —.46 (p < .001).

8 In einer Untersuchung, in der 130 Versuchspersonen einen Fragebogen über Hoffnungslosigkeit ausfüllten [A. T. Beck, A. Weissman, D. Lester, and L. Trenxler, „The Measurement of Pessimism: The Hopelesness Scale". *Journal of Consulting and Clinical Psychology* 42 (1974): 861—865], ergab sich eine Korrelation zwischen dem kombinierten Überdruß-Wert und Hoffnungslosigkeit von r = .59 (p < .001).

9 In einer Untersuchung ergab sich für Männer (n = 33) eine Korrelation von r = .40 zwischen Überdruß und Einsamkeit, für Frauen (n = 73) eine von r = .27. Die statistische Signifikanz für beide erreichte das .01-Niveau.

10 Für die meisten unserer Versuchsgruppen untersuchten wir die Korrelationen zwischen Überdruß und Zufriedenheit mit dem Selbst, dem Beruf und dem Leben im allgemeinen. Die Korrelation zwischen Überdruß und Zufriedenheit im Beruf variiert von —.24 bis —.63 (bei einer durchschnittlichen Korrelation von —.45). Die Korrelationen zwischen Überdruß und Lebenszufriedenheit variierten von —.32 bis —.70 (durchschnittliche Korrelation —.51), die Korrelationen zwischen Überdruß und Zufriedenheit mit dem Selbst lagen zwischen —.32 bis —.70 (bei einer durchschnittlichen Korrelation von —.51). Alle Korrelationen waren statistisch signifikant.

11 Zum Beispiel V. Bernard, P. Ottenberg and F. Riedle, „Dehumanization: A Composite Psychological Defense in Relation to Modern War", in Behavioral Science and Human Survival, ed. M. Schwebel (Palo Alto: Science and Behavior Books, 1965); M. C. Kelman, „Violence without Moral Restraint: Reflections on the Dehumanization of Victims and Victimizers". *Journal of Social Issues* 29 (1973): 25—61; D. J. Vail, *Dehumanization and the Institutional Career* [Springfield Ill.: Charles C. Thomas (1966)]; A. Pines and T. Solomon, „Perception of Self as a Mediator of the Dehumanization Process". *Personality and Social Psychology Bulletin* 3, no. 2 (1977): 219—223; P. G. Zimbardo, „The Human Choice: Individuation, Reason and Order versus Deindividuation, Impulse and Chaos." In *Nebraska Symposium on Motivation*: 1969, ed. W. J. Arnold and D. Levine (Lincoln, Neb.: University of Nebraska Press, 1970).

12 M. Buber, *I and Thou*, 2. Aufl. (New York: Scribner's, 1958).

13 Bei einer Versuchsgruppe von 129 Angestellten der sozialen Dienste lag die

Korrelation zwischen Überdruß und dem Wunsch, die Stellung aufzugeben, bei r = .58, (p < .01). Bei einer Versuchsgruppe von 128 israelischen Telephonisten ergab sich zwischen Überdruß und Zuspätkommen (der Anzahl der Tage in einem Jahr, an denen die Angestellten zu spät zur Arbeit gekommen waren) eine Korrelation von .30 (p < .001). Diese Untersuchung wurde von J. Golan durchgeführt. Über die Korrelationen zwischen Ausbrennen und der Suche nach neuen Anstellungen (r = .49), Ausdehnung der Arbeitspausen (r = .47), versäumten Arbeitstagen (r = .52) und Zuspätkommen (r = .37) berichtet auch J. W. Jones in „The Staff Burnout Scale: A Validity Study", einem am 52. Jahrestreffen der *Midwestern Psychological Association* (1. bis 3. Mai 1980) gehaltenen Vortrag.

14 Armstrong, „How Can We Avoid Burnout?"

15 W. D. Gentry, S. B. Foster and S. Fruehling, „Psychological Response to Situational Stress in Intensive Care Nursing". *Heart and Lung* I (1972): S. 793—796.

16 A. H. Stanton and M. S. Schwarts, *The Mental Hospital: A Study of Institutional Participation in Psychiatric Illness and Treatment* (New York: Basic Books, 1954).

17 Siehe Anmerkung 3.

18 Siehe Anmerkung 5.

19 H. J. Freudenberger, „The Staff Burnout Syndrome in Alternative Institutions". *Psychotherapy: Theory, Research and Practice* 12A (Frühjahr 1975), S. 73—82.

20 Die Korrelation zwischen Selbsteinschätzung und Einschätzung des Überdrusses bei Kollegen (Stichproben kombiniert) lag bei r = .37 (p < .001).

21 J. P. Lysaught, *An Abstract for Action. National Commission for the Study of Nursing and Nursing Education* (New York: McGraw-Hill, 1970); zur Zeit arbeitet Mitzi Duxbury von der Krankenpflegeschule der Universität von Minnesota an einer Untersuchung über Fluktuation und Ausbrennen bei Krankenschwestern in Intensivstationen in allen Teilen der Vereinigten Staaten.

22 C. H. Kempe, „Child Protective Services: Where Have We Been? What are We Now and Where are We Going?". *Child Abuse and Neglect: Issues on Innovation and Implementation* DHEW Publication no. 78 — 30147, 5 (1978): 19—28.

23 Freudenberger, „Staff Burnout Syndrome".

24 I. Adizes, „Mismanagment Styles". *California Management Revue* 19, no. 2 (1976): 5—30.

25 Martin Lipp, M. D., beschreibt diesen Prozeß in dem Kapitel über Bewältigung und Berufsrisiko der Ärzteschaft in seinem Buch *Respectful Treatment — The Human Side of Medical Care* (New York: Harper & Row, 1977), S. 206—215.

26 Adizes, „Mismanagement Styles".

27 A. Camus, *The Myth of Sisyphus.* (New York: Vintage Books, 1955).

28 R. S. Lazarus, *Psychological Stress and the Coping Process* (New York: McGraw-Hill, 1966).

29 Variablen wie Überlastung, konfligierende Anforderungen und Schuldgefühle sind Beispiele von Streß, den beinahe alle Leute erleiden. Eine Untersuchung über 724 Personen aus helfenden Berufen ergab Korrelationen von $r = .35$ für Überdruß und Überlastung, $r = .31$ für Überdruß und konfligierende Anforderungen, $r = .30$ für Entscheidungsdruck und $r = .42$ für Schuldgefühle (alle Korrelationen sind statistisch signifikant).

30 Für eine Stichprobe von 198 Personen, die mit geistig Behinderten arbeiteten, ergaben sich Korrelationen von $r = -.23$ für Überdruß und Abwechslung, $r = -.32$ für Überdruß und Autonomie und $r = -.18$ für Überdruß und Bedeutung (alle Korrelationen sind statistisch signifikant).

31 B. Russell, *The Conquest of Happiness*. (New York: Liveright 1971), S. 16.

32 Bei dieser Untersuchung arbeiteten wir mit der israelischen Psychologin Dalia Etzion zusammen. Der durchschnittliche Überdrußwert für die vorab informierten Manager war $x = 3.5$, für diejenigen, die lediglich den Fragebogen ausfüllten, $x = 2.8$. Der Unterschied ist auf dem .01-Niveau signifikant.

II. Teil:
Ausbrennen und Überdruß:
Wo liegen die Ursachen?

3. Kapitel: Ausbrennen bei Menschen in helfenden Berufen

Sue war aufgeweckt, warmherzig und sensibel. Sie wollte „den Menschen helfen" und „die Welt besser machen". Sie hatte ihren Fachhochschulabschluß für Sozialarbeit, aber sie war weder durch ihr bisheriges Leben noch durch ihre formale Ausbildung auf den vielfältigen Streß vorbereitet, der sie in der Fürsorgearbeit erwartete.

In ihrer ersten Anstellung arbeitete Sue in einem Rehabilitationsprogramm in einer Wohngemeinschaft für eben entlassene psychiatrische Patienten, die wieder auf das Leben außerhalb der Klinik vorbereitet werden sollten. Nach drei Jahren fühlte sie, daß die diese Stellung aufgeben mußte: „Ich hatte genug von der Arbeit mit chronischen Patienten", sagte sie, „die Arbeit in der Therapie interessierte mich nach wie vor, aber die Möglichkeiten waren bei diesen Patienten sehr begrenzt. Man konnte nicht viel mehr tun, als für ihre Medikation sorgen und ihnen helfen, wieder im Leben außerhalb der Klinik zurechtzukommen. Diese Menschen waren sehr arm und sehr abhängig, und ich fühlte mich erschöpft. Einige der jüngeren Patienten machten Fortschritte, aber bei den allermeisten waren die Veränderungen minimal." Sue fühlte, daß die Zeit für einen Stellenwechsel gekommen war.

Sie fand eine Stelle als Familienberaterin in einer Polizeidienststelle. Ihre Einheit war für Einsätze bei häuslichen Streitigkeiten verantwortlich und hatte auch Polizeibeamte für Interventionen in derartigen Fällen auszubilden: „Anfangs war es wirklich faszinierend, ich war begeistert und fühlte mich als Pionier. Wir bekamen auch sehr viel Publicity, es gab Fernsehsendungen, Zeitungsberichte und einen Film über unsere Arbeit. Aber es gab auch eine Menge Probleme."

Sue fühlte, daß sie von manchen Situationen, die sich in ihrer Arbeit ergaben, Abstand gewinnen mußte: „Zum Teil aus Selbstschutz, weil manches so hart war. Ich sah so viele grauenhafte Dinge. Die Gewalttätigkeiten in diesen Familien, die mißhandelten Kinder, die schrecklichen Lebensbedingungen dieser Menschen, die verkommenen Wohnungen und die vielen Verrückten, die ihr Leben nicht bewältigen konnten. Es war einfach zuviel. Nach einer Weile mußte ich manchmal abschalten."

Sue fühlte sich frustriert und nutzlos:

Die Situationen schienen mir alle so ähnlich, immer war alles das gleiche. Es waren immer die gleichen Leute in den gleichen Situationen. Ich wurde zornig, sobald ich in der Wohnung war. Nach einer Weile hörte ich nicht mehr zu. Einfühlung war mir nicht mehr möglich, ich konnte mir Mitleid nicht mehr leisten, wenn ich emotional überleben wollte. Bei dieser Arbeit erntet man nicht viel Dank von den Klienten. Es war ein Teufelskreis: Je zorniger ich wurde, desto weniger mochte ich mich für die Beratung einsetzen, was natürlch zur Folge hatte, daß meine Beratungen wenig Wirkung zeigten.

Sue fühlte sich in ihrer Arbeit nicht nur frustriert, sondern auch isoliert. Sie fand, daß ihre Dienststelle wie ihre Kollegen an Flexibilität zu wünschen ließen und ihre persönliche Entwicklung nicht gefördert wurde. In ihrer Einheit herrschte eine Atmosphäre des Mißtrauens; die Mitarbeiter verpetzten einander, und Sue fühlte sich von Menschen verraten, die sie gern gehabt hatte:

Ich war so gekränkt, daß ich mit den anderen nichts mehr zu tun haben wollte. Ich sah Dinge, die unrecht und unethisch waren, Dinge, die mit grundlegenden Werten zu tun hatten, die mir wichtiger waren als alles andere. Ich war verstört und beunruhigt, aber ich bekam weder von den Kollegen noch von der Abteilung Unterstützung. Ich fühlte mich völlig verlassen. Das war das Schwerste.

Nach zwei Jahren bemerkte Sue die Anzeichen des Ausbrennens, und sie reagierte mit noch härterer Arbeit. Sie begann, vierteljährliche Seminare an einem der kommunalen Colleges zu halten: „Ich mußte mich belohnt fühlen können, ich brauchte das Gefühl, für irgend etwas kompetent zu sein. Aus diesen Kursen, aus dem Unterricht bezog ich viel Befriedigung." Diese Lehrtätigkeit bedeutete viel Zeitaufwand, wenig Verdienst und keine Sicherheit, aber sie trug ihre Belohnung in sich: „Ich sah, daß meine Schüler etwas lernten und Anregungen aufnahmen. Ich sprach gerne über die Dinge, die ich lehrte." Sue versuchte, den Streß ihrer Arbeit bei der Polizei durch diese Belohnungen auszugleichen. Aber bei zwei Anstellungen blieb ihr wenig freie Zeit: „Immer, wenn ich etwas erlebe, das ich nicht bewältigen kann oder das ich nicht sehen will, handle ich nach demselben Schema: Ich werde noch geschäftiger. Ich arbeitete den ganzen Tag, unterrichtete von abends sieben bis zehn und kam um elf nach Hause. Ich war zu müde und zu niedergeschlagen, um schlafen zu können." Diese Lebensweise beschleunigte Sues Ausbrennen: „Ich wünschte nur noch, daß keiner kommt und etwas will. Ich hatte keine Lust mehr, meinen Freunden zuzuhören und ihnen zu helfen, am liebsten hätte ich laut geschrien. Es war, als weinte ich ununterbrochen. Ich war wirklich deprimiert."

In ihrer Beratertätigkeit begann Sue, den Kontakt mit ihren Klienten zu meiden.

Manchmal kam ich zu Hausbesuchen zu spät. Unterwegs machte ich Besorgungen, nur, um Zeit zu gewinnen, in der ich nichts mit meiner Arbeit zu tun hatte. Ich legte während der Gespräche mit meinen Klienten Pausen ein und begann, sie an andere Dienststellen oder Berater zu verweisen. Ich war negativ eingestellt, ehe ich auch nur in die Häuser hineinging; ich war schroff und ohne jede Wärme. Rückblickend glaube ich, daß ich diese Distanz schaffen wollte, weil ich nicht mehr wünschte, daß meine Klienten mich mögen. Ich dachte, daß sie auf weitere Verabredungen mit mir verzichten würden, wenn sie fanden, daß ich weder hilfsbereit noch mitfühlend war.

Eines der Mittel, die Sue gegen ihr Ausbrennen einsetzte, war Humor: „Ich dachte, wenn ich nicht mehr über mich selbst und meine Arbeit lachen kann, geht es mir wirklich schlecht. Also lachte ich, ich machte mich über meine Klienten lustig, nicht boshaft, mehr als eine Art Katharsis. Das brachte mich oft in Schwierigkeiten."

Nach vier Jahren glaubte Sue, diese Arbeit nicht länger ertragen zu können, und gab ihre Stellung bei der Polizei auf. Sie mußte nun überlegen, was sie mit ihrem Leben anfangen wollte. Sie wußte, daß sie als Sozialhelferin ausgebrannt war: „Ich habe bedürftigen, abhängigen, gequälten Menschen nichts mehr zu geben. Ich habe meinen Teil guter Taten getan. Ich habe meine Schuldigkeit getan." Sue wollte ihre Lehrbegabung und ihre analytischen Fähigkeiten nützen. Sie wünschte sich Arbeit in einer erfreulichen Umgebung mit Menschen, die Freude an ihren Berufen hatten. Sie wünschte sich eine Anstellung in einem Unternehmen, in dem Kreativität ermutigt und Unterstützung und Herausforderung geboten wurde. Nach langer Zeit fand sie, was sie wollte.

Kurze Fallanalyse

Sues Fall weist viele Elemente auf, die für das Ausbrennen der Menschen in helfenden Berufen typisch sind. Sie hatte die Sozialfürsorge gewählt, weil sie Menschen in Notlagen helfen wollte, wurde in ihrer Ausbildung aber (wie üblich) in keiner Weise auf den unvermeidlichen, mit dieser Arbeit verbundenen Streß vorbereitet. Sue brannte in ihrer ersten Stellung nach drei, in der zweiten nach vier Jahren aus. In unseren Untersuchungen und in unserer Gruppenarbeit haben viele Angehörige helfender Berufe ähnliche Zeitspannen angegeben.

Auch die Gründe für Sues Ausbrennen sind die üblichen. In ihrer ersten Anstellung war es vor allem die Vergeblichkeit ihrer Arbeit mit hilfsbedürftigen und chronisch kranken Menschen, deren Zustand sich kaum besserte. In ihrer zweiten Anstellung waren es die hoffnungslosen Situationen, die sie tagtäglich antraf, und die zwischenmenschlichen Konflikte in ihrer Abteilung. Auch Sues Reaktionen auf das Ausbrennen sind typisch: zunächst die Flucht in die „Arbeitssucht", die zur Erschöpfung führt, emotionale Abnutzung, Verärgerung über die Kollegen und Ablehnung ihrer Klienten. Sie hatte das Gefühl, ihr Teil „guter Taten" getan zu haben. Auch diese Gefühle sind bei den ehemaligen Idealisten in den helfenden Berufen häufig anzutreffen. Sue war auch nicht die einzige, die sich vom Lehrberuf Erneuerung erhoffte; die Belohnungen, die in der Förderung von Veränderungen und Wachstum liegen, scheinen in diesem Beruf leichter zugänglich zu sein. Wir betonen, wie typisch Sues Erlebnisse und Erfahrungen waren, weil wir hervorheben wollen, daß ihr Ausbrennen durch die in ihrer Arbeit liegenden emotionalen Anforderungen verursacht wurde und nicht durch ihre persönlichen Idiosynkrasien.

Drei häufige Ursachen des Ausbrennens in helfenden Berufen

In modernen Industriegesellschaften haben professionelle Organisationen viele der Funktionen übernommen, die herkömmlicherweise der weiteren Familie oder dem Gemeinwesen zukamen. Das gilt besonders für Hilfeleistungen bei persönlichen zwischenmenschlichen Problemen. Heute gibt es eine große Zahl öffentlicher Dienste in den Bereichen der Medizin, Erziehung und Psychologie. Diese Helferberufe werden von Millionen entsprechend ausgebildeter Praktiker ausgeübt, denen drei wesentliche Merkmale gemeinsam sind: Sie haben einen Beruf, der sie emotional sehr belastet; sie haben gewisse Persönlichkeitsmerkmale, die sie einen derartigen Beruf wählen ließen; sie haben die gleiche „klientenzentrierte" Orientierung. Diese drei Charakteristika schaffen die klassischen Ausgangsbedingungen für das Ausbrennen.

Emotional belastende Arbeit

In allen helfenden Berufen arbeiten Menschen über lange Zeitspannen in emotional belastenden Situationen mit anderen Menschen. Sie sind allen psychischen, sozialen und physischen Problemen ihrer Klienten ausgesetzt. Man erwartet von ihnen ebensoviel Fachkenntnis wie persönliches Interesse.

Jede Berufsarbeit, in der ein Mensch anderen Menschen hilft, bringt einen gewissen Grad von Streß mit sich. Dieser Grad und die spezifische Form des Stresses hängen von den besonderen Anforderungen der Stellung und von den Ressourcen aller Art ab, die dem Helfenden zur Verfügung stehen. Jede Arbeit hat ihre eigenen Arten von Druck, Angst und Konflikten, die mit ihr und dem Kontext, in dem sie zu tun ist, zusammenhängen.

Beispiel: Emotionaler Streß in den medizinischen Diensten

In jeder medizinischen Berufstätigkeit sind emotionsgeladene Situationen häufig. Für Ärzte können sie besonders schwierig sein. Harold Lief und Renée Fox, die die psychologischen Grundlagen der medizinischen Praxis untersuchten, nennen die folgenden Ergebnisse: Ärzte müssen „den menschlichen Körper erforschen, untersuchen und in ihn hineinschneiden; sie müssen sich mit der Angst, dem Zorn, der Hilflosigkeit und der Verzweiflung ihrer Patienten auseinandersetzen; sie müssen sich in Notfällen bewähren; sie müssen die Grenzen der ärztlichen Kunst im Umgang mit chronischen und unheilbaren Krankheiten akzeptieren; sie sind ständig mit dem Sterben und dem Tod konfrontiert."[1] Weiterer Streß entsteht den Medizinern aus dem Wissen, daß sie Krankheit und Tod nicht besiegen können. Anderen Arten von Streß sind Ärzte und Pflegepersonal in gleicher Weise ausgesetzt: der Angst vor Ansteckung bei Infektionskrankheiten, der Scheu vor Gesprächen mit Patienten über eheliche oder sexuelle Probleme und der Angst vor der Durchführung der nötigen medizinischen Untersuchungen.

Dr. Daniel Federman, *Chairman des Department of Medicine* in Stanford, beschreibt das: „Als Arzt erhält man innerhalb weniger Minuten körperlichen Zugang zum Patienten; die Intimität und das Potential an Peinlichkeit in dieser menschlichen Beziehung sind völlig einmalig. Der Patient bietet sich in seiner ganzen Verletzlichkeit dar, er unterzieht sich der Medikation und körperlichen Schmerzen und selbst äußersten Formen der Unterwerfung wie der Bewußtlosigkeit in einer Vollnarkose und der Veränderung seines Körpers durch chirurgische Eingriffe."[2]

Dr. Donald Oken, *Chairman of Psychiatry* an der Universität von New York State, weist darauf hin, daß die Menschen in den medizinischen Berufen regelmäßig allen, selbst den peinlichsten Aspekten menschlicher Körperfunktionen ausgesetzt sind, dazu dem Anblick, den Tönen und der Berührung aller Teile des menschlichen Körpers und seiner Produkte, häufig in sehr privaten und unerfreulichen Momenten. Auch mit den Intimitäten und Konflikten der Patienten werden Ärzte und Pflegepersonal konfrontiert, und oft werden sie zum Ziel primitiver, aber intensiver Übertragungsreaktionen in Form von Zuneigung oder Feindseligkeit, auf die sie nicht in gleicher Weise zu reagieren wagen.[3]

Beispiel: Emotionaler Streß im Erziehungswesen
Auf allen Stufen des Erziehungswesens, vom Kindergarten bis zur Universität, sind Lehrer der Gefahr des Ausbrennens ausgesetzt. Eine sehr häufige Ursache ist die Annahme, daß Schüler nichts lernen, weil der Lehrer nicht richtig lehrt. Diese Annahme ist meist falsch und beruht auf unrealistischen, von Erziehern, Schülern, Eltern, Schulverwaltung und Öffentlichkeit geteilten Erwartungen. Diese Erwartungen werden zur Quelle von Gefühlen der Enttäuschung, der Schuld und des Versagens.

Auch die Wahrung der Disziplin im Unterricht bedeutet Streß für den Lehrer. Landesweite Untersuchungen haben gezeigt, daß die Raten für Kriminalität auf den Schularealen seit 1972 erheblich angestiegen sind: Mord um 18%, Vergewaltigung um 40%, Raubüberfälle um 37% und tätliche Angriffe auf Lehrer um 77%.[4] Der vom Senat gebildete Unterausschuß für Jugendkriminalität berichtet, daß im akademischen Jahr 1975 Vandalismus und Gewalttätigkeit in den Schulen weiter angestiegen sind, daß jährlich Schuleigentum im Wert von mehr als 600 Millionen Dollar zerstört wird und 70.000 Fälle ernsthafter Verletzungen von Lehrern durch tätliche Angriffe ihrer Schüler zu Protokoll stehen. Bei Lehrern in den Schulen in den Armenvierteln der Großstädte, in denen Gewalttätigkeiten in der Schule am häufigsten vorkommen, kann das die sogenannte Kriegsneurose der Lehrer hervorrufen.[5]

Lehrer haben auch vielfachen geistigen und emotionalen Streß zu bewältigen. Auf allen Stufen des Ausbildungsgangs sehen sie sich mit uninteressierten, nicht motivierten Schülern konfrontiert. Sie fühlen sich allein in ihrem Kampf um Disziplin und einen minimalen Bildungsstandard, wenn sie nicht durch die Eltern der Schüler und die Schulverwaltung unterstützt werden. Besonders quälend ist dieser Zustand für Lehrer, die das Lehren als die wichtigste Komponente ihrer Rolle sehen und ihre Schüler statt dessen testen, mit ihnen verhandeln und sich tätlich mit ihnen auseinandersetzen müssen.

*Beispiel: Emotionaler Streß in den sozialen und
psychologischen Diensten*
In vielen Bereichen der sozialen Dienste entsteht die Gefahr des Ausbrennens und der emotionalen Erschöpfung eben aus der ständigen For-

derung, Emotionen einzubringen und zu geben. Alfred Kadushin, einer der führenden Forscher auf diesem Gebiet, schreibt, der Strom emotionaler Unterstützung fließe nur in einer Richtung, nämlich vom Helfer zum Klienten, und könne die Emotionen der Helfer erschöpfen. Das wichtigste Handwerkszeug der Fachleute, die psychologische Hilfe anbieten, seien sie selbst. Wenn sie in ihrer Arbeit mit einem Klienten nichts erreichen, können sie glauben, daß ihr Mißerfolg nicht nur auf ihre fachlichen, sondern auch auf ihre menschlichen Kompetenzen schließen lasse.[6]

In Berufen, die „mitten im Leben" ausgeübt werden, fällt es oft schwer, die Arbeit von den anderen Lebensbereichen zu trennen. Die gegenseitige Durchdringung von Berufs- und Privatleben ist nach Kadushin eines der gravierendsten Probleme für die Helfer, deren Gefühle ständig angesprochen werden. Wer psychologische Hilfe anbietet, ist spezifischem Streß ausgesetzt, weil er den intensiven Gefühlen anderer Menschen ausgesetzt ist.[7] Das ist in gewissem Sinn ein Berufsrisiko.[8] Wenn der vielfältige emotionale Streß, der mit psychologischer und sozialer Hilfeleistung verbunden ist, nicht zur Kenntnis genommen und bekämpft wird, führt er oft zum Ausbrennen.

Andere berufsspezifische Streßformen

Jede Arbeit mit Menschen ist mit gewissen Graden von Streß verbunden. Bestimmten Kategorien der helfenden Berufe wie den medizinischen, psychologischen und sozialen Diensten sind bestimmte Arten emotionaler Belastung gemeinsam, doch haben spezifische Beschäftigungen innerhalb der einzelnen Berufszweige auch ihre eigenen und nur für sie typischen Streßformen.

Für Sue, die wir zu Beginn dieses Kapitels kennengelernt haben, entstand der größte emotionale Druck in ihrer Arbeit als Familienberaterin aus der Gewalttätigkeit, die sie miterleben mußte; daß sie die destruktiven Lebensbedingungen ihrer Klientenfamilien nicht ändern konnte, verstärkte ihre Belastung.

Krankenschwestern auf Leukämiestationen für Kinder erleben tagtäglich schweren emotionalen Streß, weil sie die Leiden ihrer kleinen Patienten mitansehen müssen. Sie fühlen sich machtlos gegen die Ungerechtigkeit des unabwendbaren Todes. Schwestern, die chronisch kranke Patienten pflegen, berichten über die emotionale Belastung durch die Problemkreise um das Recht auf den eigenen Tod. Eine Schwester erzählte uns vom eiligen Einsatz in einem Notfall, bei dem es um das Leben einer Siebenundachtzigjährigen ging; die alte Frau hatte vordem gebeten, in Ruhe sterben zu dürfen. Dialyseassistentinnen berichten, wie schwer es ihnen falle, die Entscheidungen ihrer Patienten für den Tod zu akzeptieren. Eine Lehrerin, die taub-blinde, zurückgebliebene Kinder unterrichtete, sprach über die Last der Arbeit mit Kindern, die keine Fortschritte erkennen lassen: „Nachdem ich Monate gebraucht hatte, um Sandy beizubringen, wie sie ihre Schnürsenkel binden muß, hatte sie einen epileptischen Anfall, und alles war wieder vergessen." Ein hoher Truppenoffizier erlebte Streß, weil er zu wenig Zeit und zu wenig Informationen für Entscheidungen hatte, die Menschenleben kosten konnten. Ein Priester, der einen Tornado überlebt hatte, klagte, daß er den Leidtragenden seiner Gemeinde von Gottes Willen hatte sprechen müssen, den er selbst nicht begreifen konnte. Ein Polizist erzählte von seiner hilflosen Wut nach einem Besuch im Heim eines mißhandelten Kindes; er wußte genau, daß er dieses Kind in Gefahr zurückließ, aber er hatte keine legale Möglichkeit, es zu schützen. Jeder dieser „Menschen-Berufe" hat seine spezifischen Streßformen, die zum Ausbrennen beitragen.

Welche Menschen wählen Helferberufe?

Weitere Streßursachen ergeben sich aus den besonderen Merkmalen der Angehörigen der Berufsgruppe der „Helfer". Das Helfen als Beruf wird oft von Personen gewählt, die besonders einfühlungsbegabt sind. Ein Aufruhr der Gefühle ist für alle Menschen belastend; für diejenigen, die sich für helfende Berufe entschieden haben, gilt das besonders, weil sie meistens besonders empfindsam für mitmenschliches Leiden sind.

Die Gleichartigkeit der Menschen, die einen bestimmten Beruf wählen, kann die berufliche Identität stützen. Die Art der beruflichen Aufgaben wirkt wie ein Filter, in dem sich Menschen mit bestimmten persönlichen Eigenschaften sammeln. Die meisten Praktiker der helfenden Berufe sind ihrem innersten Wesen nach Menschenfreunde. Ihr Hauptanliegen ist, Menschen in Not zu helfen. Sie orientieren sich allgemein eher an Menschen als an Dingen.[9] Sozialarbeiter zum Beispiel beurteilen sich selbst vor allem als mitfühlend, verständnisvoll und hilfsbereit.[10] Im Verlauf unserer Untersuchungen haben wir alle Menschen aus helfenden Berufen gebeten, die Gründe für ihre Berufswahl zu nennen. Die Listen enthielten fast ausnahmslos Angaben wie: „Ich mag Menschen", „ich habe gern mit Menschen zu tun", „ich wollte mit Menschen arbeiten, seit ich denken kann", und so weiter, gleich, welchen Berufsgruppen die Teilnehmer angehörten.

Menschen, die sich für eine Karriere in einem helfenden Beruf entscheiden, haben noch weitere Züge, die sie für den mit diesen Berufen untrennbar verbundenen typischen emotionalen Streß anfällig machen. In einer Sprachschule zum Beispiel, in der sich ausländische Studenten für amerikanische Colleges vorbereiten konnten, hatten alle Lehrer und Angestellten selbst zeitweilig im Ausland gelebt. Sie konnten also alle Schwierigkeiten der jungen Ausländer nachempfinden; trotzdem gerieten sie durch gewisse kulturbedingte Verhaltensweisen ihrer Schüler in Schwierigkeiten. Auch bei der Arbeit mit Kindern oder alten Menschen bedeutet übergroßes Einfühlungsvermögen eine Erschwernis. Die Helfer in Altenheimen können nicht umhin, an ihre eigenen Eltern oder an ihr eigenes Alter zu denken. Leute, die mit Kindern arbeiten, erzählen oft, wie schmerzlich ihnen der Gedanke ist, daß eines dieser Kinder ihr eigenes sein könnte. Auch sie müssen sich mit den Grenzen abfinden, die ihren Hilfeleistungen für leidende und sterbende Kinder gesetzt sind. Manche der Leute, die sich mit Kindesmißhandlungen befassen, waren in ihrer Berufswahl durch eigene Kindheitserfahrungen motiviert; die sich um Alkoholkranke kümmerten, waren zum Teil selbst Alkoholiker gewesen oder hatten Alkoholismus in der engeren Familie miterlebt. Diese persönlichen Lebensgeschichten intensivieren ihr Mitgefühl, aber auch ihr Mit-Leiden.

Die „klientenzentrierte" Orientierung

Eine dritte Ursache des Ausbrennens ist die klientenzentrierte Orientierung, die für die helfenden Berufe fast durchweg charakteristisch ist: Im Zentrum des Interesses stehen die Menschen, denen Hilfe zuteil werden soll; ihre Bedürfnisse definieren die Rollen der verständnisvollen, unterstützenden Helfer. Deren Existenz ist nur so lange gerechtfertigt, als sie von Nutzen sind. Allein die Gefühle der Klienten sind legitim.

Die meisten menschlichen Beziehungen sind einigermaßen ausgewogen. Für die therapeutische Beziehung gilt das jedoch nicht, sie ist asymmetrisch: Die Helfer geben, die Klienten empfangen. Kadushin schreibt, daß die Mitarbeiter der sozialen Dienste einer „Ethik der Hingabe" zuneigen, welche die Motive für ihre Hilfeleistungen anerkennenswert mache.[11] Viele der Menschen in diesen Berufen sehen ihre Arbeit als Berufung, die Belohnung im Geben.

Der von den Helfern erlebte emotionale Streß erfährt jedoch weder in der wissenschaftlichen Literatur noch in den jeweiligen Fallberichten Beachtung. Das Interesse gilt fast ausschließlich den Empfängern der Dienstleistungen und ihren Problemen. Den zukünftigen jungen Helfern wird in der Ausbildung eine unausgesprochene Botschaft vermittelt: Persönliche Bedürfnisse in der beruflichen Rolle sind nicht legitim. Marlene

Kramer, Professorin für Krankenpflege, schreibt in ihrem Buch *"The Reality Shock"* (Der Realitätsschock) über die vernichtenden Auswirkungen der Pflegearbeit auf die unvorbereiteten Anfängerinnen.[12] Dieser Realitätsschock führt oft zu einer Krise der Berufsanfängerinnen; es ist allgemein bekannt, daß die Fluktuationsraten während der ersten Berufsmonate besonders hoch sind.[13]

In den Ausbildungsgängen wird fast ausschließlich Theorie unterrichtet und nicht dafür gesorgt, daß die Schülerinnen und Schüler Sicherheit im Umgang mit Menschen üben können oder auf den Streß vorbereitet werden, der sie in ihrem Beruf erwartet. Seit kurzer Zeit besteht die Tendenz, den jungen Leuten konkrete Übungsmöglichkeiten und mehr praktische Ausbildung zu bieten.[14] Wieviel Streß sie erwartet und wie sie ihm begegnen können, wird ihnen nicht gesagt. Selbst in den einsichtigeren modernen Lehrbüchern, in denen die zukünftigen Praktiker aufgefordert werden, sich mit Rollenspielen zu befassen (und auch einmal die Rolle des Klienten zu übernehmen, um Einfühlungsvermögen aufzubauen), richten sich diese Übungen niemals auf den Aufbau der Einfühlung in die bedauernswerte Lage der Helfer, die immer geben und nie empfangen.

Wie sinnwidrig diese ausschließlich klientenzentrierte Ausrichtung ist, zeigt der in Martin Lipps Buch „The Wounded Healer"[15] beschriebene tragische Fall eines Psychiaters, der Selbstmord beging. Da die Selbstmordrate in dieser Berufsgruppe relativ hoch ist, ist das an sich kein ungewöhnliches Ereignis. Aber der Selbstmord dieses Mannes kam völlig überraschend für alle seine Freunde, vor allem aber auch für seine Kollegen, die in seinem Verhalten nichts Ungewöhnliches bemerkt hatten, obgleich sie Experten im Erkennen von Depressionen waren. Der Mann war jung, er stand in der Blüte seines Lebens. Er hatte eine schmerzliche Scheidung hinter sich, doch schien es ihm nicht schlecht zu gehen. Er war beruflich sehr erfolgreich und hatte eine glänzende Zukunft vor sich. Niemand hegte auch nur den leisesten Verdacht, daß er so depressiv war, wie sein Abschiedsbrief zeigte. Allein seine Patienten scheinen geahnt zu haben, was er durchmachte. Eine seiner Patientinnen sagte, sie habe bemerkt, daß er sehr verstört war, und gefühlt, daß es ihm nicht gut ging. Also stellte sie Fragen. Der Psychiater lächelte und sagte, ihre Aufgabe sei es, sich um sich selbst zu kümmern, nicht um ihn. Er konnte selbst in seinen verzweifeltsten Momenten nicht aus der Arzt-Patienten-Beziehung ausbrechen und die rettende Hand ergreifen, die sich ihm bot.

Die Ausrichtung auf den Klienten definiert die therapeutische Beziehung von vornherein als asymmetrisch und kann sich auf den Helfenden streßhaft auswirken. Diese Auswirkungen verstärken sich in der Kombination mit der für die Arbeit in helfenden Berufen charakteristischen emotionalen Intensität und der Auswahl der Individuen, die sich für diese Berufe entscheiden. Und da diese drei Elemente beinahe in jedem helfenden Beruf gegeben sind, erscheint der Prozeß des Ausbrennens beinahe unvermeidlich.

Das Ziel: distanzierte Anteilnahme

Die Angehörigen der helfenden Berufe kämpfen um „distanzierte Anteilnahme". Harold Lief und Renée Fox prägten diesen Ausdruck für eine Haltung, in welcher „der einfühlende Arzt in seinen Einstellungen zum Patienten hinreichend distanziert und objektiv bleibt, um verläßliche medizinische Urteile zu bilden und seinen Gleichmut zu behalten, aber dennoch genügend Anteilnahme bewahrt, um seine Patienten einfühlsam und verständnisvoll zu versorgen". Auf diese Weise „gilt die Sorge des Arztes dem Patienten, nicht nur dessen Herz oder Leber oder seiner psychischen Verfassung".[16]

Die ideale Ausgewogenheit von Distanz und Anteilnahme ist von Beruf zu Beruf verschieden. Die meisten Leute sind sich einig, daß es einem Bankkassierer nicht ansteht zu fragen, was sie mit dem abgehobenen Geld vorhätten; dagegen leiden die meisten Leute darunter, wenn ihr Arzt sie nur als einen Fall ihrer Krankheit sieht.

Die Ausgewogenheit von Anteilnahme und Distanz ist schwer zu erreichen und schwer zu bewahren. Einerseits besteht die Gefahr übermäßiger Beteiligung, die zum Verlust der Objektivität und damit der Fähigkeit zur optimalen Hilfeleistung führen kann: „Wenn man erst einmal in die Haut des Patienten geschlüpft ist, kann man ihm nicht mehr helfen", sagte ein klinischer Psychologe, „in dieser Haut steckt er ja selber, und offensichtlich ist er nicht sehr gut zurechtgekommen. Helfen kann man nur, wenn man mehr sieht und mehr versteht als die Person, die Hilfe braucht." Andererseits besteht immer die Gefahr, daß die Distanz zu groß wird, die Anteilnahme schwindet und Teilnahmslosigkeit und die dehumanisierenden Einstellungen, die für das Ausbrennen charakteristisch sind, überhandnehmen. Wenn die innere Distanz zu groß wird, reicht die verbliebene Anteilnahme nicht mehr aus, um zu vollem Einsatz zu motivieren. Auch aus der Sicht der Klienten und Patienten ist eine gewisse Ausgewogenheit zwischen persönlicher Unterstützung und Verständnis einerseits und fachmännischer Beratung und Entschiedenheit andererseits vorzuziehen.[17]

Auch innerhalb einzelner Organisationen brauchen manche Mitarbeiter mehr Distanz als andere. In einer psychiatrischen Klinik zum Beispiel brannte das Personal der geschlossenen Abteilung aus, weil die Beziehungen zu den Patienten sehr problematisch und die erreichten Veränderungen minimal waren. Es gab jedoch einen Arzt, der den Dienst in dieser Abteilung liebte — die Arbeit mit den psychotischen Patienten, die unter dem Einfluß starker Medikamente standen, fiel ihm leichter als die mit seinen regulären Patienten: „Mit denen muß ich plaudern und ihre Gefühle schonen, was ich hasse. Bei den Leuten hier muß ich nicht schwätzen und auf Gefühle Rücksicht nehmen. Ich kann mich auf ihre kranken Organe konzentrieren, und dafür bin ich ja da."

Unserer Erfahrung nach fällt diese Distanzierung gerade den Menschen, die im Dienste der Mitmenschen stehen, am schwersten. Sie bringen den größten Idealismus und das größte Engagement mit; infolgedessen brennen sie relativ rasch aus. Schließlich distanzieren sie sich zu sehr, um sich gegen die Gewalt ihrer eigenen Emotionen zu schützen. Der Psychologe Bruno Bettelheim beschreibt diesen Prozeß:

Man ist beunruhigt und fürchtet, man könnte in den Malstrom geraten, in dem sich der Zorn, die Angst und die Verzweiflung des Patienten drehen; man beginnt um die eigene geistige Gesundheit zu fürchten — man beginnt sich sogar zu fragen, ob alle ihre Wahnvorstellungen wirklich Wahnvorstellungen sind. Die „natürlichste" Verteidigung gegen diese Gefühle ist die beinahe automatische Reaktion, die Abwehr gegen den Ansturm solcher Emotionen auszubauen und das Herz, nicht aber den Verstand, vor denen zu verschließen, die uns durch die Macht ihrer Emotionen zu überrennen drohen.[18]

Die Menschen in helfenden Berufen haben verschiedene Möglichkeiten, die für sie persönlich ideale Ausgewogenheit distanzierter Anteilnahme zu erreichen: durch physische, psychische oder emotionale Zurückgezogenheit oder durch eine Kombination dieser Elemente. Bedauerlicherweise wird diese von berufsmäßigen Ratgebern zum eigenen Schutz geübte Distanz von den Ratsuchenden häufig als dehumanisierend empfunden, wie die folgenden Beispiele zeigen.

Physische Distanz

In der schwierigsten Lage sind die Menschen in helfenden Berufen, die sich auch außerhalb der Arbeitszeit nicht zurückziehen können. Viele Ärzte und Psychiater empfinden die Forderung, daß sie immer erreichbar sein müssen, als einen Nachteil der Privatpraxis: „Jedesmal, wenn abends das Telephon läutet, denkt man: ‚Oh nein — nur kein Patient, bitte.' Manchmal scheint es, als könne man nie ein bißchen Ruhe oder Frieden vor den Problemen der Patienten haben." Manche Psychiater ziehen die Arbeit in der Klinik der Privatpraxis trotz des erheblich geringeren Einkommens vor: „Dort kann ich abends die Tür hinter mir zumachen und weiß, daß jemand da ist, der sich um die Notfälle kümmern wird." Berater und Erzieher, die in den Institutionen wohnen, in denen sie arbeiten, sind vom Ausbrennen sehr gefährdet. Für derartige interne Behandlungszentren ist eine hohe Fluktuation der Angestellten typisch. Viele dieser Einrichtungen werden nach demokratischen Prinzipien geführt, was bedeutet, daß Mitarbeiter und Patienten Tag und Nacht im therapeutischen Prozeß stehen. Berater können diese emotionale Intensität ohne Freizeit nicht auf die Dauer ertragen; sie geben ihre Stellen oft innerhalb der ersten beiden Jahre auf, weil sie am Ende sind.

Körperliche Distanz wird auch während der Arbeitsstunden geübt. Einem Psychiater, der in seiner Privatpraxis ausbrannte, fiel auf, daß er seinen Schreibtisch als Barriere gegen seine Patienten benutzte. Viele leitende Angestellte, die zu Beginn ihrer Arbeit eine „Politik der offenen Tür" vertreten, ändern ihre Ansichten und machen ihre Tür wieder zu, wenn sie sich zu sehr in Anspruch genommen fühlen. Sie entwickeln das Bedürfnis, sich von allen anderen Menschen zurückzuziehen, allein zu sein und ungestört zu arbeiten. Ein schönes Beispiel einer solchen Flucht vor menschlichem Umgang ist der Professor, der sein Freijahr über auf dem Campus blieb, um ein Buch zu vollenden. Um Störungen vorzubeugen, schrieb er einen erfundenen Namen auf sein Türschild. Er hatte Erfolg: Kein Mensch klopfte an. Sein Forschungsurlaub liegt nun drei Jahre zurück, doch der falsche Name steht immer noch an seiner Tür. Auch die Forderung nach Anmeldung vor Besuchen, Vorzimmerdamen, die Besucher abweisen, oder distanzschaffende Möbel-Arrangements sind Methoden, physische Distanz in streßreichen Interaktionen zu schaffen.

Andere Leute gewinnen Distanz auf dem Umweg über die Zeit: Sie beschränken die Zeit, die sie in direktem Kontakt mit den Empfängern ihrer Hilfeleistungen verbringen, auf ein Minimum. Eine Kinderärztin ließ sich auf dem Weg von ihrer Praxis zu ihrem ersten Krankenbesuch soviel Zeit, daß sie zu spät kam, und schaffte sich so die Möglichkeit, alle späteren streßhaften Begegnungen des Tages abzukürzen. In der Studentenberatung eines College pflegten die Angestellten jede Gelegenheit wahrzunehmen, um in den Unterlagen nachzusehen, die in einem anderen Gebäude untergebracht waren; der kleine Spaziergang bedeutete eine willkommene Unterbrechung der Gespräche mit den Studenten.

Zwei unabhängige Untersuchungen haben gezeigt, daß viele körperlich, emotional und geistig erschöpfte Menschen konsequent zu spät zur Arbeit kommen, die Arbeitspausen ausdehnen oder überhaupt fernbleiben.[19]

Im psychiatrischen Bereich[20] arbeiteten die Angestellten um so weniger gern mit ihren Patienten, je länger sie ihren Beruf ausübten; ihre mitmenschliche Einstellung zu ihren Patienten wurde zu der eines Aufsehers; diejenigen, die früher mit Schizophrenen gearbeitet hatten, suchten den Kontakt mit Schizophrenen zu vermeiden. Die Schwestern eines Krankenhauses verbrachten mehr Zeit mit den anderen Angestellten als mit den Patienten; sie wurden beinahe böse, wenn ein Patient einen Wunsch äußerte, was sie als Übergriffe auf „ihre" Zeit empfanden. Eine Sozialarbeiterin der Kinderfürsorge benutzte ihren Krankenurlaub, um sich von allen Menschen zurückzuziehen, „besonders aber vor allem, was mir bis zum Knie reicht und in einzelnen Silben spricht". Angestellte in Gesundheits- und Fürsorgedienststellen gingen in ihren Interaktionen mit den Ratsuchenden „Abkürzungen", indem sie besonders lange Mittagspausen einlegten. Längere Arbeitspausen, immer mehr Schreibtischarbeit, frühzeitiges Weggehen und Abwesenheit erlauben es den Helfern, sich körperlich von ihren Klienten zu distanzieren, indem sie ihnen ihre Zeit entziehen.

Räumliche Distanz erreicht den gleichen Zweck: man geht nicht in die Nähe des Klienten, vermeidet den Blickkontakt oder behält die Türklinke in der Hand. Kommunikationen werden unpersönlich gehalten, man bedient sich oberflächlicher Redensarten oder schematisierter Briefe.

Eine Sozialwissenschaftlerin beschrieb eine ungewöhnliche Methode der Distanzierung: Während langwieriger Gespräche mit ihren Klienten konnte sie „teleskopisch sehen". Sie sah ihre Gesprächspartner verkleinert, wie weit entfernt — so weit, daß sie nicht hören konnte, was sie sagten.

Emotionale Distanz

Wenn körperliche Distanz nicht möglich ist, helfen sich Menschen, die nicht mehr weiterwissen, durch emotionale Distanzierung. Nach Lief und Fox ist diese emotionale Distanz ein Hauptproblem der Mediziner in den ersten Jahren:[21] „Ich habe jedes Mal, wenn ich in die Notfallräume gehe, das Gefühl, als lege ich eine Rüstung gegen meine eigenen Emotionen an", sagte ein junger Arzt. Andere Angehörige der Berufsgruppen, welche die Leiden ihrer Patienten und Klienten miterleben, benutzen ähnliche Methoden. Sue, deren Geschichte wir schon kennen, gewann Distanz, indem sie ihr Mitleid, ihre Einfühlung und ihre Wärme „abschaltete" und zwischen den Interviews mit ihren Klienten „Zeit einschob".

Eine staatlich angestellte Fürsorgerin beschrieb das Wachsen ihrer emotionalen Distanz:

> Als ich anfing, war ich voll Anteilnahme für alle Aspekte des Lebens meiner sechzig Familien. Ich habe mich wirklich um alles gekümmert und sie unterstützt, wo ich konnte. Aber bei diesem Grad der Beteiligung dreht man sehr bald durch. Also begann ich, mich ein wenig zurückzuziehen und die Probleme der Klienten nicht mehr als meine eigenen anzusehen. Ich gab mein totales Engagement auf und sah aus einiger Entfernung zu. Schließlich entwickelte ich eine Art Unempfindlichkeit gegen die Menschen, mit denen ich arbeitete. Ich war emotional so distanziert, daß ich ebensogut hätte abwesend sein können. Ich verdiente Geld, aber ich hatte nicht das Gefühl, daß meine Arbeit ein Teil meines Lebens war.

Manche Menschen in helfenden Berufen streben eine möglichst scharfe Trennung zwischen Berufs- und Privatleben an, um sich gegen den emotionalen Streß ihrer Arbeit zu schützen. Ein Gefängnispsychologe pflegte neuen Bekannten seinen Beruf zu verschweigen. Auf Fragen antwortete er, er sei Staatsangestellter, oder einfach, er sei „beim Staat". Ein Polizist kam mit seiner Frau und seinen Freunden überein, Gespräche über seinen Beruf zu vermeiden. Er habe den ganzen Tag mit Verbrechen und Schmutz zu tun und wolle zuhause nichts darüber hören oder reden. Derartige emotionale Abgrenzungen erlauben diesen Menschen, den berufsbedingten Streß auf Zeit und Ort ihrer Tätigkeit beschränkt zu halten.

Obgleich diese Helfer sich nur zum Schutz vor der eigenen übermäßigen Beteiligung distanzieren, kann diese emotionale Zurückhaltung eskalieren, zur völligen Teilnahmslosigkeit führen und jedes Interesse für die Empfänger der Hilfeleistungen erlöschen lassen. Gefühle lassen sich nicht so ohne weiteres an- oder abstellen, und es kann geschehen, daß diese mühsam geschaffene Distanz auf außerberufliche Lebensbereiche übergreift.

Psychologische Zurückhaltung

Psychologische Zurückhaltung entsteht aus einer Gruppe von Einstellungen, die die Hilfeleistenden gegen übermäßige Beteiligung schützt und ihre Distanzierung von den Empfängern ihrer Dienste rechtfertigt. Diese Einstellungen tragen auf verschiedene Weise dazu bei, daß Klienten nicht rückhaltlos mitmenschlich und die Beziehungen zu ihnen in objektiven und analytischen Bezugsrahmen gesehen und auf diese Weise

Intensität und Ausmaß der Emotionen des Helfers reduziert werden. Eine dieser Einstellungen ist die strikte Befolgung vorgegebener Regeln, welche die Beziehungen zu den Empfängern der geleisteten Hilfe definieren. Eine Bewährungshelferin, die um Bürgschaft für einen von einem Klienten beantragten Kredit gebeten wurde, fand zu ihrer großen Erleichterung, daß die Richtlinien das untersagten. Also fiel ihr die Ablehnung leichter: „Nicht aus persönlichen Gründen, die Regeln verbieten es." Ein ehemals begeisterter Assistent einer größeren Lehrveranstaltung einer Universität sagte, daß er ausbrannte, als ihn nach einer Prüfung der 313. Student um eine Abänderung seiner Prüfungsnote bat: „Dieser Junge erzählte mir, daß seine Mutter ernstlich krank sei, weshalb er zur Zeit der Prüfung nervös und konfus gewesen sei und die Frage mißverstanden habe, diese drei Extrapunkte aber dringend nötig hätte, um nicht durchzufallen und von der Universität zu fliegen." Als der geplagte Assistent das hörte, fühlte er, daß sein Blick „glasig wurde"; er erwiderte, es tue ihm leid, aber er könne die Note nicht ändern, weil das den Universitätsrichtlinien zuwiderlaufen würde. Er verringerte seine eigene emotionale Überlastung durch eine unpersönliche, festgelegten Regeln entsprechende Anwort auf die Bitte seines (313.) Schülers.

Auch in den medizinischen Berufen findet man viele Beispiele für psychologische Zurückhaltung. Ärzte verschieben ihre emotionalen Probleme häufig unter Berufung auf „rationales Denken" auf eine intellektuelle Ebene, was aus ihren Patienten als leidenden Mitmenschen interessante diagnostische Probleme macht. Krankenschwestern, die ausbrennen, werden sachlicher, sie wandeln sich von Pflegerinnen und Helferinnen zu Aufseherinnen und Wärterinnen. Der Schwerpunkt ihres Interesses verschiebt sich vom kranken Menschen auf die Krankheit, an der er leidet.

Marcia Millman, eine Soziologin, die Untersuchungen über die ärztliche Berufsarbeit durchführte, beschreibt die außergewöhnlichen emotionalen Risiken, die daraus entstehen, daß ein fachlicher Irrtum ein Menschenleben kosten kann.[22] Die Angehörigen medizinischer Berufe haben kollektive Methoden entwickelt, um ihre Irrtümer zu rechtfertigen und den dem Patienten gegebenenfalls zugefügten Schaden so klein wie möglich erscheinen zu lassen. Nach Millman sind eine der besten Gelegenheiten zur Beobachtung dieser kollektiven Rationalisierung die sogenannten *Mortality conferences*, Besprechungen über die Todesfälle, deren Darstellung die ärztlichen Entscheidungen rückwirkend rechtfertigt. In manchen Fällen kann die Schuld dem Patienten zugeschoben werden: Wenn dieser als verrückt, unkooperativ oder als Alkoholiker (zum Beispiel) diskreditiert werden kann, wird die Last der Verantwortung für einen Kunstfehler vom Arzt genommen. Derartige kollektive Rationalisierung und Verschiebung der Verantwortung auf das Opfer kann als Schutzmaßnahme der Ärzte gegen den emotionalen Streß ihrer Schuldgefühle angesehen werden.

Auch aus der Verwendung bestimmter Terminologien kann man auf Rückzugsprozesse schließen. Verallgemeinerungen machen es den Helfern möglich, sich von den Individuen zu distanzieren, die ihre Empathie ansprechen. Menschen, die sie persönlich kennen, werden zu „benachteiligten Schichten", zu „kranken und bedürftigen Opfern der Gesellschaft" und dergleichen mehr. Andere Terminologien sind abwertend: Eine Lehrerin nannte ihre Schüler „Ungeheuer", eine Rehabilitationshelferin für Drogenabhängige ihre Klienten „Junkies". Eine weitere Methode der Distanzierung von der Not anderer Menschen ist deren Identifizierung durch ihre Probleme statt durch ihre Namen: Man spricht von „der Wurzelkanalentzündung" oder „der Niere auf Zimmer 202". Durch diesen Sprachgebrauch verleugnen die professionellen Helfer den mitmenschlichen Status der Empfänger ihrer Hilfeleistung, um auf diese Weise die eigene emotionale Beteiligung zu minimalisieren.

Manche Angehörige helfender Berufe setzen auch Humor ein, um den emotionalen Streß ihrer Arbeit zu bekämpfen. Ein klassisches Beispiel sind die Medizinerwitze aus dem Seziersaal. Lief und Fox berichten, daß Studenten, die sich vor dem Sezieren fürchten, den Leichen, an denen sie arbeiten, Scherznamen wie „Ellbogen" oder „Knochen" geben. Diese Scherze machen es ihnen anscheinend leichter, in einen menschlichen Körper „hineinzuschneiden" oder ihn „auseinanderzunehmen".[23]

Viele sammeln auch komische Geschichten über ihre Klienten. Eine Frau, die in einer Boutique arbeitete, erzählte, daß sie und ihre Kolleginnen sich über Kundinnen lustig machten. Zwei Gruppenleiter fanden nach einer anstrengenden dreitätigen Arbeitsgruppe Entspannung in hysterischem Gelächter über sich selbst, über die Teilnehmer, über die ganze Situation. Das Lachen über ein streßhaftes Ereignis verringert die Anspannung und die Angst, die diese Menschen in ihren Berufen erleben, und der Ernst der Situation schwindet.

Menschen in helfenden Berufen verwenden diese Methoden des körperlichen, emotionalen oder psychologischen Rückzugs, um die Intensität des unlösbar mit ihrer Hilfeleistung an anderen Menschen verbundenen Gefühlsaufruhrs zu verringern. Wirklich nützlich sind diese Methoden, wenn sie zur ideal ausgewogenen distanzierten Anteilnahme verhelfen. Wenn die Distanzierung zu weit geht und zu den dehumanisierenden Einstellungen führt, die zum Ausbrennen gehören, schaden sie mehr, als sie nützen. Leider leidet die Qualität der Hilfeleistung auch dann durch diese Distanzierung, wenn diese zum Schutz der Helfer nötig ist. Das Stichwort heißt *ideale Ausgewogenheit*, die nicht nur für die Berufsangehörigen erstrebenswert ist, sondern auch von den Klienten und Patienten bevorzugt wird. Der berufsmäßige Helfer kann etwa eine sehr formelle Situation schaffen, in der er sich dann eine persönliche Annäherung leistet, oder aber die Situation intimer gestalten und überwiegend rationale, zielbestimmte Vorschläge machen.[24] Im siebten, achten und neunten Kapitel dieses Buches schildern wir Bewältigungsstrategien und -methoden, die Helfer vor dem Ausbrennen schützen können, ohne die Qualität der Hilfeleistung zu beeinträchtigen. Diese Methoden machen es den Helfern möglich, ihre eigenen Bedürfnisse als legitim zu akzeptieren und sich aus eigener Kraft emotional zu erneuern.

Nicht die Menschen sind schlecht, die Situationen sind es

Viele Theorien versuchen, die Mängel der Gesellschaft auf die persönlichen Merkmale der beteiligten Individuen zurückzuführen. Viele Menschen glauben, daß Menschen, die sich antisozial verhalten, „schlecht" sind. Sie schreiben das Verhalten eines Menschen seinen anlagebedingten und erworbenen Persönlichkeitszügen zu. Einem Helfer, der sich indifferent, rüde und dehumanisierend verhält, wären demnach Merkmale wie Kälte und Grausamkeit zuzuschreiben. Interpretationen dieser Art sind jedoch häufig falsch. Durch die sozialpsychologische Forschung wurde die Aufmerksamkeit vermehrt auf die Merkmale der Situation des Individuums geleitet, das sich so verhält; diese Perspektive erlaubt klarere und fruchtbarere Einsichten in das Problem.[25] Es ist nützlicher, sich auf Umweltfaktoren sozialer wie physikalisch-materieller Natur zu konzentrieren, die die Menschen veranlassen, sich auf eine bestimmte Art zu verhalten. Dieser Ansatz leugnet die Bedeutung von individuellen Zügen und Persönlichkeitsmerkmalen nicht, berücksichtigt jedoch, daß antisoziales Verhalten auch durch Komponenten der Situation beeinflußt sein kann. Ein Mensch, der sich rüde benimmt, ist möglicherweise eine „rüde Person". Es ist jedoch wahrscheinlicher, daß ein ganz durchschnittlicher Mensch hier und jetzt unter starkem Druck steht. Wenn wir ihn so als einen im Grunde wohlmeinenden, im Augenblick starken Belastungen ausgesetzten Menschen sehen, können wir diese Belastungen vielleicht verringern. Das Ausbrennen ist keine Folge der Teilnahmslosigkeit oder

der Gefühlskälte der betroffenen Menschen. Es ist eine Folge ungünstiger Situationen, in denen sich idealistische Menschen zurechtfinden müssen. Diese Situationen müssen verändert werden, wenn sie menschliche Werte erhalten und fördern sollen, statt sie zu zerstören.

Anmerkungen

1 H. O. Lief and D. C. Fox, „Training for ‚Detached Concern' in Medical Students" in *The Psychological Basis of Medical Practice*. Ed. H. I. Lief, V. I. Lief, and N. R. Lief (New York: Harper & Row 1963), S. 13.

2 D. D. Federman, „Can Compassion Survive? Pressures Imperil M. D.'s Conscience and Motivation". *Stanford Observer*, März 1976, S. 5. Der Artikel ist eine adaptierte Fassung von Professor Federmans 1975 gehaltener Ansprache an die Medizinische Fakultät von Stanford.

3 D. Oken, „The Unknown Factor: The Doctor and How He Does His Doctoring". *Frontiers of Psychiatry*, 15. Juni 1978, S. 12.

4 „The ‚Jungle' Today". In *Education*, Maclean's (Canada) 8. März 1976, S. 52.

5 A. M. Bloch, „Combat Neurosis in Inner City Schools", Vortrag beim 130. Jahrestreffen der *American Psychiatric Association*, 4. Mai 1977.

6 A. Kadushin, *Child Welfare Services*. (New York: Macmillan, 1974).

7 Jim Coins, ein klinischer Psychologe an der Universität von Kalifornien in Berkeley, hat gezeigt, daß Telephongespräche mit depressiven Patienten sich ungünstig auf die Stimmung des Therapeuten auswirken.

8 Y. Feldman, H. Spotnitz, and L. Nagelberg, „One Aspect of Case Work Training through Supervisors". *Social Casework* 34 (April 1953), S. 153.

9 Kadushin, *Child Welfare Services*.

10 W. Regiatt, „The Occupational Culture of Policemen and Social Workers". (Washington, D. C.: American Psychological Association, 1970, S. 11).

11 Kadushin, *Child Welfare Services*.

12 M. Kramer, *Reality Shock* (St. Louis: Mosby Co., 1974).

13 J. M. M. Hill, „The Representation of Labor Turnover as a Social Form". In: *Labor Turnover and Retention*, ed. B. O. Pettman (New York: Wiley 1975), S. 73—93.

14 Zum Beispiel: A. E. Ivey and J. A. Authier, *Microcounseling*. (Springfield, Ill.: Charles Thomas, 1978).

15 M. Lipp, *The Wounded Healer* (New York: Harper & Row, 1980).

16 Lief and Fox, „Training for ‚Detached Concern'".

17 D. Etzion, „Achieving Balance in a Consultation Setting". *Group and Organization Studies* 4, no. 3 (1979), S. 366—376.

18 B. Bettelheim, *A Home for the Heart* (New York: Bantam Books, 1974), S. 280.

19 J. Golan, „Attitudes, Personal Characteristics, and Organizational Factors and their Relationships with Absenteeism among Telephone Operators". Dissertation für M. S. Degree für Management Sciences, Organizational Behavior, eingereicht bei der Faculty of Management der Universität von Tel Aviv, 1979; J. W. Jones, „The Staff Burnout Scale: A Validity Study". Vortrag beim 52. Jahrestreffen der Midwestern Psychological Association, St. Louis, 1.—3. Mai 1980.

20 A. Pines and C. Maslach, „Characteristics of Staff Burnout in Mental Health Settings". *Hospital and Community Psychiatry 29*, no. 4 (1978): S. 233—337.

21 Lief and Fox, „Training for ‚Detached Concern'".

22 M. Millman, *The Unkindest Cut: Life in the Backrooms of Medicine* (New York: Morrow, 1977).

23 Lief and Fox, „Training for ‚Detached Concern'".

24 Etzion, „Achieving Balance in a Consultation Setting".

25 E. E. Jones, D. Kanause, H. H. Kelley, R. E. Nisbett, S. Valins and B. Weiner, eds., *Attribution: Perceiving the Causes of Behavior* (Morristown, N. J.: General Learning Press, 1972).

26 C. Maslach, „Burnout: The Loss of Human Caring". *Human Behavior* 5 (September 1976): S. 16—22.

4. Kapitel: Berufsbedingter Überdruß bei Angestellten in bürokratischen Organisationen

Wir verbringen ein Drittel unseres wachen Lebens bei der Arbeit. Sie spielt im Leben der meisten Menschen eine zentrale Rolle. Berufliche Rollen bestimmen Lebensstile, soziale Netzwerke, Selbstbilder, Zufriedenheit und Gesundheit. Albert Camus schreibt: „Ohne Arbeit wird das Leben schal. Aber Arbeit ohne Seele läßt das Leben verderben." In den Vereinigten Staaten kommt man immer mehr zu der Einsicht, daß Unzufriedenheit im Beruf die Arbeitenden wie die Organisationen teuer zu stehen kommt. Besonders häufig findet man diese Unzufriedenheit am Arbeitsplatz in bürokratischen Organisationen.

Das Wort „Bürokratie" kommt vom französischen *„bureau"*, was heute soviel heißt wie „Abteilung" oder „Unterabteilung" einer Dienststelle, gewöhnlich der Regierung.* In den meisten Industriegesellschaften nimmt der Einfluß bürokratischer Organisationen auf das Berufsleben fortlaufend zu. Für die Arbeitenden ist das theoretisch wie praktisch von großer Bedeutung. Die wissenschaftliche Erforschung der Verhältnisse in Bürokratien wurden stark von den Überlegungen des deutschen Soziologen Max Weber beeinflußt, der als erster das Modell einer idealen Bürokratie beschrieben hat: Er stellte sich eine hierarchisch organisierte öffentliche Institution vor, deren Mitarbeiter über eine entsprechende Ausbildung verfügen und einheitliche Normen auf individuelle Fälle anwenden. Weber schreibt: „Die Bürokratie ist ‚rationalen' Charakters: Regel, Zweck, Mittel, ‚sachliche' Unpersönlichkeit bestimmen ihr Gebaren."[1] Er sah Bürokratien als Mittel zur Überführung sozialen Handelns — individueller zwischenmenschlicher Beziehungen, die ausreichen, um einfache Gesellschaften zu erhalten — in rationale Beziehungen an, d.h. in eine Art des Handelns, wie sie in komplexen Gesellschaften nötig ist.

Heute sieht man Bürokratien nicht mehr so positiv. Die heutigen sind so umfangreich und so komplex, daß sie langsam und unzugänglich

---

* Der Leser weiß, daß dies für den anglo-amerikanischen Sprachgebrauch gilt. (Anm. d. Übers.)

geworden sind. Man sagt ihnen nach, daß sie auf Probleme eingestellt sind, die Jahre zurückliegen. Man wirft ihnen vor, daß sie nicht mehr der Gesellschaft, sondern sich selbst dienen. Die Arbeit in solchen Bürokratien kann vor allem bei Menschen, die energisch und ehrgeizig sind und schnelle Veränderungen sehen wollen, Frustration und Überdruß hervorrufen.

Im zweiten und dritten Kapitel dieses Buches haben wir einige Fallstudien berichtet. In diesem Kapitel stellen wir den „Fall" einer Organisation vor, hier ist die Organisation der „Patient". Ausgewählt haben wir das Wohlfahrtsministerium, weil sich an diesem Beispiel sowohl die Auswirkungen der Arbeit in einer Bürokratie (Überdruß) wie die der Arbeit mit Menschen (Ausbrennen) demonstrieren lassen.

Eine Fallstudie: Das Wohlfahrtsministerium als bürokratische Organisation der öffentlichen Dienste

Im Wohlfahrtsministerium haben rund 381 000 Angestellte mit über 23 241 000 Empfängern aller Arten öffentlicher Hilfeleistung zu tun. Diese Angestellten arbeiten mit sehr vielen Menschen in Situationen, in denen sie oft sehr beansprucht werden. Sie haben sich mit Aktenmaterial und wechselnden Richtlinien auseinanderzusetzen und außerdem mit einem Kommunikationssystem zu kämpfen, in dem der Strom der Kommunikation abwärts gerichtet ist. Zu den Versorgungsprogrammen gehören die Hilfe für Familien mit abhängigen Kindern, Ernährung, medizinische und allgemeine Hilfe und die zusätzliche finanzielle Unterstützung der Rentner, Blinden und Invaliden.

In den Dienststellen des Ministeriums erfahren die Mitarbeiter zwei Arten der Belastung: Der bürokratische Charakter der Organisation kann zum Überdruß führen, die sozialen Hilfeleistungen zum Ausbrennen.

Belastungen durch die bürokratische Natur der Organisation

Die Wohlfahrtsbehörde wurde kürzlich als „eine Bürokratie der Barrikaden" beschrieben, „die so komplex und so wenig effizient ist, daß sie zu Betrug und anderem Mißbrauch geradezu einzuladen scheint". Unendliche, überformalisierte Routine, schlecht ausgebildetes Einsatzpersonal und nachlässige Erhebungs- und Prüfungsverfahren kosten die Steuerzahler alljährlich Milliarden von Dollar.[2] Vor allem in den Stadtgebieten

78

herrschen „Chaos, Konflikt und Konfusion" im Management der Versorgung: „Das Ausmaß administrativer Verworrenheit in den Dienststellen der großen Städte ist kaum zu beschreiben", sagte Robert Reed, Direktor der juristischen Dienste in Michigan, vor einem Unterausschuß des Senats.

In jeder großen Verwaltung ist schwer festzustellen, wer „der Chef" ist. In einer Regierungsstelle ist es so gut wie unmöglich. Sozialpolitische Maßnahmen können von der bundesstaatlichen wie der einzelstaatlichen Regierung, von gerichtlichen Instanzen oder von der Dienststelle selbst ausgehen. Diese Unklarheit der Verantwortung macht es den Mitarbeitern unmöglich, wirkungsvoll zum Ausdruck zu bringen, was sie bedrückt, und Abhilfe zu schaffen. Im System gibt es viele Verwaltungs- und Anstellungsebenen. Einzelfallarbeiter werden von Supervisoren beaufsichtigt, die ihrerseits Supervisoren unterstellt sind. Die Administratoren an der Spitze der Hierarchie sind nicht mit den Problemen der sieben Stufen tiefer beschäftigten Angestellten vertraut. Infolgedessen beklagen sich die Einzelfallarbeiter trotz der großen Anzahl von Supervisoren häufig über Mängel in Führung und Anleitung. Sie wissen oft nicht, wie sie ihren Aufgaben gerecht werden sollen. Laufende Programme werden häufig abgeändert, neu eingeführte schaffen Verwirrung: „Die Richtlinien werden ständig vom Kongreß, der Legislatur der Bundesstaaten und vom Bundesministerium für Gesundheit, Erziehung und Wohlfahrt, den Legislaturen der Bundesstaaten und den staatlichen wie lokalen Verwaltungsbehörden revidiert. Wenn man sich wirklich auf dem laufenden halten will, ist man ganztägig beschäftigt. Kaum hat man eine Verordnung verstanden, flattert schon die nächste auf den Schreibtisch", sagte Patricia Johnson, die Leiterin der Abteilung für Jugend- und Familiendienste in Georgia. Manche dieser Richtlinien sind sehr vage, andere gehen bis in die letzten Details: Für ein Programm, das als vierseitiges Gesetz begonnen hatte, arbeitete das Ministerium 70 Seiten Satzungen und 1200 Seiten Anleitungen aus.

Die Fürsorgebürokratie produziert so viel Schreibtischarbeit, daß die Einzelfallarbeiter darüber klagen, daß sie Akten wälzen müssen, anstatt sich um ihre Klienten kümmern zu können. In den öffentlichen Diensten des Staates New York werden jährlich drei Milliarden Schriftstücke bearbeitet. Es gibt Staaten, in denen eine einzige Fürsorgeleistung bis zu 60 Formulare erfordert. Die „Kommission für Aktenarbeit in den Vereinigten Staaten" überprüfte den Fürsorgeprozeß und fand ihn „unnütz komplex, viel zu mühsam, ineffizient, ungerecht und unnötig teuer".[3]

Welche Arten von Streß bringt die Arbeit in den Diensten
dieser Organisation mit sich?

Die Einzelfallarbeiter der lokalen Dienststellen des Ministeriums sichten Gesuche und bestimmen Empfänger, Umfang und Dauer der öffentlichen Unterstüzung: „In vielen Teilen des Landes sind die Angestellten überlastet, weil sie versuchen müssen, das Zwei- bis Dreifache der einst vom Ministerium vorgeschriebenen 60-Fall-Limite zu schaffen. Viele arbeiten angespannt und unter großem Druck in heruntergekommenen und überfüllten Dienststellen, die oft nicht einmal über die nötige Grundausrüstung verfügen."[4]

Ungeachtet dieser Bedingungen erwartet man von den Einzelfallarbeitern, daß sie den Menschen, die ihre Dienste brauchen, wohlinformierte Hilfe leisten. Man erwartet Mitgefühl von ihnen, man erwartet aber auch, daß sie das öffentliche Interesse wahren, Gesuche richtig zu beurteilen wissen, Fehler bemerken und Betrugsversuche durchschauen. Sie sind ihren Supervisoren, ihren Klienten und der Staats- wie Bundesregierung verantwortlich.

Diese Aufgaben verlangen Kenntnisse und eine gute Ausbildung; in 27 Bundesstaaten genügt jedoch ein *Highschool*-Abschluß* für eine Anstellung als Einzelfallarbeiter. Die meisten der mit der Klientenauswahl betrauten Angestellten sind jung, zwei Drittel sind Frauen, und die meisten haben keine Ausbildung über das College hinaus. Niemand ist leichter durch betrügerische Ansuchen zu täuschen als Einzelfallarbeiter ohne Berufserfahrung und adäquate Ausbildung. In vielen Fällen erhalten die Einzelfallarbeiter keine formale Ausbildung durch ihre Suspervisoren, sondern werden von ihren Kollegen angelernt. Anfänger brauchen etwa sechs Monate, um ihre Aufgaben zu erlernen, doch bleiben viele gar nicht so lange bei ihrer Behörde.

Zu diesem Übermaß negativer Züge in der Sozialarbeit kommt ein drastischer Mangel an positiven. Die Bezahlung ist ungenügend: In New York lag die Anfangsentlohnung für Interviewer bei umgerechnet 2000,— bis 2350,— DM monatlich, d.h. niedriger als das Einkommen mancher Fürsorgefamilien.[5] Beförderungen bringen nicht allzuviel Befriedigung, weil die lokalen Richtlinien häufig vorsehen, daß jedermann ungeachtet seiner Leistungen zu befördern ist, wenn eine Stelle frei wird. Auch das behördliche Interesse an Formalisierung und Routi-

---

* Die amerikanische High-School entspricht in der Bundesrepublik Deutschland einer Gesamtschule mit den Sekundarstufen I und II (Anm. des Verlages).

neverfahren ist für die Angestellten problematisch, weil sie sich nicht mehr als Sozialhelfer, sondern als Bürohilfskräfte fühlen.

Wenn nichts unternommen wird, um diese Belastungen auszugleichen, können sie zu der körperlichen, emotionalen und geistigen Erschöpfung führen, die den Überdruß ausmachen. Manche Forsorgeabteilungen haben jährliche Stellenwechselraten von über 40%. Viele Angestellte kündigen, weil ihnen klar wird, daß sie den bürokratischen Belastungen und den Anforderungen ihrer Außenarbeit nicht gewachsen sind. Manche wechseln den Beruf, weil sie von Fürsorgeempfängern bedroht oder tätlich angegriffen werden. Viele Einzelfallarbeiter fühlen sich durch die Trägheit des Systems, dem sie ständig vergeblich Verständnis für die Bedürfnisse ihrer Klienten abzuringen suchen, so frustriert, daß sie „gehen müssen". Sie wissen, daß sie ihre Stellungen nach dem Ausbrennen mit minimaler Anstrengung beibehalten könnten; manche fühlen jedoch, daß es Zeit für eine Veränderung ist, wenn sie auszubrennen beginnen.

Der Überdruß der Helfer ist für sie selbst schädlich und für ihre Schützlinge unerfreulich. Für die Organisation ist der Überdruß der Mitarbeiter zersetzend und teuer: Vom Wohlfahrtsministerium werden jährlich mindestens vier Milliarden Dollar „irrtümlich" ausbezahlt. Mehr als die Hälfte dieser Irrtümer entstehen aus bürokratischen Fehlern (über den unverblümten Betrug durch Empfänger und andere hinaus).[6] Fehler sind in der Fürsorgebürokratie schon auf der Hierarchieebene der Einzelfallarbeiter möglich, die die erste Verteidigungslinie gegen Fürsorgemißbrauch bilden; wenn sie vom Überdruß befallen sind, läßt ihre Wachsamkeit nach. Sie sind ungenügend ausgebildet, überlastet und unterbezahlt. Viele geben auf.

Welche Ursachen hat der Überdruß in bürokratischen Organisationen?

In seinem klassischen Werk *„Über die Demokratie in Amerika"* (Originaltitel: „La démocratie en Amérique") diskutiert Alexis de Tocqueville die stetige Erosion, die er als Folge einer bürokratisierten Regierungsweise sieht und die „das gesamte soziale Leben mit einem Gewebe kleiner, überkomplizierter Regeln überzieht, die ebenso minuziös wie gleichförmig sind" — was, seiner Ansicht nach, den menschlichen Willen nicht bricht, aber „entkräftet, beugt und lenkt".[7]

K. L. Armstrong[8] nennt die jeweilige Struktur der Organisation als eine der wichtigsten Determinanten von Leistung, Zufriedenheit im

Beruf und Ausbrennen ihrer Mitarbeiter. In großen Dienststellen mit formaler hierarchischer Organisation und zentraler Entscheidungsgewalt sind hohe Fluktuation, geringe Zufriedenheit im Beruf und schnelles Ausbrennen häufige Erscheinungen.

Diese Darstellung stimmt mit den Ergebnissen einer unserer eigenen Untersuchungen überein, in der sich ein hohes Maß von Überdruß bei den Mitarbeitern einer bürokratischen Organisation ergab.[9] Dieser Überdruß nahm in dem Maß zu, in dem die Werte für Zufriedenheit am Arbeitsplatz sanken, und je mehr der Überdruß wuchs, desto mehr Angestellte wünschten, ihre Stelle aufzugeben.[10]

In den Ausbildungsgängen wird nicht gelehrt, wie man „ein guter Bürokrat" wird, obgleich bekannt ist, daß die meisten Absolventen in großen Organisationen landen. So sind die jungen Leute, die Stellungen in Bürokratien antreten, nicht auf den Streß vorbereitet, der sie dort erwartet. Das gilt im besonderen für die Angehörigen der helfenden Berufe, die sie in vielen Fällen aus altruistischen Motiven gewählt haben und dann Formulare ausfüllen müssen, statt mit Menschen arbeiten zu können. Der Überdruß in bürokratischen Organisationen wird vor allem durch drei Faktoren gefördert: durch Überbelastung, durch Mangel an Autonomie und durch Mangel an Belohnungen.

Überbelastung

Ein Merkmal der Arbeit in technologisch fortschrittlichen Organisationen ist Überlastung. John R. D. French und Robert D. Caplan, die sich am *Institute for Social Research* der Universität von Michigan mit der Erforschung von beruflichem Streß befassen, haben die Auswirkungen der Arbeit in einer Verwaltung auf psychologische und physiologische Variablen untersucht.[11] Einer der zentralen Begriffe ihrer Theorien ist die Rollenüberlastung, die sie für berufsbedingten Streß und seine gesundheitlichen Folgen für bestimmend halten.

French und Caplan unterscheiden zwischen objektiver und subjektiver wie zwischen quantitativer und qualitativer Überlastung. Objektive Überlastung entspricht der tatsächlichen Menge der Informationen, die vom Individuum pro Zeiteinheit zu verarbeiten sind: die Anzahl der Telephongespräche, die zu beantworten, der Briefe, die zu schreiben, der Bürobesuche, die zu empfangen, oder der Patienten, die zu untersuchen sind, sind quantifizierbare Gradmesser objektiver Überlastung. Subjektive Überlastung dagegen entsteht, wenn die Angestellten das Gefühl haben, daß sie zu viel Arbeit haben oder daß ihre Aufgaben zu schwierig sind. Quantitative Überlastung heißt, daß in einer bestimmten

Zeiteinheit mehr Arbeit gefordert wird, als getan werden kann. Qualitative Überlastung bedeutet, daß die beruflichen Aufgaben die Fertigkeiten und Kenntnisse der Angestellten übersteigen. Quantitative Überlastung erleben Menschen, die ihren Aufgaben gewachsen sind, aber nicht genügend Zeit haben, um sie auszuführen. Qualitativ überlastet sind Menschen, die zwar über genügend Zeit zur Ausführung ihrer Aufgaben verfügen, diesen aber nicht gewachsen sind.

Viele Untersuchungen haben die weite Verbreitung von Überlastung im Beruf nachgewiesen. In einer landesweiten Umfrage gaben 44% der männlichen Angestellten unterschiedliche Grade von Überlastung an. Eine Erhebung an verschiedenen Universitäten ergab, daß viele Professoren unter quantitativer Überlastung leiden (die sie hauptsächlich selbst durch ihre Leistungsorientierung herbeiführen).[12] In einer unserer eigenen Untersuchungen baten wir 724 Teilnehmer aus helfenden Berufen, die streßhaftesten Züge ihrer Arbeit zu nennen. Über 50% der Angaben bezogen sich auf Überlastung.[13]

Sowohl quantitative wie qualitative Überlastung sind mit psychologischen wie physiologischen Streßindikatoren verbunden. Überbelastungen ausgesetzte Versuchspersonen haben erhöhte Herzfrequenzen und Cholesterinspiegel. Sie rauchen mehr, sind weniger zufrieden in ihren Stellungen, fühlen sich angespannter und besitzen weniger Selbstachtung.[14]

J. G. Miller, führend in der Erforschung von Überbelastung durch Informationseingang, hat ein Instrument zur Untersuchung der psychischen Reaktionen auf Überlastung entwickelt.[15] Er beschreibt mehrere Mechanismen der Anpassung an Informationsüberlastung: Weglassen von Informationen, Fehler in der Informationsverarbeitung, Verzögerung der Reaktion in Perioden hoher Überlastung und Aufholen in ruhigen Perioden, Flucht oder Rückzug aus der Situation oder Unterbrechung des Informationseingangs. Nach Miller kann extreme Informationsüberlastung kognitive Störungen und Verhaltensstörungen verursachen.

In verschiedenen Berufen tragen verschiedene spezifische Komponenten zur Überlastung bei. Nach Robert L. Kahn, Direktor des *Survey Research Center* der Universität von Michigan, ist Überlastung eine der häufigsten Formen von Rollenkonflikt in Organisationen. Er faßte die Aussagen seiner Versuchspersonen zusammen: „Wir haben nichts gegen die Dinge, die wir tun sollen, wir finden sie weder unangenehm noch unvernünftig. Aber wir können bei so knapper Zeit und so knappen Ressourcen unmöglich allen Anforderungen nachkommen."[16] Qualitative Überlastung dagegen kann das Ergebnis unrealistischer gesellschaftlicher

Erwartungen sein, wie sie zum Beispiel in bezug auf die Polizei bestehen: „Die Gesellschaft verlangt zuviel von ihren Polizisten. Sie sollen nicht nur die Gesetze wahren, sie müssen auch die Psychiater, Sozialarbeiter, Eheberater und sogar die Priester und Ärzte der Straße sein. Ein guter Streifenbeamter muß ein wenig von all dem sein, und noch eine Menge dazu."[17] Eine informelle Umfrage hat ergeben, daß sich mehr als 70% der befragten Polizeibeamten überlastet fühlten.[18]

Im Verlauf einer Untersuchung über eine Verwaltung innerhalb des öffentlichen Dienstes baten wir die 52 Angestellten, die streßhaftesten Züge ihrer Arbeit zu nennen.[19] Die häufigsten Antworten waren: „Die Arbeitslast ist zu groß." „Der Tag ist nicht lang genug, oder es sind nicht genügend Leute da, um diese Arbeitslast zu bewältigen, also sind unsere Dienste nicht so gut, wie sie sein könnten." „Die Akten türmen sich, die Klienten müssen endlos warten, und ein Ende ist nicht abzusehen." In dieser Organisation fand sich eine hohe Korrelation zwischen Überlastung und Überdruß.[20]

Auch Erhebungen in den Bereichen der psychiatrischen Versorgung und der Kinderfürsorge haben gezeigt, daß die Mitarbeiter ihre Arbeit um so weniger mochten und um so häufiger kognitive, emotionale und sensorische Überlastung angaben, je ungünstiger das Betreuungsverhältnis war, d.h. je mehr Patienten oder Kinder auf einen Angestellten kamen. Wenn dieses Verhältnis sich im positiven Sinn veränderte, besserte sich die Qualität der Versorgung.[21]

Das Erlebnis der Überlastung kann für Menschen in Organisationen der öffentlichen Dienste durch einen weiteren Umstand erschwert werden: Manche ihrer Aufgaben sind aus der Sicht der Organisation wichtig, nicht aber aus der der Fürsorgeempfänger. Aktenarbeit und übermäßig formalisierte Schreibarbeit fallen schwer, wenn lebendige Menschen auf Hilfe warten. Wir hörten von Sozialarbeitern, Beratern, Polizeibeamten und Bewährungshelfern, daß die Kontakte mit ihren Klienten sie weniger belasteten als „das Schreiben von Berichten in sechs Ausführungen, von denen man genau weiß, daß sie niemand lesen wird". Eine Umfrage unter mehr als viereinhalbtausend Polizeibeamten ergab, daß sie die „endlose Schreiberei" als ihr berufliches Hauptproblem ansahen.[22] Auch aus unseren Untersuchungen wissen wir, daß die Überdrußwerte um so höher liegen, je mehr formalisierte Routinearbeit zu erledigen ist.[23]

Mangel an Autonomie

Das Gefühl, wenig Einfluß auf die eigene Umwelt zu haben, bedeutet eine große Belastung. Die Forschungsarbeiten Martin Seligmans haben gezeigt, daß bei Tieren und Menschen nach mehrfachen negativen Erlebnissen, die sie nicht beeinflussen konnten, „erlernte Hilflosigkeit" auftritt.[24] Wenn Menschen Ereignisse, die sie persönlich betreffen, nicht beeinflussen können, verlieren sie ihre Motivation und Effizienz. Seligman berichtet zum Beispiel, daß Versuchspersonen, denen unlösbare Buchstabenrätsel vorgelegt worden waren, in der Folge auch lösbare nicht mehr zustande brachten; Versuchspersonen, die unentrinnbarem Lärm ausgesetzt wurden, versuchten nicht mehr zu entkommen, als das möglich gewesen wäre. Menschen, die „Hilflosigkeit erlernt" haben, halten Erfolge nicht für Ergebnisse eigener Leistungen, Mißerfolge dagegen für eigenes Verschulden. Ihre Selbstachtung sinkt, und sie werden passiv und traurig. Durch diese erlernte Hilflosigkeit lassen sich einige der Symptome des Arbeitsüberdrusses erklären, die infolge mangelnder Autonomie bei Angestellten in bürokratischen Organisationen auftreten.

Man weiß aus sozialpsychologischen Versuchen[25], daß Menschen mehr Schmerz ertragen können, wenn sie seine Intensität und Dauer selbst regulieren können, als wenn dies nicht der Fall ist. Man weiß auch, daß die Sterblichkeit in Altenheimen bei Insassen, die unfreiwillig dort leben, höher ist als bei denjenigen, die aus eigenem Entschluß dort sind.[26] Eine Untersuchung über „Heimgestalterinnen" (hinfort als Hausfrauen bezeichnet) hat gezeigt, daß diejenigen, die diesen Beruf freiwillig ausüben, im allgemeinen gesund und glücklich waren und sich in ihrer Rolle wohl fühlten.[27] Sie wünschten sich keinen anderen Beruf und waren stolz auf ihre Leistungen, fühlten sich kompetent und mit ihrem Leben zufrieden. Bei denen dagegen, die lieber einen anderen Beruf ausgeübt hätten, war das Syndrom der „verbitterten Hausfrau" zu beobachten: Sie waren nicht mit ihrem Leben zufrieden und hatten weniger Selbstachtung; viele griffen zu Medikamenten, um ihre Einsamkeit und ihren Kummer zu verbergen. In einer unserer eigenen Untersuchungen stellten wir den Teilnehmerinnen die Frage, ob sie Hausfrauen seien, weil sie wollten, oder weil sie mußten. Bei denen, die „mußten", lagen die Überdrußwerte wesentlich höher als bei denen, die „wollten".[28]

Überdruß scheint durch Gefühle des Autonomiemangels sehr gefördert zu werden. Das Bedürfnis nach Autonomie ist so groß, daß Menschen selbst die Schuld für Unglücksfälle auf sich nehmen, um das Gefühl zu haben, daß sie Einfluß ausüben: „Wenn das durch meine Schuld geschehen ist, dann liegt es auch innerhalb meiner Möglichkeiten, dafür zu sorgen, daß es nicht noch einmal passiert."

In bürokratischen Organisationen ist Frustration wegen mangelnder Autonomie ein häufiges Element des Überdrusses.[29] Eine Untersuchung über eine Organisation im öffentlichen Dienst hat gezeigt, daß zwei der meistgenannten Streßquellen die häufigen Abänderungen der Richtlinien und schlecht geplante und nicht rechtzeitig angekündigte Umstellungen innerhalb der Dienststelle waren.[30] In allen unseren Untersuchungen haben wir gefunden, daß der Überdruß der Angestellten zunahm, wenn ihre Autonomie und das Gefühl, Einfluß zu haben und zeitsouverän zu sein, abnahmen.

Wenn es den Angestellten einer Bürokratie an Autonomie fehlt, fühlen sie sich von der Administrative unter Druck gesetzt. Sie haben sinnlose Regeln zu befolgen und kein Mitspracherecht bei Entscheidungen, die ihre Arbeit und ihr Leben betreffen. William Kroes, ein Psychologe, der sich eingehend mit den Berufsproblemen von Polizeibeamten befaßt hat, beschreibt die Belastungen, denen Streifenbeamte durch nicht angekündigte Versetzungen von einem Partner, einem Auftrag oder von einem Revier zu einem anderen ausgesetzt werden.[31] Polizisten haben im allgemeinen keinen Einfluß darauf, ob sie zur Verkehrsregelung, zur Parksünderjagd oder zur Bearbeitung nichtiger Beschwerden (über das Unkraut in Nachbars Garten) eingeteilt werden.

Dan Gowler und Karen Legge sehen den Streß der Manager als das Produkt dreier Faktoren: Unsicherheit in bezug auf Resultate, Unsicherheit in bezug auf die Bedeutung dieser Resultate für ihre eigene Person und Unsicherheit in der Beurteilung ihrer eigenen Möglichkeiten, diese Resultate zu beeinflussen.[32] Alle diese Unsicherheiten stehen eindeutig in Beziehung zu dem Mangel an Einfluß und Autonomie. Unsicherheit und Streß können auch durch unklar definierte Erfolgskriterien verursacht werden. In vielen Fällen ist Erfolg den Zielen der Organisation gleichgesetzt, der Profiterhöhung etwa oder der Erweiterung der Geschäftstätigkeit. Ob diese Ziele erreicht werden, kann jedoch ebenso von äußeren Bedingungen abhängen (von der nationalen Wirtschaftslage, der Verfügbarkeit von Rohmaterialien oder dem Stand der technologischen Entwicklung) wie von den Fähigkeiten der einzelnen leitenden Angestellten. Es kann also vorkommen, daß Manager das Gefühl haben, ihren Erfolg nicht durch ihre eigene Leistung beeinflussen zu können.

Brian Sarata, Professor der Psychologie an der Universität von Nebraska, hat festgestellt, daß zumindest zwei Überlegungen gegen eine gleichmäßige Verteilung der Autonomie auf allen Hierarchieebenen sprechen: Erstens werden viele Entscheidungen nur von den Angestellten mit gehobener Berufsausbildung getroffen; zweitens kann nur dann eine gute Versorgung geboten werden, wenn die Bestrebungen aller Disziplinen gut koordiniert und die Behandlungspläne konsequent durchgeführt werden. Dadurch wird die Handlungsfreiheit der einzelnen an diesem Prozeß beteiligten Angestellten notwendigerweise eingegrenzt.

Autonomiemangel kann sich besonders ungünstig auswirken, wenn der Austausch von Mitteilungen zwischen den Spitzen und der Basis der Hierarchie nicht gewährleistet ist, was durch die übliche Ineffizienz der Kommunikation in großen Organisationen oder durch die Perspektiven des Managements bedingt sein kann. In den niedrigeren Rängen der Organisationshierarchie ist der Mangel an Autonomie ausgeprägter und belastender. Folglich fühlen sich viele Angestellte ihrer Identität beraubt, „wie unwichtige kleine Räder in einer gigantischen Maschinerie". Alle diese gemeinsamen Merkmale komplexer Organisationen wie beschränkte Autorität, Anordnungsgefälle von oben nach unten, Spezialisierung, Hierarchie und ungleiche Beteiligung der Spitze und der Basis der Hierarchie tragen zu Gefühlen der Hilflosigkeit und des Mangels an Autonomie bei, und derart zur Entstehung von Überdruß.

Mangel an Belohnungen

In komplexen Organisationen fehlt es den Mitarbeitern vielfach an Belohnung, Wertschätzung und Anerkennung. Auch das entmutigt und demoralisiert sie und treibt sie in den Überdruß. Wir haben gefunden, daß Menschen großem Arbeitsstreß standhalten können, wenn sie sich in ihren Organisationen geschätzt und angemessen belohnt fühlen. Leider waren diese Fälle selten.

Der Überdruß von Angestellten der Wohlfahrtsbehörden wird sowohl durch negative wie durch das Fehlen positiver Züge ihrer Tätigkeit verursacht. Ihre Entlohnung entspricht nicht der geforderten und erbrachten Leistung, Beförderungen erfolgen eher nach politischen Gesichtspunkten oder nach festen Regeln als in Anerkennung besonderer Leistungen. In einer Organisation der öffentlichen Dienste zeigte sich ein direkter Zusammenhang zwischen Überdruß und einem Mangel an Belohnungen in Form von Bezahlung, Vergünstigungen und Beförderungen.[33]

Für die meisten Menschen ist jedoch Anerkennung am Arbeitsplatz wichtiger als Geld. Zwar sehen beinahe alle Leute ihr „ideales Einkommen" zehn bis zwanzig Prozent über dem tatsächlichen, selbst in den höchsten Einkommensgruppen (in unseren Interviews klagten die Zahnärzte nicht weniger über Finanzprobleme als etwa Sozialhelfer oder Bürokräfte). Diejenigen, die in ihrem Beruf Gefühle der Wertschätzung, Bedeutung und Befriedigung erlebten, waren jedoch im allgemeinen mit ihrem Einkommen zufrieden, auch wenn es spärlich war. Überdruß war von schlechter körperlicher Gesundheit und einem Mangel an Selbstverwirklichung stärker abhängig als vom Gehalt.[34]

Demnach wird der Überdruß eher durch das subjektive Gefühl mangelnder Belohnung als durch Unterbezahlung verursacht. Überdruß entsteht unter anderem aus dem Gefühl, daß man über die Anforderungen der Stellung hinaus hart arbeitet, dieser Einsatz aber nicht gewürdigt wird. Ein Angestellter drückte das so aus: „Nie hört man ein gutes Wort vom Management, ganz gleich, wieviel und wie gut man arbeitet. Das einzige, was von denen kommt, ist ein kühles Memorandum, wenn etwas schiefgegangen ist." Bürokratische Organisationen gewinnen, wenn sie für systematische positive Rückmeldungen an ihre Mitarbeiter sorgen.

Zwei Fälle von Überdruß

In den nächsten Abschnitten dieses Kapitels berichten wir die Geschichten zweier Menschen, die beruflichen Überdruß in bürokratischen Organisationen erlebten. Diese Fallvorstellungen geben ein besseres Bild vom Impakt der Bürokratien auf ihre Angestellten als theoretische Erörterungen. Diese beiden, eine Frau und ein Mann, spielten sehr verschiedene Rollen in sehr verschiedenen Organisationen, aber bei beiden war der Überdruß eine Folge der spezifischen Züge ihrer Arbeitsumgebung und ihrer Rollen.

Überdruß eines Angestellten der mittleren Hierarchie

David war fünfzig Jahre alt. Er hatte seit dreizehn Jahren im Auftrag der Regierung Ausbildungsprogramme geplant, als ihm mitgeteilt wurde, daß er in eine andere Abteilung versetzt würde, und zwar buchstäblich von heute auf morgen, am folgenden Tag. Diese Versetzung traf David sehr hart, mehr aber noch die Art, auf die sie vorgenommen wurde:

Ich war zerstört, ich fühlte mich restlos abgewertet. Ich hatte kein Vertrauen zu der Person, der ich zugeteilt war, und ich war wütend über die unfaire und rücksichtslose Art dieser Versetzung. Ich hatte aber keine Wahl. Ich weiß, daß solche Dinge in der Industrie öfters vorkommen, aber für die Betroffenen sind sie vernichtend. Ich hatte das Gefühl, daß mein alter und mein neuer Vorgesetzter mit meinem Leben machten, was sie wollten. Ich war voll Zorn, ich fühlte mich erniedrigt und mißbraucht. Ich bin nie über diese Gefühle hinweggekommen.

David blieb drei Jahre in der neuen Abteilung, aber seine Beziehungen zu seinem neuen Chef besserten sich nicht. Er war unsicher in bezug auf seine Aufgaben und hatte das Gefühl, daß seine Arbeit kritisiert würde:

Was gut ging, wurde nicht erwähnt, Fehler wurden ausgiebig besprochen. Was immer ich tat wurde abgewertet. Ich erlebte, wie meine Seele im Lauf der Jahre verkümmerte, ich hatte das Gefühl, gar nicht mehr zu existieren. Ich tat meine Arbeit wie eine Maschine, wie ein Aufziehmännchen, nicht wie eine Person. Wenn man als Unperson behandelt wird, tut man immer das gleiche. Man wird zum Aktenschieber.

Am schlimmsten war das Gefühl, in der Falle zu sitzen:

Ich wollte um jeden Preis entkommen, aber ich fand keinen Ausweg. Ich habe eine große Familie zu erhalten, also konnte ich nicht einfach weggehen. Ich wußte, daß ich in dem Pensionssystem, für das ich jahrelang gezahlt hatte, zu tief drinsteckte − Kündigung hätte den Verlust eines Teils meiner Altersversorgung bedeutet. Je mehr ich mich unter Druck fühlte, desto mehr Fehler machte ich, und je mehr Fehler ich machte, umso größer wurde der Druck. Schließlich war ich nicht mehr imstande, Entscheidungen zu treffen oder Prioritäten zu setzen. Ich stand unter so großem Streß, daß ich nirgends mehr Trost finden konnte und mich nie mehr wohl fühlte. Das Gefühl, nichts mehr wert zu sein, zerstörte alles. Ich war nicht in der Verfassung, ein liebender Ehemann und Vater zu sein. Ich war so verzweifelt, daß ich ernsthaft an Selbstmord dachte. Manchmal dachte ich sogar an Mord. Man weiß, daß so ungeheuer großer Druck einmal irgendwo durchbrechen muß.

Überdruß einer Angestellten der höheren Hierarchie

Susan wußte, daß sie eine politische Stellung antrat, als sie zur Leiterin eines Programmes zur Unterstützung der Opfer und Zeugen von Gewaltverbrechen ernannt wurde. Dieses Programm war eines der Projekte eines Bundesstipendiums an die Bezirksanwaltschaft. Es sollte in Zusammenarbeit mit verschiedenen kommunalen Gruppierungen ausgeführt werden. Susan war für die Planung der Hilfeleistungen für Opfer und Zeugen verantwortlich. Sie hatte einen kleinen Etat, aus dem sie ihre Mitarbeiter und die sonstigen Aufwendungen für den ganzen Stadtbereich bezahlen mußte. Diese Aufgaben schienen kaum zu bewältigen: „Viele Leute warnten mich, daß diese Aufgaben unerfüllbar wären, aber ich empfand sie als Herausforderung und als eine einmalige Chance", sagte Susan.

Die Gehälter, die aus dem Budget bezahlt werden konnten, waren durchwegs niedrig. Die Angestellten waren verstimmt, und ein Großteil dieser Verstimmung richtete sich gegen Susan. Als Programmleiterin war sie ihrem Personal, der Bezirksanwaltschaft sowie einem Beirat verantwortlich. Dieser Beirat setzte sich aus Vertretern verschiedener kommunaler Dienststellen und Interessengruppen zusammen, die sich nicht über die Ziele des Programms einigen konnten. Susan arbeitete Sechzigstundenwochen, sie arbeitete bis in die Nacht, und sie arbeitete an den Wochenenden. Sie versuchte, alles zu schaffen: Geschäftsführung, Abrechnung, Berichte, Ausbildung der Angestellten und der freiwilligen Mitarbeiter, Public Relations und die Betreuung der Opfer und Zeugen. Das Geld reichte ebensowenig wie die Zeit.

Für Susan war der Umgang mit „dem System" einer der frustrierendsten Aspekte ihrer Arbeit. Die Verwaltung kümmerte sich nicht um die Besetzung der verfügbaren Stellen, also mußte Susan ihr Personal selbst anwerben und auswählen. Sie mußte vier verschiedenen Stellen Abrechnungen vorlegen: „Wenn ein falsches Formular eingereicht wurde oder ein Formular an eine falsche Dienststelle ging, dauerte es Wochen, bis es zurückkam, und dann mußte die ganze Prozedur wiederholt werden. Oft brauchte man drei weitere Formulare, um einen Irrtum zu korrigieren. Bei der Stadt dauerte alles zehnmal so lange als vorgesehen war."

Allen diesen Hindernissen zum Trotz hatte Susan sich diesem Projekt voll und ganz verschrieben. Sie sah es als wichtige soziale Leistung, und sie wollte diesen Opfern wirklich helfen. Bei einem Personal von drei Angestellten und einigen freiwilligen Helfern wurden in zehn Monaten tausend Klienten betreut. Für Susan wog jedoch schwerer, was *nicht* getan worden war, obwohl die Erwartungen in bezug auf dieses Programm angesichts der knappen Ressourcen völlig unrealistisch waren.

Bei Susan traten die ersten Überdruß-Symptome auf:

Je mehr die Belastung und die Frustration zunahmen und je weniger effizient ich mich fühlte, um so negativer wurde mein Selbstbild. Ich war als Verwalter unmöglich, ich war nicht gut genug für diese Position, ich war eine Enttäuschung für die Leute, die mir zu dieser Stelle verholfen hatten. Ich gab mir selbst die Schuld für meine Schwierigkeiten in dieser Situation. Mein negatives Selbstbild übertrug sich auf die anderen Bereiche meines Lebens, auf meine persönlichen und familiären Beziehungen, sogar auf meine sportlichen Aktivitäten. Wenn so ein Selbstbild einmal entsteht, entwickelt es so etwas wie einen eigenen Willen und läßt Informationen, die eine positivere Selbsteinschätzung ermöglichen würden, nicht mehr zu.

Ich hatte genug von Staatsanstellungen. Ich hatte genug von der Art, wie die Leute ausgebeutet wurden, wie ich mich ausgebeutet fühlte. Die Arbeit mit dummen, ungeschickten Leuten und das ewige Tauziehen mit der städtischen Bürokratie waren mir verleidet. Ich hatte genug von den Klienten, die *alles sofort* wollten.

Susan war geistig, emotional und körperlich erschöpft, ein typischer Fall von Überdruß. Sie gab ihre Stellung auf.

David und Susan hatten sehr verschiedene Positionen in ihren Organisationen. David arbeitete als Angestellter unter Druck von oben, Susan arbeitete in der Administrative und stand unter Druck aus allen Richtungen. Der Streß, der für beide zum Überdruß führte, war dennoch der gleiche: Beide waren unsicher in bezug auf ihre Aufgaben, beide hatten zuwenig Entscheidungsfreiheit, beide fühlten sich isoliert, beiden fehlten berufliche Unterstützungssysteme, beide fühlten sich von ihrer Organisation nicht gebührend geschätzt und anerkannt.

Wie kann man ein „guter Bürokrat" werden und derart dem Überdruß entgehen?

In unserer Gesellschaft entstehen immer mehr und immer komplexere Bürokratien, doch die meisten ihrer Angestellten lernen nie, wie man „ein guter Bürokrat" werden kann. Für viele Menschen enthält schon dieser Ausdruck einen Widerspruch: In der Umgangssprache ist ein Bürokrat so ziemlich alles, was anti-menschlich ist. Auch von Erziehern, Praktikern und Forschern wird die Rolle des Bürokraten meist ignoriert. Robert Pruger, Professor für *Social Welfare* an der Universität von Kalifornien, vertritt die Meinung, daß nur sehr kompetente Menschen ihre beruflichen Ziele in komplexen Organisationen erreichen. Er empfiehlt den Angestellten, sich die Fertigkeiten anzueignen, die man braucht, um sich in einer Bürokratie durchzusetzen, und nicht zu versuchen, sich der Organisation zu entziehen. Als Bürokrat muß man mit den Belastungen und Begrenzungen umgehen, aber auch die Gelegenheiten zu nützen wissen, die das Leben in derartigen Organisationen bestimmen. Kompetente Bürokraten nannten die Fertigkeiten, die ihnen geholfen haben, die üblichen Ursachen des Überdrusses zu umgehen.[35]

Wie man Überlastung vermeiden kann, indem man sich über die Organisation informiert und sich bestimmte Fertigkeiten aneignet

In großen und komplexen Organisationen ist Überlastung sozusagen eingebaut und schwer zu vermeiden. Sie läßt jedoch nach, wenn man die Arbeitsroutine kennengelernt und einen Überblick über die Struktur der Organisation gewonnen hat. Um das zu erreichen, muß man jedoch so lange in einer Anstellung bleiben, bis man den allgemeinen Anfangsstreß gemeistert hat.

Wir wissen aus unseren Interviews, daß die Angestellten in Organisationen der öffentlichen Dienste die Überlastung während ihres ersten halben Jahres im Beruf als erdrückend empfanden. In dieser Zeit ist umfangreiches Lernmaterial zu verarbeiten. Diese Anfangsüberlastung verursacht Gefühle der Unzulänglichkeit, der Schuld und des Versagens, die manche Menschen nie überwinden können.

Diese Anfangsüberlastung muß durch angemessene Anleitung und Ausbildung gemildert werden. Gute Ausbildungsprogramme und unterstützende Anleitung, welche die nötigen Kenntnisse vermitteln, können die Überlastung abbauen und der Gefahr des Überdrusses entgegenwirken. Wir wiederholen: Die Angestellten müssen so lange in der Organisation bleiben, bis sie die Fertigkeiten erlernt haben, die sie zu kompetenten Mitarbeitern machen. Das sind oft Kenntnisse allgemeiner Art, wie sie in Organisationen erforderlich sind, für die es aber in vielen Fällen keine formale Ausbildung gibt: das Abfassen von Anträgen etwa, Budgetplanung oder Problemanalysen. Aber auch spezifische Fertigkeiten, wie man sie bei der Arbeit im Büro, am Computer oder in der Kommunikation braucht, müssen erworben werden.

Auch durch eine klare Definition der Prioritäten kann die Organisation die Überlastung ihrer Angestellten verringern. In diesen Prioritätenlisten finden sich neben den organisationsinternen Zielen auch allgemeinere wie der Dienst an der Öffentlichkeit oder das Image der Organisation. Auch Prioritätenlisten für die verschiedenen Arbeitsaufgaben können Überlastung vermeiden helfen: in einer derartigen Analyse müssen alle auszuführenden Arbeiten berücksichtigt und diejenigen identifiziert werden, welche die Überbelastung verursachen. Diese letzteren sind weiterhin in notwendige und selbstauferlegte zu trennen. Notwendige Arbeiten müssen akzeptiert werden, auch wenn sie Überlastung bringen. Die Arbeitszeit muß sinnvoll eingeteilt werden: mehr Zeit für wichtige, weniger Zeit für weniger wichtige Aufgaben. Auch die Prioritäten der selbstauferlegten Anforderungen sind zu etablieren: für die, die als wichtig empfunden werden, ist Zeit zu reservieren, die anderen müssen eingeschränkt werden oder fortfallen.

Alle diese Maßnahmen können die Überlastung vermindern, sie aber nur selten ganz beheben. Die Strategien müssen darauf abzielen, den überlasteten Angestellten bei der Klärung ihrer Prioritäten zu helfen und den Streß zu verringern, der durch negative Gefühle verursacht wird. Überbelastung ist leichter zu ertragen, wenn sie als notwendiges Übel akzeptiert und nicht von Sorgen und übermäßiger Anspannung begleitet wird.

Wie man Autonomie übt und Ziele im Auge behält

In bürokratischen Organisationen pflegen Entscheidungsprozesse in gemäßigtem Tempo vor sich zu gehen. Nach Robert Pruger ist eines der Merkmale guter Bürokraten, daß sie ihren Einfluß behaupten: „Welche Ideen, Veränderungen, Projekte oder andere berufliche Wünsche ein Angestellter auch hat, er kann sie nur verwirklichen, wenn er lange genug in der Organisation bleibt und lange genug für seine Ziele arbeitet. Seine physische Anwesenheit allein genügt nicht. Der gute Bürokrat muß seine Handlungsfähigkeit lebendig erhalten und die Unabhängigkeit seines Denkens bewahren. Er muß sich von progressiven Visionen der Möglichkeiten seiner Organisation leiten lassen, sich seiner Handlungs-freiräume bewußt bleiben und sie erhalten."[36]

Fast jeder Angestellte hat die Möglichkeit, sich Handlungsfreiheit im Arbeitsbereich zu schaffen und dadurch seine Gefühle von Autonomie und Einfluß zu bewahren und zu entfalten. Gezielte Untersuchungen haben nachgewiesen, daß über die ganze Hierarchie verteilte, dezentrali-sierte Autonomie und die Beteiligung der Angestellten aller Ebenen an Entscheidungsprozessen Leistung wie Moral der Angestellten entschei-dend verbesserten.[37]

Der gute Bürokrat, der diese Ziele erreichen will, achtet die Autorität und vermeidet Verhaltensweisen, die zu seiner Entlassung führen. Ein kluger Bürokrat weiß, daß alle Dinge flexibler sind, als sie auf den ersten Blick erscheinen. Autorität kommt meist in Vorschriften, Aufgabenum-schreibungen oder Arbeitseinteilungen zum Ausdruck, die ihrer Natur nach allgemein gehalten sind, was den Angestellten eine gewisse Inter-pretationsfreiheit gewährt. Gewiegte Bürokraten, die diese Möglichke-ten voll ausschöpfen, haben oft mehr Einfluß auf den eigenen Arbeitsin-halt als die Organisation.

Wer dem Ausbrennen oder dem Überdruß verfällt, fühlt sich hilflos und ohne Einfluß. Viele Menschen, die in Bürokratien arbeiten, glauben, daß an ihrer Umgebung nichts verändert werden könne, und verhalten sich entsprechend. Sie glauben, in der Erfüllung ihrer Pflichten wenig oder gar keine Autonomie zu haben. Sie sind „Statisten", „Aktenkrämer", „Ja-Sager" — oder Bürokraten in der üblichen Bedeutung dieses Wortes. Menschen in diesem Zustand in der höheren Organisationshierarchie tra-gen sehr zum Ausbrennen neuer Angestellter bei, weil sie diese entmuti-gen und ihren Enthusiasmus dämpfen. Dieser Entmutigungstaktik der Manager liegt häufig das Motiv zugrunde, daß sie das Bedürfnis haben, das Ausbrennen ihrer idealistischen Untergebenen zu fördern, um ihr eigenes zu rechtfertigen. Andere Menschen — meist neu in ihren Anstellungen — sehen die Veränderungsmöglichkeiten in ihren Organisationen zu optimistisch; auch sie erleben häufig Frustration und Verzweiflung.

Übertriebener Optimismus ist ebenso gefährlich wie übertriebener Pessimismus. Deshalb sollten die Angestellten in Bürokratien jeden einzelnen Aspekt ihrer Arbeit auf Verbesserungsmöglichkeiten überprüfen. Veränderungen, die nach sorgfältiger Beurteilung unmöglich erscheinen, sind abzuschreiben. Dann können mehr Energien gezielt auf jene Aspekte der Arbeit oder der Organisation gerichtet werden, die verändert werden können. Wenn man seine Bemühungen auf das Mögliche konzentriert, wächst das Gefühl der eigenen Macht und der eigenen Einflußmöglichkeiten.

Das Bedürfnis nach Einfluß und Autonomie ist die Kehrseite der Sicherheitsbedürfnisse. Angestellte, welche die Arbeit in großen Organisationen gewählt haben, weil sie Sicherheit und eine solide Altersversorgung anstrebten, blieben oft trotz hochgradiger Überdrußgefühle in ihren Stellungen.

Angestellte in Bürokratien können ihre Empfindungen von Autonomie und Einfluß als Puffer gegen Überdruß einsetzen. Sie können ihren Handlungsfreiraum auf die Definition ihrer Rollen und Prioritäten ausdehnen. Zu unterscheiden ist, was den Zielen der Organisation, und was lediglich ihrer Selbsterhaltung dient. Der gute Bürokrat behält die Ziele der Organisation im Auge und bleibt deshalb wahrscheinlich vor Überdruß bewahrt. Der gute Bürokrat weiß (nach Pruger) auch, daß ein Sinn für Humor mangelnde Flexibilität, Übertreibungen und die anderen Frustrationen des Arbeitslebens in großen Organisationen erträglicher macht.[38]

Belohnungen müssen nicht immer von oben kommen

Menschen, die in großen Organisationen arbeiten, können ihr Arbeitsleben befriedigender gestalten, wenn sie sich von der Vorstellung befreien, daß nur die Anerkennung ihrer Vorgesetzten Bedeutung hat. Auch die Anerkennung gleichgestellter Kollegen ist als Erfolg zu werten. Auf diese Weise gewinnen sie mehr Freiheit, in eigener Initiative Neuerungen einzuführen, die sie selbst und ihre Organisation vor dem Erstarren bewahren. Angestellte, die ihre Erfolgsgefühle nur vom Lob ihrer Vorgesetzten abhängig machen, werden oft enttäuscht. Vorgesetzte pflegen die Arbeit ihrer Untergebenen meist nur dann zu kommentieren, wenn etwas nicht funktioniert. Die Angestellten sollten sich also aktiv nach anderen Quellen der Belohnung umsehen. Sie können ihren Mitarbeitern und Klienten von sich aus Lob spenden und Lob und Anerkennung von ihnen annehmen. Auch aus der Arbeit an sich lassen sich Gefühle der Befriedigung beziehen. Ein Management, das die Beziehungen zwischen Belohnung und Zufriedenheit am Arbeitsplatz kennt, kann Belohnungen und Anerkennung gezielt als Puffer gegen Überdruß einsetzen. Führungsstäbe, die über diese Bedürfnisse ihrer Angestellten informiert sind und verstehen, daß Belohnungen von oben besonders wirkungsvoll sind, können den Überdruß in ihren Organisationen erfolgreich bekämpfen. Sie können auch die Machtgefühle ihrer Angestellten stützen, indem sie Autorität delegieren und die Mitarbeiter auf allen Ebenen der Organisation an Entscheidungsprozessen beteiligen.[39]

Die Experten für Organisationsentwicklung, die das Leben in Bürokratien durch gezielte Interventionen zu beeinflussen suchen, berichten Erfolge.[40] Angestellte, die in so einsichtigen Organisationen arbeiten, sind zu beglückwünschen. Sie erleben wahrscheinlich vergleichsweise wenig Überdruß.

Ganz offensichtlich sind manche Organisationen in bezug auf Überlastung, Machtgefüge und Belohnungen „besser" und manche „schlechter". In dem Ausmaß, in dem positive Züge in der Struktur einer Organisation gefördert werden, läßt der allgemeine Überdruß nach. Doch auch die einsichtigste Organisation kann nicht alle Probleme ihrer Angestellten lösen. Jeder einzelne braucht vernünftige und nützliche Bewältigungsstrategien, wie wir sie im siebten, achten und neunten Kapitel dieses Buches besprechen werden.

Anmerkungen

1 M. Weber, *Economy and Society: An Outline of Interpretative Sociology*. Ed. G. Roth und C. Wittlich (New York: Bedminster Press, 1968), S. 1002. Vgl. auch M. Weber, „Wirtschaft und Gesellschaft", Tübingen 1976, S. 518.

2 D. Bacon, „Mess in Welfare – The Inside Story". U. S. News and World Report, Feb. 20, 1978, S. 21—24. Unsere Fallvorstellung beruht auf diesem Bericht, aus dem auch die anderen Zitate stammen.

3 Ibid.   4 Ibid.   5 Ibid.   6 Ibid.

7 Alexis de Tocqueville, *Über die Demokratie in Amerika,* in: Werke und Briefe, hrsg. von J. P. Mayer, Paris, in Gemeinschaft mit Th. Eschenburg, Tübingen, und H. Zbinden, Bern. Bd. I, Stuttgart 1959.

8 K. L. Armstrong, „How Can We Avoid Burnout?" *Child Abuse and Neglect: Issues on Innovation and Implementation*, DHEW Publication no. (OHOS) 78-30148, 2 (1978), S. 230—238.

9 In dieser Untersuchung ergab sich für zweiundfünfzig Angestellte einer großen

bürokratischen Organisation ein mittlerer Wert von 3.6 für Überdruß. In einer Untersuchung über 205 Angehörige gehobener Berufsgruppen lagen die mittleren Werte für helfende Berufe bei 3.1, Geschäftsleute 3.2, Wissenschaftler 3.3 und Künstler 3.2.

10 Die Korrelation zwischen Überdruß und allgemeiner Zufriedenheit im Beruf war r = —.58,* für allgemeine Zufriedenheit mit dem Selbst r = —.45,* für allgemeine Zufriedenheit im Leben r = —.44,* für Zufriedenheit durch Vorgesetzte r = —.32,* Zufriedenheit mit der Dienststelle r = —.26,* für Zufriedenheit mit der Öffentlichkeit r = —.22,* Zufriedenheit mit Klienten r = —.53,* Zufriedenheit mit Mitarbeitern r = —.17,* Zufriedenheit mit der Arbeit r = —.43.*, Zufriedenheit mit verschiedenen beruflichen Aktivitäten r = —.57,* für den Wunsch nach Stellenwechsel r = .44* (* zeigt an, daß die Korrelation auf dem 0,01-Niveau signifikant war).

11 J. R. D. French and R. D. Caplan, „Organizational Stress and Individual Strain", in *The Failure of Success*, ed. A. J. Marrow, New York: AMACOM (1973).

12 Beide Untersuchungen werden bei Z. L. Lipowski, „Sensory and Information Inputs Overloads: Behavioral Effects". In: *Comprehensive Psychiatry* 16, no. 3 (1975), S. 199—221, zitiert.

13 Diese Untersuchung wurde in Zusammenarbeit mit Steve Weinberg im Rahmen des *Management Training Program* der Universität von Alabama in Birmingham ausgeführt.

14 French and Caplan, „Organizational Stress and Individual Strain".

15 J. G. Miller, in *Communication in Clinical Practice*. Ed. R. W. Waggoner and D. J. Carek (Boston: Little, Brown, 1964), S. 201—224.

16 R. L. Kahn, „Job Burnout, Prevention and Remedies". Public Welfare (Frühjahr 1978), S. 61—63.

17 G. Kirkham, „From Professor to Patrolman: A Fresh Perspective on the Police". *Journal of Police Science and Administration* 2, no. 2 (1977), S. 127ff.

18 Zitiert ist die Untersuchung bei W. Kroes, *Society's Victim. The Policeman: An Analysis of Job Stress in Policing*. (Springfield, Ill.: Charles Thomas, 1976), S. 27.

19 A. Pines and D. Kafry, *The Impact of a Burnout Workshop on Occupational Tedium*. Technical Report, Berkeley, Calif., 1979.

20 In dieser Untersuchung war die Korrelation von Überdruß und Überlastung r = —.30 p = ≤ .05).

21 Diese Untersuchung über Angestellte der Kinderfürsorge beschreiben C. Maslach und A. Pines in „*The Burnout Syndrome in Daycare Settings*". *Child Care Quarterly*, 6 no. 2 (1977), S. 100—113. Die Untersuchung über die Angestellten im psychiatrischen Dienst beschreiben A. Pines und C. Maslach in „*Characteristics of Staff Burnout in Mental Health Settings*". *Hospital and Community Psychiatry* 29, no. 4 (1978), S. 233—237.

22 N. Watson and J. Sterling, *Police and Their Opinions* (Gaithersburg, Md.: International Association of Chiefs of Police, 1969).

23 In einer Untersuchung, die 52 Angestellte einer bürokratischen Organisation betraf, war die Korrelation zwischen Überdruß und Verwaltungskram wie Schreibarbeit, Routine und Kommunikationsproblem r = .25 (p < .05).

24 M. E. Seligman, *Helplessness: On Depression Development and Death* (San Francisco: Freeman Press, 1979).

25 J. E. Singer and D. C. Glass, *Urban Stress* (New York: Academic Press, 1972).

26 P. G. Zimbardo, persönliche Mitteilung.

27 Diese Untersuchung wurde von L. Fidell und J. Prather an der California State University, Northridge, ausgeführt. Carol Tavris berichtet darüber in *Psychology Today* 10, no. 4 (1976), S. 78.

28 Diese Untersuchung über 205 Angehörige gehobener Berufsgruppen ergab für die Frauen, die „mußten", einen mittleren Wert für Überdruß von x = 3.5, für die, die „wollten", einen von x = 3.1. Der Unterschied ist auf dem .0001-Niveau signifikant. In einer Untersuchung über vierundachzig Studenten lagen die Mittelwerte für die, die „mußten", bei x = 3.8 und x = 3.3 (p < . 001) für die, die „wollten".

29 In einer Untersuchung über 52 Angestellte einer bürokratischen Organisation lag die Korrelation zwischen Überdruß und Autonomie bei r = —35. In einer Untersuchung über zweihundertfünf Angehörige gehobener Berufsgruppen (helfende Berufe, Geschäftsleute, Künstler etc.) war die Korrelation r = — .28. Beide Ergebnisse sind auf dem .05-Niveau signifikant.

30 Pines and Kafry, *Impact of a Burnout Workshop*.

31 W. Kroes, *Society's Victim*.

32 D. Gowler and K. Legge, eds., *Managerial Stress* (Epping, England: Grower Press, 1975).

33 Pines and Kafry, *Impact of a Burnout Workshop*.

34 In einer Untersuchung über 205 Angestellte höherer Berufsgruppen ergaben sich die folgenden Korrelationen für Überdruß: für Belohnungen r = —.33, für Wertschätzung r = —.32, ist für ein Gefühl von Bedeutung r = —.21, für Erfolgsgefühle r = —.24, für körperliche Gesundheit r = —.39, für Zufriedenheit mit der Bezahlung r = .01.

35 R. Pruger, "The Good Bureaucrat". *Social Work* (Juli 1973), S. 26 — 32.

36 Ibid.

37 N. V. Rayner, M. W. Pratt, and S. Roses, "Aids Involvement in Decision Making and the Quality of Care in Institutional Settings". *American Journal of Mental Deficiency* 81, no. 6 (1977), S. 570 — 577.

38 Robert Pruger, "The Good Bureaucrat".

39 Rayner, Pratt, and Roses, "Aids Involvement in Decision Making".

40 W. L. French and C. A. Bell, *Organizational Development: Behavioral Science Interventions for Organizational Improvement*. 2. Aufl. (Englewood Cliffs, N. J.: Prentice Hall, 1978).

5. Kapitel: Spezielle Probleme der Frauen

Rose war 29 Jahre alt, empfindsam und überaus intelligent. Sie hatte Highschool und College mit Auszeichnung absolviert. Vor ihrer Doktorpromotion (bei der sie ebenfalls die besten möglichen Qualifikationen erreichte) lernte sie ihren Mann kennen. Sie hatte während ihrer ganzen Ausbildung sehr begehrte Stipendien aller Art erhalten. Neben ihrer Universitätskarriere interessierte Rose sich für Sport und Musik. Sie lief täglich ein paar Kilometer und spielte in Tennisturnieren. Sie spielte Geige in den lokalen Orchestern.

Als ihr Mann eine Stelle bei einem Anwaltsbüro an der Ostküste annahm, zog Rose mit ihm um. Beide wünschten sich ein Kind, und sie bekam eines, sobald sie sich an ihrem neuen Wohnort niedergelassen hatten. Ein paar Monate nach der Geburt ihres Kindes wurde Rose eine Stelle an einer etwa 70 km entfernten, sehr renommierten Universität angeboten. Diese Stellung wäre für Rose ideal gewesen, aber nun war da ihr Kind, mit dem sie ihre Zeit verbringen wollte. Rose fühlte sich hin- und hergerissen. Wenn sie bei ihrer Tochter blieb, hatte sie das Gefühl, die Leute im Stich zu lassen, die viel von ihr hielten und ihr zu diesem Stellenangebot verholfen hatten. Wenn sie an ihren Manuskripten arbeitete, hatte sie Schuldgefühle, weil sie ihr Baby zu Hause lassen mußte. Ihr Gewissen ließ ihr keine Ruhe: „Weshalb habe ich ein Kind bekommen, wenn nun fremde Leute für es sorgen? Sie verändert sich jetzt jeden Tag, und ich kann es nicht miterleben. Weshalb habe ich all diese Stipendien angenommen, wenn ich meine Arbeiten nie veröffentliche? Wie kann ich meinem Professor je wieder unter die Augen treten, wenn ich dieses Angebot ablehne?"

Der Konflikt kostete Rose alle ihre geistige und emotionale Energie. Je mehr sie in Konflikt geriet, um so weniger konnte sie ihre Probleme auseinanderhalten. Sie schlief schlecht, sie war verstört und nervös. Manchmal verlor sie die Beherrschung und schrie ihre Tochter oder ihren Mann an, um sich dann verzweifelt Vorwürfe zu machen. Sie fühlte sich ihrer Familie entfremdet und weinte stundenlang vor sich hin. Sie stellte den Sinn ihres Lebens und ihren eigenen Wert als Frau in Frage. Sie wußte, daß sie diese Situation nicht mehr lange ertragen konnte.

Schließlich lehnte Rose die angebotene Stelle ab. Zwei Jahre später bekam sie ein zweites Kind; sie nahm nun eine Teilzeit-Stellung als Lehrerin an einem städtischen College an. Die enthusiastischen Reaktionen ihrer Schüler brachten ihr viel Befriedigung, aber die sorgfältige Vorbereitung auf den Unterricht ließ ihr wenig Zeit für Sport, Musik und ihre eigenen wissenschaftlichen Arbeiten. Sie fühlte sich ständig zwischen ihren Verpflichtungen gegenüber ihren Schülern und gegenüber ihren Kindern hin- und hergerissen, und dieser Rollenkonflikt wurde zur ständigen emotionalen Belastung.

Rollenkonflikte gehören zu den schwersten Belastungen für die meisten Frauen, die versuchen, den Beruf der Hausfrau mit einer anderen gehobenen Berufstätigkeit zu vereinen. Für manche Frauen ist dieser Rollenkonflikt die hauptsächliche Ursache für Ausbrennen und Überdruß. Ehe wir näher auf diesen Rollenkonflikt eingehen, wollen wir den Streß der Hausfrauen und den der Berufstätigen getrennt erörtern.

Der Arbeitsstreß der Hausfrauen

In keinem anderen Beruf befassen sich mehr Menschen mit Herstellung von Gütern aller Art und Dienstleistungen als im Haushalt. Diese Güter und Dienstleistungen sind im Brutto-Sozialprodukt nicht enthalten, sie sind aber ein unentbehrlicher Teil unserer Wirtschaft.[1] Obwohl die Rolle der Hausfrau und Mutter für unsere ganze Gesellschaft so wichtig ist, bietet sie manchen Frauen wenig Gelegenheit, sich wichtig und erfolgreich zu fühlen.

Bis vor kurzer Zeit war die Rolle der Hausfrau kaum Gegenstand wissenschaftlicher Forschung. In den letzten Jahren lenkte das wachsende Interesse an der Frauenfrage die Aufmerksamkeit auf die Hausfrauen, und die Sozialwissenschaftler begannen sich mit dieser Rolle zu beschäftigen wie mit anderen Berufen auch. Der Industriepsychologe Richard Arvey sieht wichtige Unterschiede zwischen dem Hausfrauenberuf und anderen Berufen: Einmal wird die Hausfrau weder für die hergestellten Güter noch für die geleisteten Dienste bezahlt; zweitens ist es für eine Hausfrau kaum oder gar nicht möglich, ihre berufliche Rolle von ihren anderen Rollen zu trennen. Ihre Rollen als Hausfrau, Mutter und Ehefrau sind eng, wenn nicht unlösbar verflochten.[2]

Nach Myra Marx Ferree, einer Soziologin an der Universität von Connecticut,[3] lebt die amerikanische Hausfrau „zwischen den Fronten". Von den Verfechtern der Tradition hört sie, daß es nichts Schöneres gebe, als die Bedürfnisse anderer zu erfüllen, wie sie das tut: Sie hütet das traute Heim, zieht gesunde Kinder groß und richtet sich nach den Wünschen ihres Mannes. Von den Verfechtern der Gleichberechtigung dagegen hört sie, daß auch ihre eigenen Bedürfnisse wichtig sind. Marx Ferree hat 135 Frauen befragt und gefunden, daß Unzufriedenheit im Leben bei den Hausfrauen beinahe doppelt so häufig war wie bei anderen. Die Hausfrauen klagten auch häufiger, daß sie „nie eine faire Chance" gehabt hätten, und hofften, daß „ihre Töchter anders sein würden".

Die Gründe für die Unzufriedenheit der Hausfrauen lagen in den Merkmalen ihrer Arbeit:

Der Arbeitstag einer Hausfrau ist nie zu Ende. Ihre Arbeit bringt ihr in vielen Fällen weder greifbare Belohnungen noch soziale Kontakte. Weder Ehemänner noch Ehefrauen haben klare Vorstellungen, inwieweit Hausarbeit überhaupt Arbeit ist. Hausfrauen arbeiten angestrengt, ernten aber keine Anerkennung: Ihre Männer halten ihnen vor, daß sie „sowieso den ganzen Tag nichts zu tun" hätten, um sie gleich darauf zu erinnern, daß es ihre Pflicht sei, daheim zu bleiben und die Hausarbeit zu tun. Deshalb haben viele Hausfrauen nur unklare Vorstellungen von dem, was in ihrem Beruf verlangt wird, und wie gut oder wie schlecht sie ihn ausüben.[4]

Marx Ferree schreibt, daß die Hausfrauen noch vor kurzer Zeit durch ein soziales Netzwerk verbunden waren. Die meisten lebten in der Nähe ihrer Mutter, Verwandten und Freundinnen in eng verbundenen Gruppen. In diesen Gruppen bestand kein Zweifel, wer eine gute Hausfrau war und wer nicht. In den letzten Jahrzehnten, in denen die Berufstätigkeit der Frauen und die allgemeine Mobilität zugenommen haben, sind diese Netze seltener geworden, und es wird immer schwieriger, sie zu erhalten. Die Männer sind an ihrem Arbeitsplatz und die Kinder in der Schule, die Ehefrauen vereinsamen. Manche der von Marx Ferree befragten Frauen sagten, sie hätten das Gefühl, verrückt zu werden, wenn sie „den ganzen Tag allein zu Hause keinen Menschen sehen, sondern immer nur vier Wände". „Den ganzen Tag allein zu Hause ist wie im Gefängnis sein", sagte eine von ihnen.[5]

In der Literatur finden sich viele Schilderungen neurotischer, gelangweilter, verstimmter und ängstlicher Hausfrauen. Ihre Arbeit wird als die Essenz der Langeweile und der Nichtigkeit dargestellt, als degradierend, unerfreulich und selbstverleugnend. Hausarbeit wird vornehmlich als „niedrige" Arbeit beschrieben, die, nicht geregelt bezahlt, sozial nicht unterstützt und nicht gewürdigt, zur Unzufriedenheit der Frauen führt. Um es mit Jessie Bernard zu sagen: „Das Hausfrauenleben macht Frauen krank."[6]

Ann Oakley hat psychoanalytisch orientierte Interviews mit englischen Hausfrauen durchgeführt[7] und gefunden, daß 70 Prozent der befragten Hausfrauen nicht mit dieser Rolle zufrieden waren. Richard Arvey hat wesentlich niedrigere Prozentsätze festgestellt.[8] Die Psychologin Linda Fidel und die Soziologin Jane Prather vermuten, daß das moderne Stereotyp der neurotischen Hausfrau genauso verzerrt ist wie das frühere der „glücklichen Heimgestalterin".[9] Fidel und Prather unterscheiden zwischen Hausfrauen, die nicht arbeiten gehen wollen, und solchen, die das gerne möchten, aber wegen familiärer Pflichten, wegen der Kinder, wegen einer Krankheit unterlassen oder einfach keine geeignete Stelle finden. Auf diese letzteren paßt das Bild der „unglücklichen Hausfrau". Sie sind mit ihrem Leben nicht zufrieden, sie haben wenig Selbstachtung und fühlen sich als Opfer der Umstände, und viele verbergen ihren Kummer und ihre Einsamkeit mit Hilfe von Medikamenten. Hausfrauen dagegen, die sich keine Arbeit außer Haus wünschen, sind glücklich und gesund und fühlen sich in ihrer Rolle wohl. Sie leben häufig in Familien mit hohem Einkommen und sind daher nicht auf bezahlte Arbeit angewiesen, sie verbringen ihre Zeit mit Hausarbeit und nehmen sich Zeit für sich selbst. Ihre Ehen sind glücklich, sie haben ihr Leben in der Hand und sind körperlich und seelisch wohlauf.

In unserer Untersuchung über Hausfrauen[10] ergaben sich, ähnlich wie bei Fidel und Prather, zwei Gruppen: Für diejenigen, bei denen das Syndrom der „neurotischen Hausfrau" zu beobachten war, wurden hohe Überdrußwerte errechnet. Sie waren chronisch erschöpft und emotional ausgelaugt. Sie hatten das Gefühl, daß ihr Leben mit ihren Kindern ihren Geist „schrumpfen" ließ, sie fühlten sich gefangen und deprimiert. Viele von ihnen waren in ihren Rollen als Frau und Mutter ausgebrannt. Die Frauen, für die wir niedrige Werte für Ausbrennen und Überdruß errechneten, waren stolz auf ihre Frauen- und Mutterrolle, sie waren kreativ in ihrer Arbeit und nahmen an Erwachsenenbildungsprogrammen und an der Kommunalpolitik teil. Terry und Sara sind extreme Beispiele:

Terry hatte ein Bakkalaureat für Englische Sprache. Sie war verheiratet und hatte ein Kind. Jahrelang bemühte sie sich um eine Anstellung als Lehrerin, erfolglos, weil es keine freien Stellen gab. Sie wurde frustriert und bitter, sie hatte das Gefühl, das Leben gehe an ihr vorbei. Sie hatte das Gefühl, ihre Fähigkeiten und ihre Ausbildung bei der Hausarbeit zu verschwenden: „Wie kreativ kann man Staubwischen?" fragte sie. Wenn sie sich mit ihrem Mann verglich, fühlte sie sich gefangen. Wenn man sie fragte, wovon sie lebe, antwortete sie: „Ich bin nur Hausfrau und Mutter", als müsse sie sich dafür entschuldigen.

Terry fürchtete die leeren Stunden ihrer Tage. Sie nahm Medikamente, um ihre Niedergeschlagenheit zu bekämpfen, sie rauchte, trank und lebte mit dem Fernsehprogramm, um die Zeit zu vertreiben. Sie hatte nicht genügend Energie, um ein Buch zu lesen oder eine Freundin anzurufen. Auch ihre Beziehungen zu ihrem Sohn waren schwierig; sie verlor oft die Beherrschung und litt unter der Angst, daß sie ihn einmal verletzen könnte. Sie hatte Selbstmord-Phantasien: „Wenn das Leben nicht mehr ist, lohnt es nicht", sagte sie.

Saras Leben dagegen war glücklich. Sie hatte einige Jahre als Krankenschwester gearbeitet, aber ihren Beruf gerne aufgegeben, als sie heiratete. Sie hatte sich immer gewünscht, zu heiraten, Kinder zu haben und in einem hübschen Haus zu leben. Sara zog sich sorgfältig an und nahm sich jeden Tag Zeit für Gymnastik und Schönheitspflege. Auf ihr Haus und ihren Garten war sie ebenso stolz wie auf ihre eigene Erscheinung. Sie war gern mit ihren Kindern zusammen und nahm regen Anteil an ihrem Schulleben und ihren sonstigen Unternehmungen. Die Kinder brachten ihre Freunde gerne mit, Saras Haus war immer voller Leute.

Sara hatte viele Freundinnen, die wie sie selbst Hausfrauen waren. Sie boten einander ein System sozialer Unterstützung. Sara arbeitete in einer wohltätigen Organisation und im Elternbeirat der Schule mit, sie töpferte mit Begeisterung. Sie empfand ihr Leben als sinnvoll und ausgefüllt.

Zwischen Sara und Terry bestehen einige objektive Unterschiede. Saras Mann hatte ein höheres Einkommen; ihr Haus war luxuriöser; sie konnte sich Kleider, Kosmetik, Tennisstunden und eine Hilfe für Haushalt und Kinder leisten. Sara, die aus einer sehr armen Familie kam, schätzte die materiellen Vorteile ihrer Ehe; Terry dagegen sah sich vom Leben um ihre großen Möglichkeiten gebracht.

Andere Unterschiede zwischen diesen beiden Frauen sind subjektiver Natur und können nicht durch wirtschaftliche Fakten oder erfüllte oder nicht erfüllte Wünsche erklärt werden. Sara hatte an einem Unterstützungssystem von ihresgleichen teil, Terry fühlte sich isoliert und einsam. Sara hatte das Gefühl, ihr Leben in der Hand zu haben, ihre Hausarbeit erschien ihr abwechslungsreich und gab ihr das Gefühl, erfolgreich und wichtig zu sein. Terry dagegen hatte das Gefühl, daß ihr das Leben völlig aus der Hand geglitten war. Sie schämte sich ihrer Hausfrauenrolle und konnte ihr weder Bedeutung noch Befriedigung abgewinnen. Sara rangierte am tiefsten, Terry am höchsten Punkt in unserer Überdruß-Skala.

Noch vor zwei Jahrzehnten arbeiteten die meisten Frauen in den Vereinigten Staaten im Haushalt. Die Rollen der Ehefrau, der Mutter und der „Heimgestalterin" waren die wichtigsten beruflichen Frauenrollen. Berufliche Erfolge wurden an der Sauberkeit der Wohnung, am Benehmen der Kinder und an der Zufriedenheit des Ehemannes gemessen.

Wie Sara hatten viele Frauen, die sich für den Haushalt entschieden hatten, das Gefühl, daß sie es besser hatten als ihre Männer, weil sie nicht arbeiten gehen mußten. Sie konnten ihren Wunsch, eine glückliche Familie aufzuziehen, erfüllen und dabei tun, was sie wollten. Sie ärgerten sich nicht — wie Terry das in solchen Fällen tat —, wenn sie „Mrs. John Watkins" oder „Davids Mutter" genannt wurden. Sie waren stolz auf ihre Rollen und fühlten sich in ihnen sicher.

Seither hat sich die Frauenarbeit in den Vereinigten Staaten sehr verändert. Die meisten der Frauen, die in bezahlten Anstellungen arbeiten, tun das nicht nur, um das Familieneinkommen zu verbessern. Heute arbeiten mehr Frauen in anspruchsvollen Berufen, in denen sie Hervorragendes leisten. Die amerikanische Kultur fordert jedoch immer noch, daß auch eine berufstätige Frau ihre wichtigste Bestimmung in Ehe und Mutterschaft sieht. Diese Erwartungen verursachen äußeren situationsbedingten und inneren emotionalen Streß; beide machen es der berufstätigen Frau schwer, sich selbst als kompetenten Menschen wahrzunehmen. Beide führen zum Ausbrennen und zum Überdruß.

Man kann die eigenen Einstellungen ändern, wenn man sich darum bemüht. Frauen, die wissen, daß sie nun ein paar Jahre lang als Hausfrauen leben werden, können diese Zeit nützen, indem sie sich für Hausfrauenarbeiten interessieren. Fortbildung oder eine Liebhaberei kann mehr Befriedigung in diesem Lebensabschnitt bringen. Auch freie Tage sind für belastete Hausfrauen wichtig: Sie können zu Hause bleiben, wenn die Familie weg ist, mit Freunden essen oder „in die Stadt" gehen. Vor allem können sie mit anderen Frauen in der gleichen Lage ein Unterstützungssystem aufbauen. Das Vorhandensein oder Fehlen einer solchen Gruppe kann bestimmen, wie gut eine Hausfrau sich gegen Ausbrennen und Überdruß zu schützen vermag.

Der Arbeitsstreß der berufstätigen Frau

Frauen in helfenden Berufen

Geschlechtsrollenstereotype finden sich auf allen beruflichen Ebenen. Man glaubt gern, daß Frauen Berufe vorziehen, die einer Ausweitung ihrer häuslichen Rolle gleichkommen: Sie werden Lehrerin, Beraterin, Krankenpflegerin. Anstellungsstatistiken in Industrieländern bestätigen diese berufliche Stereotypisierung. Das Gros der in gehobenen Berufsgruppen tätigen Frauen arbeitet im Unterricht und in der Krankenpflege.[11]

Wir wollten wissen, wie eine berufstätige Frau von ihren Mitmenschen wahrgenommen wird.[12] Wir haben festgestellt, daß für „weiblich sein" überwiegend Merkmale wie „geschlechtsentsprechend", „gut angepaßt", „wenig aggressiv", „wenig aktiv", „feinfühlig", „warmherzig" und „freundlich" genannt werden. Eben diese Eigenschaften veranlassen Frauen, helfende Berufe zu ergreifen; eben diese Eigenschaften qualifizieren sie für diese Berufe; vielleicht machen eben diese Eigenschaften sie besonders anfällig für Ausbrennen und Überdruß.

Eine Hausfrau, die im öffentlichen Dienst arbeitet, steht unter der zusätzlichen Belastung ihrer häuslichen Pflichten. Man erwartet von ihr, daß sie sich in ihrem beruflichen wie in ihrem persönlichen Leben durchwegs einfühlsam, verständnisvoll und rücksichtsvoll verhält und die Bedürfnisse anderer erfüllt. Im dritten Kapitel haben wir drei der Hauptursachen für das Ausbrennen in helfenden Berufen genannt: erstens die Arbeit mit Menschen, zweitens die Selbstauswahl der Stichprobe und drittens die klientenzentrierte Orientierung. Diese Bedingungen wirken sich auf Frauen besonders stark aus, vor allem auf diejenigen, welche die Doppelbürde von Familie und Beruf zu tragen haben.

1. Frauen fühlen sich häufig zu Berufen hingezogen, in denen sie mit Menschen arbeiten, und zwar vor allem in helfenden Rollen. Der Anteil der im Unterricht und in der Krankenpflege, in Beratungsdiensten, in der Sozialarbeit und in der Fürsorge tätigen Frauen ist besonders hoch. Diese Berufe verlangen den Umgang mit Menschen in spannungsreichen, schmerzlichen oder emotional belastenden Situationen; zu Hause wird von diesen Frauen erwartet, daß sie vergleichbare Funktionen erfüllen.

2. Geschlechtsrollenstereotype beschreiben Frauen als liebevoll, einfühlsam, feinfühlig für die Bedürfnisse anderer. Wenn das für Frauen im allgemeinen gilt, gilt es vielleicht besonders für diejenigen in helfenden Berufen. Und in den helfenden Berufen sind es vor allem die Frauen, die für diese Aufgaben vorherbestimmt scheinen.

3. Diese von vielen Frauen gewählten Berufe sind häufig auf den Klienten ausgerichtet, wie ja auch die Mutterrolle auf das Kind ausgerichtet ist. „Auf das Kind ausgerichtet sein" bedeutet endlose Steigerung: eine „gute Mutter" kann immer noch mehr tun, und diese gesellschaftliche Norm ist für viele Frauen eine Quelle von Schuldgefühlen.

Eine feinfühlige Frau leidet mehr unter den alltäglichen beruflichen Widrigkeiten als eine weniger feinfühlige. Wenn sie Einfühlungsvermögen besitzt, bereiten ihr die Leiden und die Hilflosigkeit, die sie mitansehen muß, Schmerz. Wenn sie sich als teilnahmsvollen Menschen kannte, ist die Erkenntnis, daß sie gegen die Nöte ihrer Mitmenschen abstumpft, vernichtend. Daher wiegen Probleme des Ausbrennens für berufstätige Frauen in helfenden Berufen besonders schwer.

Drei Generationen berufstätiger Frauen

Wir untersuchten Ähnlichkeiten und Unterschiede im Überdruß und in seinen Ursachen bei 424 berufstätigen Frauen aus drei Generationen.[13] Die erste Generation vertraten noch nicht im Beruf tätige Frauen in der Ausbildung (Durchschnittsalter 21 Jahre), die zweite voll berufstätige Frauen (Durchschnittsalter 34 Jahre) und die dritte nicht mehr berufstätige Frauen im Ruhestand (Durchschnittsalter 66 Jahre). Wir stellten Fragen zu Überdruß, täglichen Verrichtungen, Einstellungen zu Frauenfragen und Zufriedenheit im Privat- und Berufsleben. Die Ergebnisse unserer Untersuchung sind im folgenden zusammengefaßt.

Voll berufstätige Frauen

Diese Karrierefrauen/Hausfrauen/Mütter, von denen man erwarten könnte, daß sie durch ihre doppelte Berufstätigkeit am meisten überlastet sind, boten das positivste Bild. Sie arbeiteten mehr als die anderen, bezogen aber auch mehr Befriedigung aus ihrer Arbeit; sie fanden ihre berufliche Rolle erfreulicher und belohnender und vertraten liberalere Einstellungen zu Fragen der Frauenarbeit als die anderen Gruppen. Sie empfanden ihr Leben als vielfältig und autonom. Obwohl sie weniger Zeit für sich selbst hatten als die älteren und die jüngeren Frauen, waren sie gesünder, ihre Einstellungen positiver.

Frauen in der Ausbildung

Es zeigte sich, daß bei den jungen Frauen in der Ausbildung der Überdruß am größten und die Zufriedenheit im Privat- und Berufsleben am geringsten war. Sie fühlten sich durch ihre beruflichen und sozialen Verpflichtungen überbeansprucht und befanden sich in entsprechenden Konflikten. Viele berichteten, daß ihre Romanzen sie vom Lernen ablenkten; waren sie aber mit ihren Freunden zusammen, litten sie unter Schuldgefühlen und Ängsten, weil sie ihre Schularbeit vernachlässigten und befürchteten, daß sich das auf ihre Zukunft auswirken könnte. Diese Frauen fühlten sich weniger autonom als die beiden anderen Gruppen und hatten an ihren beruflichen Rollen weniger Freude. Sie lernten und lasen mehr als die anderen Frauen, aber auch das bereitete ihnen weniger Freude. Ihre Beziehungen untereinander waren schlechter (was wahrscheinlich durch den Leistungswettbewerb im Collegeleben zu erklären ist).

Diese jüngeren Frauen erlebten also mehr Überdruß als ihre doppelt-beschäftigte Vergleichsgruppe. Eine mögliche Erklärung für dieses unerwartete Ergebnis ist der Prozeß der Selektion durch Überdruß: Es ist denkbar, daß junge Frauen, die schon am College große Schwierigkeiten haben, ihre vorgesehene Berufslaufbahn gar nicht aufnehmen oder aber nach kurzer Zeit aufgeben. Eine weitere, auf das positive Bild der Karrierefrauen bezogene Erklärungsmöglichkeit ist Selbstrationalisierung: Für Menschen, die noch keine Karriere begonnen haben, ist es leichter, Schwierigkeiten zuzugeben. Sobald die Entscheidung getroffen und mit der Ausbildung und allen Auswirkungen auf Ehe- und Familienleben dafür bezahlt wurde, fällt es schwer, Schwierigkeiten einzugestehen.

Berufstätige Frauen im Ruhestand

Die Frauen im Ruhestand waren am wenigsten gesund, fühlten sich am wenigsten überbeansprucht und litten am wenigsten unter Störungen und Konflikten. Sie verbrachten mehr Zeit als die anderen vor dem Fernsehapparat, mit Liebhabereien und mit kommunalen Aktivitäten; sie verbrachten auch mehr Zeit bei der Hausarbeit und mit Besorgungen, den traditionellen Hausfrauenbeschäftigungen. Obgleich diese Frauen zu einer Zeit, in der das für Frauen ungewöhnlich war, anspruchsvolle Berufe ausgeübt hatten, fanden die folgenden Feststellungen bei ihnen mehr Zustimmung als bei den jüngeren Frauen: „Ein Kind kann die meisten Frauen bei Zufriedenheit erhalten", „Kinder, deren Mütter arbeiten, sind häufig schlecht angepaßt", „Die Karriere des Ehemannes ist wichtiger als die eigene". Diese Frauen verbrachten am wenigsten Zeit im Gespräch mit Freunden und Verwandten; sie rechneten weniger als die beiden anderen Gruppen mit bedingungsloser Unterstützung in Notlagen.

Im Falle von Rose, über die wir zu Beginn dieses Kapitels berichtet haben, nannten wir Rollenkonflikt als eine der Hauptursachen für den Streß von berufstätigen Frauen. Nach den eben berichteten Ergebnissen will es jedoch scheinen, daß die zweifach berufstätigen Frauen weniger Rollenkonflikte erlebten als die noch nicht berufstätigen im College. Dieser Widerspruch erklärt sich daraus, daß diese Frauen nicht mit Männern oder berufstätigen Frauen ohne Familie, sondern mit noch nicht oder nicht mehr berufstätigen Frauen verglichen wurden. Auch die von den Karrierefrauen empfundene Autonomie und Abwechslung erklärt den scheinbaren Widerspruch. Diese Frauen hatten das Gefühl, ihr Leben in der Hand zu haben, und empfanden ihre doppelten Rollen nicht als konfliktreich, sondern als vielfältig. Die Daten über die jüngste Gruppe allerdings zeigen, daß Rollenkonflikte in der Tat für berufstätige

Frauen eine Quelle der Belastung und eine Ausgangsbedingung für Überdruß darstellen.

Berufstätige Frauen und Männer: Ein Vergleich

Diese Untersuchung über den Überdruß in drei Generationen berufstätiger Frauen hat also ergeben, daß die Karrierefrauen, welche die Doppellast von Beruf und Familie trugen, mit ihrem Leben und ihrer Arbeit am zufriedensten waren. Obwohl sie mehr arbeiteten und weniger Zeit für sich selbst hatten, empfanden sie ihr Leben als zufriedenstellend und autonom und fühlten sich wichtig. Das Bild ändert sich jedoch, wenn man diese Gruppe nicht mit Frauen in anderen Phasen der beruflichen Laufbahn, sondern mit berufstätigen Männern vergleicht. Eine Untersuchung über den Überdruß und seine Ursachen und regelmäßigen Begleiterscheinungen an Männern und Frauen ergab, daß die Frauen benachteiligt sind, vor allem in bezug auf ihre Arbeitsbedingungen.[14]

In diesem Vergleich fand sich insgesamt etwas mehr Überdruß bei Frauen; extreme Werte waren jedoch bei Frauen viermal häufiger als bei Männern. Die Frauen fühlten sich im Beruf weniger frei, weniger autonom und weniger einflußreich als die Männer, sie erlebten auch weniger Abwechslung und Herausforderung und sahen weniger positive Züge ihrer Arbeitsumgebung. Ihren Angaben nach fanden sie weniger Gelegenheit zum Selbstausdruck und zur Selbstverwirklichung, sie fanden sich für ihre Leistungen nicht angemessen belohnt. Diese Frauen nannten auch mehr negative Züge wie umgebungsbedingte Belastungen und Überforderung durch die Ansprüche anderer Menschen. Im Verein mit den Ergebnissen anderer Untersuchungen, die gezeigt haben, daß sich Frauen in männlich dominierten Berufen diskriminiert und aufgerieben fühlen, bestätigen auch diese Daten die Feststellung, daß Überdruß und Ausbrennen häufiger bei Frauen auftreten als bei Männern.

Die Berufe und Rollen, die von so vielen Frauen gewählt werden, bedeuten in sehr vielen Fällen Arbeitsumgebungen, die für Überdruß anfällig machen. Margaret Henning und Anne Jardim sehen eine weitere Ursache in geschlechtsspezifischen Arbeitseinstellungen.[15] Nach Henning und Jardim, die Interviews mit über hundert Frauen in leitenden Stellungen in Handel und Industrie ausgeführt haben, sehen Frauen ihre Berufslaufbahn als einen Weg zu persönlichem Wachstum und zur Selbsterfüllung; sie erhoffen von ihren Karrieren die Befriedigung, tun zu können, was sie tun möchten. Diese Empfindungen mögen bewirken, daß Frauen sich von ihrer Berufslaufbahn mehr erwarten, als Männer. Wenn diese Erwartungen sich nicht erfüllen, kann es geschehen, daß die

Frauen ausbrennen oder Überdruß entwickeln. Die von uns befragten Frauen erlebten um so weniger Überdruß, je mehr sie das Gefühl der Selbstverwirklichung und je mehr Gelegenheit zum Selbstausdruck sie hatten. Bei den befragten Männern waren diese Zusammenhänge nicht so ausgeprägt.[16]

Männer sehen ihre Karriere als eine aufwärts führende Folge von Stellungen, die ihnen Anerkennung und Belohnung einbringen, Frauen dagegen denken weniger an Aufstieg und sehen ihre berufliche Tätigkeit eher als verschiedene aufeinanderfolgende Anstellungen denn als lebenslange Laufbahn. Unsere Ergebnisse zeigen, daß Überdruß bei Männern mit niedriger Rangstellung und unangemessener Bezahlung zusammenhing, bei Frauen nicht. Männer sehen jede Position als Teil ihrer Karriere. Für Frauen dagegen ist eine Anstellung Gegenwart, eine Karriere Zukunft. Männer konzentrieren sich auf langfristige Zielsetzungen; Frauen konzentrieren sich auf kurzfristige Pläne ohne sich viel um längerfristige Folgen zu kümmern.

Henning und Jardim behaupten, daß es Männern schwer fällt, ihre beruflichen Ziele von ihren persönlichen zu trennen. Sie sehen beide im Zusammenhang und versuchen entstehende Konflikte auszugleichen. Frauen dagegen versuchen, ihr Privatleben von ihrer Berufslaufbahn zu trennen. Wir fanden, daß Konflikte zwischen Privat- und Berufsleben für Frauen wie für Männer sehr streßhaft sind, daß aber die Frauen ihr außerberufliches Leben wichtiger nehmen als die Männer.

Es hat sich gezeigt, daß die Arbeitsumgebungen der Frauen mehr Streß erzeugten als die der Männer und bedeutend weniger positive Züge aufwiesen. Zu Hause, in ihrer wichtigsten Lebenssphäre, hatten sie wenig Abwechslung. Zu Hause arbeiteten sie mehr als die Männer, fühlten sich häufiger emotional überbeansprucht und erlebten mehr Angst- und Schuldgefühle, wenn sie ihre Pflichten nicht so vollständig zu erfüllen glaubten, wie sie das wünschten. Das Resultat der streßhaften Arbeitsumgebung dieser Frauen und der zusätzlichen emotionalen Bürde ihrer Rollen waren die extremen Überdrußwerte, die bei Frauen häufiger auftraten als bei Männern. Unterstützung in sozialen Systemen war für Frauen wichtiger als für Männer.

Vielleicht liegt es an weiblichen Wertvorstellungen, daß für Frauen gute Beziehungen am Arbeitsplatz wichtiger sind als Ehrgeiz und Wettbewerb. Bei den Frauen waren die Zusammenhänge zwischen guten persönlichen Beziehungen und Überdruß sehr offenkundig: Je besser die Beziehungen, um so weniger Überdruß.[17] Für Männer galt das nicht in diesem Ausmaß. Es zeigte sich, daß vor allem Frauen, die an *sozialen Netzwerken und Unterstützungssystemen teilhatten*, wenig Überdruß erlebten. Frauen scheinen für die sozialen Aspekte ihres Berufs- und Privatlebens empfindsamer zu sein als Männer; sie haben bessere persönliche Beziehungen, beziehen mehr emotionale Unterstützung von Familienmitgliedern, Freunden und Kollegen und mehr bedingungslose Unterstützung in Streßperioden als Männer.

Wie werden berufstätige Frauen wahrgenommen?

Zu Anfang dieses Kapitels haben wir am Fall von Rose die Auswirkungen von Rollenkonflikten gezeigt. Alle Karrierefrauen, die eine Familie haben wollen, erleben dieses Dilemma. Eines ihrer kritischen Probleme ist das Bild, das andere Menschen sich von ihren beiden Rollen machen.[18] Die Frau, die in der folgenden Studie als Beispiel diente, kämpfte mit einem Rollenkonflikt, der an den Roses erinnerte. Um sich über ihre Probleme klarzuwerden, wollte sie unter anderem ergründen, wie andere Leute sie sahen. Wir baten sie, für die Zwecke unserer Untersuchung ihre beiden Rollen auf zwei Videofilme zu verteilen; beide Streifen begannen mit demselben Interview, das über ihre Lebensgeschichte, ihre Ausbildung und ihre Interessen informierte. In der Folge sprach sie auf zwei Bändern über ihre Zukunftshoffnungen: auf dem einen ausschließlich über ihre beruflichen Wünsche nach einer Stellung an einer Universität und nach eigener wissenschaftlicher Arbeit. Auf dem zweiten Band sprach sie über ihre familiären Pläne; sie wollte zu Hause bleiben und sich mit Haus und Garten beschäftigen, solange ihr Sohn klein war.

Diese Filme wurden zwei Gruppen von Studentinnen und Studenten gezeigt, die angeben sollten, wie sie diese Frau (die „Stimulus-Person") wahrnahmen. Eine Gruppe sah das Anfangsinterview und den Film über ihre beruflichen Pläne, die andere das Anfangsinterview und den Film über ihre Familienpläne. Die Studenten, die das Berufs-Interview sahen, beschrieben unsere Stimulus-Person durch Adjektive, wie sie herkömmlich für karriere-orientierte Männer verwendet werden: als aggressiv, dominant und unabhängig. Dieser Gruppe erschien sie erfolgsorientierter und ehrgeiziger als der anderen; auch diese Eigenschaften sind mit dem Begriff Karriere assoziiert. Der anderen Gruppe, die sie in ihrer familiären Rolle sah, erschien sie dagegen weniger unabhängig, weniger aktiv, weniger aggressiv, ehrgeizig, dominant und erfolgsorientiert und auch weniger belastungsfähig. Die Kompetenz dieser Frau scheint durch ihren Entschluß für die Familie aus der Sicht anderer Menschen automatisch herabgesetzt worden zu sein.

Unsere weiblichen und männlichen Versuchspersonen reagierten unterschiedlich auf diese Filme. Die Frauen schrieben der Stimulus-Person im Berufsfilm mehr Kompetenz und mehr positive Eigenschaften zu als der im Familienfilm. Für viele war der Konflikt dieser Frau keine intellektuelle Übung, sondern ein reales Problem, das auch sie selbst betraf. Es schien, daß die Frauen die Stimulus-Person nach ihren beruflichen Ambitionen günstiger beurteilten als nach ihren familiären, weil sie sich mit ihrem Rollenkonflikt identifizierten und weil sie, als Collegestudentinnen, für die Frauenbewegung eintraten.

Von den Männern dagegen wurde unsere Stimulus-Person in ihrer häuslichen Rolle günstiger beurteilt. Dieser Gruppe schien sie weiblicher, aufgeschlossener, aufrichtiger, intelligenter, freundlicher, besser angepaßt, feinfühliger, warmherziger und entschlossener als der anderen. Sie gefiel im Familienleben besser, man wollte mit ihr in dieser Rolle lieber zusammensein. Für diese Ergebnisse gibt es verschiedene mögliche Erklärungen. Es mag sein, daß Karrierefrauen auf Männer etwas bedrohlich wirken, besonders, wenn sie so kompetent und erfolgreich sind wie unsere Stimulus-Person. Es kann auch sein, daß sie wegen ihrer beruflichen Ambitionen als potentiell schlechtere Männerversorgerin wahrgenommen wurde und daher weniger feminin und begehrenswert erschien. Eine Frau, die sich gegen ihre Karriere für das Familienleben entscheidet, ist verständlicher- und möglicherweise weniger bedrohlich; die üblichen Geschlechtsrollenstereotype passen besser auf sie. So wurde die Stimulus-Person von den Männern in ihrer häuslichen Rolle sowohl als typische Frau (warmherzig, empfindsam, freundlich), aber auch als aufgeschlossener und besser angepaßt, also ihnen ähnlicher, empfunden.

Ein Ergebnis war auffallend: Selbst für Studenten, von denen die meisten über die negativen Auswirkungen von Geschlechtsrollenstereotypisierungen informiert sind und die als aufgeschlossen gelten, ist eine Frau, die eine berufliche Karriere wählt, immer noch in einer Doppelbindung. Wenn sie die Karriere wählt, wird sie, vor allem von Männern, als weniger weiblich, liebenswert und begehrenswert gesehen. Wählt sie aber die Familie, erscheint sie weniger kompetent.

Doppelbindungen berufstätiger Frauen als Ursache des Ausbrennens

Seit der Wandel der Frauenrollen eingesetzt und der Einfluß der Frauenbewegung zugenommen hat, machen immer mehr Frauen ihre Berufslaufbahn zu einem integralen Teil ihres Lebens. Diese Entwicklung zeigt sich auch in der wachsenden Beteiligung der Frauen am Arbeitsmarkt: Der Anteil der Frauen in der berufstätigen Bevölkerung der Vereinigten Staaten ist von 20% im Jahr 1920 auf 40% im Jahr 1978 gestiegen.[19]

Auch qualitative Veränderungen der Frauenarbeit sind zu verzeichnen. Heute entscheiden sich mehr Frauen als früher für gehobene Karrieren statt für einfache Anstellungen.[20] Einfache Anstellungen bieten vor allem finanzielle Einnahmen und vergleichsweise wenig Herausforderung. Karrieren bedeuten fortgesetztes Lernen und verlangen großen Einsatz. Diese Veränderung der Arbeitsorientierung hat wichtige Konsequenzen für Frauen, die ihre Arbeit infolge ihres vermehrten Engagements als einen wesentlichen Teil ihres Lebens ansehen.

Wenn diese Frauen sich jedoch entschließen, eine Familie zu gründen, geraten sie in Rollenkonflikte. Ihr Engagement für ihre berufliche Karriere gibt ihrer beruflichen wie ihrer häuslichen Rolle neue Bedeutungen. Hier können sich Prioritäten verändern, das heißt, der häuslichen wie der beruflichen Rolle kommt heute gleich viel Bedeutung zu, während in früheren Zeiten die häusliche Rolle als die wichtigere galt. Diese Konflikte können zu Ausbrennen und Überdruß,[21] in extremen Fällen zum emotionalen Zusammenbruch und bis zum Selbstmord führen; in bestimmten gehobenen Berufsgruppen, bei Ärzten und Psychologen zum Beispiel, liegt die Selbstmordrate für Frauen höher als für Männer, während für die Gesamtbevölkerung das Gegenteil gilt.

Um diesen Konflikten zu entgehen, entschließen sich immer mehr Frauen, keine Familien zu gründen. Andere lösen das Dilemma, indem sie der Familie den Vorrang geben, wenn sie in Konflikte geraten. Heute gibt es jedoch neue Möglichkeiten, die Entscheidung für Beruf *und* Familie durch Stellenteilung, Arbeitsteilung und Teilzeitarbeit zu verwirklichen.

Manche berufstätige Frauen suchen den Konflikt zu lösen, indem sie dem häuslichen Geschlechtsrollenstereotyp übergenau nachleben. Sie sehen in ihrer Arbeit außer Haus keinen Grund, zu Hause weniger zu arbeiten, wie das die meisten Männer tun. Also stellen sie hohe Ansprüche an sich selbst und erleben Angst- und Schuldgefühle, wenn sie nicht alle erfüllen können. Diese Frauen glauben, nicht nur im Beruf, sondern auch zu Hause als „Supermütter" und „Superhausfrauen" besonders viel leisten zu müssen.

Es ist eine bedauerliche Wahrheit, daß die Frauen auch heute noch die Last des Konflikts zwischen Karriere und Familie zu tragen haben und viele den hohen Preis von Ausbrennen oder Überdruß zahlen, weil dieser Konflikt den für diese Syndrome typischen physischen, emotionalen und geistigen Streß verstärkt.

Zwei Ganztagsstellungen: Wie ist das in Wirklichkeit?

Die Kombination von Karriere und Familie kann sehr belastend sein. Eine Frau, die eine Stellung außer Haus annimmt, ist zweifach berufstätig: Sie hat ihre beruflichen Verpflichtungen zu erfüllen, und sie trägt die Hauptverantwortung für Haushalt und Kinder.[22] Sie hat also besonders wenig Zeit für sich selbst. Die berufstätige Hausfrau wird als Person beschrieben, die wie eine Verrückte allen Pflichten gleichzeitig nachzukommen sucht.[23] Morgens steht sie als erste auf, um das Frühstück für die Familie zu richten. In der Mittagspause macht sie Besorgungen für die Familie. Auf dem Heimweg geht sie einkaufen, zu Hause bereitet sie das Abendessen, während Mann und Kinder ein bißchen ausspannen. An den Abenden und Wochenenden putzt und wäscht sie und kümmert sich um die emotionalen Bedürfnisse ihres Mannes und ihrer Kinder.

Frauen werden im Berufsleben häufiger durch häusliche Ereignisse gestört, als Männer.[24] Wenn ein Kind erkrankt, ist es meist die Mutter, die es zum Arzt begleitet oder zuhause bleibt. Es ist gewöhnlich die Mutter, die zum Elternsprechtag geht oder den Lehrer aufsucht, wenn es Schulprobleme gibt. Oft hat sie keine Wahl, als ihre beruflichen Pflichten hintanzusetzen.

Die meisten der Schwierigkeiten, mit denen berufstätige Frauen zu kämpfen haben, ergeben sich aus bestehenden Vorurteilen gegen ihre Fähigkeit, ihre persönlichen Talente in einer Karriere zu verwirklichen.[25] Solche sozialen Schranken sind die geschlechtsbezogenen Rollen- und Beschäftigungsstereotype, die zum Konflikt zwischen Karriere und Familie führen. Unsere Untersuchungen über Frauen haben gezeigt, daß Rollenkonflikt und die vielen Störungen im häuslichen und beruflichen Leben mit Überdruß in Zusammenhang stehen: je mehr Konflikte und je mehr Störungen, um so mehr Überdruß.[26] Mütter, die einen Ganztagsberuf ausüben, sind sehr häufig überlastet, abgehetzt und von Schuldgefühlen verfolgt. Sie können es sich einfach nicht leisten, krank zu werden oder auszuruhen, sie dürfen nicht einmal zusammenbrechen. Sie sind auch häufiger chronisch erschöpft als die berufstätigen Männer oder Väter und somit Anwärterinnen auf Ausbrennen und Überdruß.

Welche gemeinsamen Ursachen haben Ausbrennen und Überdruß bei berufstätigen Frauen? Was kann man dagegen unternehmen?

Die Ergebnisse unserer Untersuchungen über drei Generationen berufstätiger Frauen waren für alle drei Altersgruppen ähnlich: Je zufriedener eine Frau in ihrem Leben ist, je besser ihre familiären Beziehungen sind und je mehr sie sich ihrer Rolle als Frau erfreut, desto niedriger ist die Wahrscheinlichkeit, daß sie vom Überdruß heimgesucht wird.

Bei allen drei Gruppen fanden sich Beziehungen zwischen den Überdrußwerten und verschiedenen Ausgangsbedingungen. Diese waren soziale Überbeanspruchung, Konflikte zwischen Berufs- und Privatleben, Störungen der Arbeit durch Gedanken an häusliche Verpflichtungen und Probleme, und Störungen des häuslichen Lebens durch berufliche Verpflichtungen. Alle diese Gegebenheiten bedeuten Streß und somit für alle berufstätigen Frauen potentiell Überdruß.

In der wissenschaftlichen Literatur wird Rollenkonflikt als eine der wichtigsten Streßursachen dargestellt, und zwar nicht nur für Frauen. Rollenkonflikt besteht für jeden Menschen, der in einer bestimmten Rolle anderweitigen, mit dieser Rolle nicht zu vereinbarenden Anforderungen nachkommen soll. Am häufigsten ist das der Fall, wenn eine Person zwei oder mehreren Gruppen angehört, die verschiedene Verhaltensweisen verlangen. Rollenkonflikte wirken sich auf das subjektive Streßerleben wie auf die Leistung aus.[27] Frühere Untersuchungen haben gezeigt, daß Personen mit schwerwiegenden Rollenkonflikten im Beruf wenig Befriedigung, aber große Spannungen erleben.[28] Des weiteren hat man festgestellt, daß die durch Rollenkonflikte verursachte Unzufriedenheit im Beruf und die physiologische Belastung um so größer waren, je mehr Autorität dem „Sender" der mit einer bestimmten Rolle unvereinbaren Botschaft zukommt.[29] Und wir wissen, daß der Überdruß mit dem Rollenkonflikt wächst.[30]

Wir haben festgestellt, daß häusliche und außerhäusliche Belastungen gleichermaßen zu den Rollenkonflikten und dem Streß der berufstätigen Frauen beitragen.[31] Andere Untersuchungen haben gezeigt, daß die Rollen der Ehefrau und Mutter weit häufiger als konfliktreich wahrgenommen werden als die berufliche Rolle.[32] In einer weiteren Untersuchung zeigte sich ein klarer Zusammenhang zwischen übergreifendem Streß im häuslichen und beruflichen Leben und Überdruß.[33]

Einer unserer Ratschläge an berufstätige Frauen ist, Familienleben und Arbeit so gut wie möglich zu trennen, vor allem, wo es um Probleme geht: Konzentrieren Sie sich bei der Arbeit auf Ihre Aufgaben, und denken Sie nicht an Zuhause und häusliche Probleme; versuchen Sie, den Beruf nicht mit nach Hause zu nehmen, und lassen Sie die häusliche Sphäre nicht durch berufliche Probleme stören. Das ist natürlich leichter gesagt als getan. Um diese Strategie einzuhalten, kann man zum Beispiel zwischen Arbeit und Familienleben eine Periode der Entspannung und „Dekompression" ansetzen, also eine gewisse Zeit reservieren, in der man sich aus der einen Streß-Situation löst, ehe man sich der anderen stellt. Eine der von uns befragten Frauen machte Schaufensterbummel, um „Druck abzulassen". Eine andere blieb einfach an der Bushaltestelle sitzen und ließ ein paar Busse vorbeifahren. Andere Frauen gingen spazieren oder machten einen Geländelauf, hörten Musik oder meditierten. Derartige Abgrenzungen nach Lebensbereichen kann bestimmte Streß-arten auf bestimmte Zeiten und Orte beschränken und auf diese Weise Konflikte und Überdruß abbauen.

Rollenkonflikte sind also eine sehr häufige Ursache von Überdruß; damit ist jedoch nicht gesagt, daß Konflikte und Überdruß notwendigerweise mit der Anzahl der Rollen einer Person zunehmen. Verschiedene Rollen können verschiedene Wege zur Selbstdarstellung und zur Selbstverwirklichung einer Frau sein und ihr zu mehr Befriedigung im Leben verhelfen. Wir empfehlen, häusliche und berufliche Tätigkeiten als alternative Quellen der Befriedigung zu nutzen. An Tagen, an denen eine Frau sich als Mutter und Hausfrau nicht kompetent fühlt, kann sie ihre Selbstachtung und ihre Erfolgsgefühle auf ihre berufliche Leistung stützen. Wenn es im Beruf nicht gut läuft, kann ihr ein glückliches Familienleben Ausgleich schaffen. Am glücklichsten sind Frauen, die sich in beiden Rollen kompetent und erfolgreich fühlen. Sie beziehen aus ihren Tätigkeiten in mehreren Rollen Gefühle der Vielseitigkeit und des Erfolges. Ihre unterschiedlichen Rollen geben ihnen die Möglichkeit, alle Seiten ihrer Persönlichkeit und alle ihre Talente zu entfalten. Diese Frauen haben vermutlich mehr als genug zu tun, aber sie führen ein ausgefülltes und anregendes Leben. Sylvia zum Beispiel war eine berufstätige Hausfrau, die häusliche wie berufliche Anforderungen erfolgreich bewältigte.

Sylvia arbeitete als Sozialarbeiterin in der perinatalen Abteilung einer Kinderklinik. Sie fühlte sich durch den emotionalen Streß der Arbeit mit Frühgeborenen und ihren Müttern nicht überlastet, sie fand sich durch diese Arbeit vielmehr tagtäglich an den Wert des Lebens und der Gesundheit und an ihr eigenes Glück erinnert. Sie wußte, daß sie eine ganztägige Berufsarbeit nicht bewältigen konnte, solange ihr Kind klein war, also arbeitete sie in einer Teilzeitstellung. An ihrem Arbeitsplatz setzte sie sich rückhaltlos ein, aber wenn sie nach Hause ging, vermied sie es, an die tragischen Schicksale ihrer Klienten zu denken. Nachdem sie zwei Jahre als Sozialarbeiterin gearbeitet hatte, entschloß sie sich zur Teilnahme an einem Forschungsprojekt, um eine gewisse Distanz zu ihrer Arbeit zu gewinnen. Sie fühlte sich ihren Klienten zu nahe und hatte das Bedürfnis, verschiedene Problemstellungen auf eine intellektuellere Ebene zu verschieben. Sie lernte die Methoden wissenschaftlicher Untersuchung kennen und empfand das als ein Erlebnis, das sie wachsen ließe. Sylvia liebte ihre Arbeit und fühlte sich auch sehr erfolgreich. Sie hatte auch das Gefühl, eine gute Mutter und Ehefrau zu sein. Sie war sich der Gefahren des Ausbrennens in ihrer Berufsarbeit sehr bewußt und sorgfältig darauf bedacht, sie zu umgehen.

Alles ist vorherbestimmt, dennoch hast Du die Wahl

Eine hebräische Weisheit besagt, daß alles vorherbestimmt ist, der Mensch aber die letzte Wahl doch selbst zu treffen hat. Diese Wahl ist die größte Chance der Frauen, eine Chance, die viele nie erkennen.

Eine Frau kann entscheiden, ob sie eine Familie haben will oder nicht. Sie kann wählen, ob sie eine berufliche Laufbahn aufnehmen will oder nicht. Es ist lebenswichtig, daß diese Entscheidungen in klarer Erkenntnis ihrer möglichen Folgen getroffen werden. Jede dieser Entscheidungen sollte von den Bedürfnissen, Wünschen und Fähigkeiten der Frau ausgehen und sowenig wie möglich von sozialem Druck beeinflußt sein. Jede dieser Entscheidungen hat beinahe irreversible Folgen. Eine vierundvierzigjährige Karrierefrau kann sich nicht mehr entschließen, vier Kinder zu bekommen. Eine fünfundvierzigjährige Hausfrau hat nicht mehr viel Aussicht auf eine brillante akademische Karriere. Diese weitreichenden Folgen machen die anfängliche Wahl, die sich den Frauen stellt, zu einem komplexen Problem.

Also müssen diese Entscheidungen aufgrund klarer Überlegungen getroffen und, einmal getroffen, ohne tägliches Bedauern akzeptiert werden. Diese Entscheidung kann die Frau starkem sozialen Druck aussetzen; diese muß daher ihre Fähigkeiten, diesem Streß standzuhalten oder sich auf ihn einzustellen, sorgfältig abwägen. Sie muß sich bewußt sein, daß sie tagtäglich widersprechenden Ansprüchen an ihre Zeit und ihre Energie gerecht werden muß. Die berufstätige Hausfrau muß die verschiedenen Ziele ihrer beiden Rollen definieren und ihre geistigen, physischen und emotionalen Energien entsprechend einteilen. Wenn man sich entschließt, eine Familie zu haben und einen Beruf auszuüben, bedeutet dies, daß man Kompromisse schließen muß. Wie diese Kompromisse innerhalb ihrer Rollen und zwischen ihnen zu schließen sind, muß jede Frau für sich selbst entscheiden.

Konflikte und Streß können durch eine bewußte und fortlaufende Einteilung von Zeit und Energie für die verschiedenen Rollen verringert werden. Wenn in dieser Verteilung auch die persönlichen Bedürfnisse der Frau berücksichtigt werden, kann sie nicht nur Ausbrennen und Überdruß verhindern, sondern ihre persönliche Entfaltung fördern.

Anmerkungen

1 R. D. Arvey and R. H. Gross, „Satisfaction Levels and Correlates of Satisfaction in the Homemaker Job". *Journal of Vocational Behavior* 10 (1977), S. 13ff.

2 Ibid.

3 M. Marx Ferree, „The Confused American Housewife". *Psychology Today* 10, no. 4 (1976), S. 76—80.

4 Ibid., S.76.

5 Ibid.

6 Jessie Bernard, die ein Forschungsstipendium am *Department of Sociology* der Pennsylvania State University hat, ist die Autorin mehrerer Bücher über Geschlechtsrollen, Ehe und Familie (*The Future of Marriage, The Future of Motherhood* u.a.m.).

7 A. Oakley, *The Sociology of Housework* (New York: Pantheon, 1975).

8 Arvey and Gross, „Satisfaction Levels".

9 Nach Carol Tavris in „Women's Work Isn't Always the Answer". *Psychology Today* 10, no. 4 (1976), S.78.

10 Eine unserer Stichproben war eine Gruppe von zweiunddreißig Hausfrauen. Auch in den Arbeitsgruppen über das Ausbrennen arbeiteten wir mit Hausfrauen.

11 Oakley, *Sociology of Housework*.

12 Diese Untersuchung wurde in Zusammenarbeit mit Joy Stapp und Trudy Solomon ausgeführt und ist in den folgenden Veröffentlichungen dargestellt: A. Pines, „The Influence of Goals on People's Perceptions of a Competent Woman", *Sex Roles* 5, no. 1 (1979), S. 71—76. A. Pines and T. Solomon, „The Social Psychological Double Bind of the Competent Woman". *Research in Education*, Februar 1979; J. Stapp and A. Pines, „Who Likes Competent Women?" *Human Behavior* 5, no. 1 (1975), S. 49—50.

13 Eine genaue Darstellung dieser Untersuchung findet sich in A. Pines and D. Kafry, „The Experience of Life Tedium in Three Generations of Professional Women". *Sex Roles*, in Vorbereitung.

14 Vgl. A. Pines and D.Kafry, „Tedium in the Life Work of Professional Women as Compared with Men". *Sex Roles*, in Vorbereitung.

15 M. Henning and A. Jardim, *The Managerial Woman* (New York: Doubleday, 1976).

16 Die Korrelation zwischen Überdruß und Selbstverwirklichung lag für Männer bei $r = -.18$, für Frauen bei $r = -.29$. Sie war nur im Fall der Frauen statistisch signifikant ($p < .05$). Die Korrelation zwischen Überdruß und Selbstausdruck lag für Männer bei $r = -.01$, für Frauen $r = -.41$. Auch diese Korrelation war

nur im Fall der Frauen statistisch signifikant (p < . 05). Die Korrelation zwischen Überdruß und persönlichen Beziehungen lag für Männer bei r = —.21, für Frauen bei r = —.42.

17 Siehe Anmerkung 16.

18 Siehe Anmerkung 12.

19 R. J. Schiffler, „Demographic and Social Factors in Women's Work". In: *Emerging Women: Career Analysis and Outlook*, ed. S. H. Osipow (Columbus, Ohio: Charles E. Merrill, 1975).

20 R. Rapaport and R. N. Rapaport, „Further Considerations on the Dual Career Family", *Human Relations* 24 (1971), S. 519—533.

21 Wir untersuchten den Konflikt zwischen Privat- und Berufsleben als Überdruß-Korrelat bei acht Versuchsgruppen. Die Korrelationen lagen zwischen .24 und .38 und waren durchwegs statistisch signifikant.

22 Tavris, „Women's Work".

23 Oakley, *Sociology of Housework*.

24 Ibid.

25 S. H. Osipow, „Concepts in Considering Women's Careers", in *Emerging Women: Career Analysis and Outlook*, ed. S. H. Osipow (Columbus, Ohio: Charles E. Merrill, 1975).

26 Eine detaillierte Darstellung findet sich in den folgenden Veröffentlichungen: A. Pines, „Burnout and Life Tedium in Three Generations of Professional Women". Vortrag beim Treffen der *American Psychologists Association* in San Francisco, California, vom 26. bis 30. August 1977; Pines and Kafry, „The Experience of Life Tedium"; Pines and Kafry, „Tedium in the Life and Work of Professional Women".

27 C. L. Cooper and J. Marshal, „Occupational Sources of Stress: A Review of the Literature Relating to Coronary Heart Disease and Mental Ill Health". *Journal of Occupational Psychology* 49, (1976), S. 11—28.

28 R. L. Kahn, D. M. Wolfe, R. P. Quinn, J. D. Snoek, and R. A. Rosenthal, *Organizational Stress* (New York: Wiley 1964).

29 D. T. Hall, „Pressures from Work, Self and Home in the Life Stages of Married Women". *Journal of Vocational Behavior* 6, (1975), S. 121—132.

30 In der oben zitierten Untersuchung über 424 Frauen ergab sich zwischen Überdruß und Konflikten zwischen Privat- und Arbeitsleben eine Korrelation von r = .34 (p < .001).

31 Die Korrelation zwischen Überdruß und Störung bei der Arbeit lag bei r = .36, zwischen Überdruß und Störung zu Hause bei r = .35; beide sind auf dem .001-Niveau signifikant.

32 Hall, „Pressures from Work, Self and Home".

33 Diese Untersuchung mit 563 Versuchspersonen wurde in Zusammenarbeit mit Steve Weinberg und dem *Management Training Program* der University of Alabama ausgeführt. Die Korrelation zwischen Streß durch Überschneidungen von Privat- und Berufsleben und Überdruß lag bei r = 42 (p < .01).

III. Teil:
Was kann man gegen Ausbrennen und Überdruß tun?

6. Kapitel:
Was können Organisationen
zur Streßbekämpfung tun?

Unsere ersten wissenschaftlichen Untersuchungen über das Ausbrennen galten seinen auslösenden Faktoren. Die Erhebung erfaßte 83 Angestellte aus zwölf Kindertagesstätten[1] und hatte die folgenden Ergebnisse: (1) Ungünstige Betreuungsverhältnisse haben kognitive, sensorische und emotionale Überlastung der Angestellten zur Folge. (2) In den Tagesstätten mit den längsten Arbeitszeiten ist der Streß der Angestellten am größten und sind ihre Einstellungen die negativsten. (3) Lose strukturierte Programme bedeuten emotionale Belastungen für die Angestellten. (4) In jenen Tagesstätten, in denen zahlreiche Besprechungen stattfinden, die Angestellten einander näherkommen und unterstützen, ihre Ziele klar darstellen und die Arbeitsabläufe beeinflussen können, ist das Ausbrennen am seltensten, die Zufriedenheit im Beruf am größten.

Unsere Ergebnisse gaben den Anstoß zu einer Reihe von Veränderungen in diesen Tagesstätten. Die Angestellten hatten in einem Fragebogen über Ausbrennen die Merkmale ihrer Arbeit, ihre Arbeitseinstellungen und ihren Arbeitsstreß mitgeteilt. Nachdem sie sich so eingehend mit diesen Fragen beschäftigt hatten, stellten manche von ihnen kritische Überlegungen über ihre Aufgaben an und revidierten ihre Auffassungen über die Arbeit mit Kindern. In einer Tagesstätte veranstalteten die Mitarbeiter eine Diskussionsreihe über die Ergebnisse unserer Untersuchungen; in der Folge änderten sie die Struktur ihrer Arbeit. Sechs Monate später wurden diese Veränderungen durch Beobachtung des Tagesprogramms und durch Interviews mit den Angestellten beurteilt.[2] Was in dieser einen Tagesstätte geschah, schildern wir hier in Form einer Fallbeschreibung als praktisches Beispiel für die unmittelbare Anwendung von Forschungsergebnissen, und um zu demonstrieren, wie das Ausbrennen von der Organisation her bekämpft werden kann.

Falldarstellung: Veränderung
einer Organisation

Die Tagesstätte vor den Veränderungen

Die Tagesstätte befand sich in einer Wohnsiedlung für verheiratete Studenten und betreute fast ausschließlich deren Kinder. Die herrschende Erziehungsauffassung war permissiv und nicht-direktiv. Es gab kein festes Programm. Die Betreuer waren anwesend und sorgten für Spielmaterial, lasen Geschichten vor oder organisierten Spiele; sie griffen ein, wenn Probleme entstanden, gaben aber keine Anweisungen für die Aktivitäten der Kinder.

Jede Mutter und jeder Vater stand den Lehrern und Lehrerinnen drei Stunden pro Woche als Helfer zur Verfügung. Die Kinder konnten jederzeit zwischen acht Uhr und siebzehn Uhr gebracht werden. Insgesamt versorgte die Tagesstätte einundsechzig Kinder: acht Babys (18 Monate bis zwei Jahre), achtzehn Kleinkinder (zwei bis drei Jahre), siebenundzwanzig Vorschulkinder (drei bis fünf Jahre) und acht Kindergartenkinder (fünf bis sechs Jahre). Die Kinder kamen und gingen jedoch zu verschiedenen Zeiten; die Höchstzahl von 45 wurde nie überschritten. Zwischen zehn und fünfzehn Uhr waren die meisten, in den frühen Morgen- und späten Nachmittagsstunden am wenigsten Kinder da.

Die Tagesstätte war in einer Art Garage untergebracht, in einem hohen Raum mit starkem Widerhall. Das Gebäude war durch kinderhohe Wände in drei Kinderzimmer, einen Aufenthaltsraum für das Personal, eine Küche und ein großes Spielzimmer unterteilt. An das Hauptgebäude angeschlossen waren eine kleine Turnhalle, ein Waschraum, ein Umkleideraum und ein Zimmer, in dem Kinder zwischendurch schlafen konnten. Im Hof gab es Klettergerüste und Schaukeln, einen Sandkasten und verschiedene Spielgeräte. Von den drei Kinderzimmern war eigentlich eines für die Babys, eines für die Kleinkinder und eines für die „Großen" gedacht, den Kindern stand jedoch frei, wo sie sich aufhalten wollten. Für jeden Raum war eine Lehrerin oder ein Lehrer mit ein paar Hilfskräften verantwortlich, insgesamt zwölf Personen, die sich in die Beaufsichtigung aller Räume teilten, gleich, wieviele Kinder anwesend waren. Außer Eltern und Lehrern standen Studenten zur Verfügung, die im Austausch für Kurs-Stipendien an der Universität als Hilfslehrerinnen und Hilfslehrer arbeiteten. Insgesamt ergab sich ein Betreuungsverhältnis von 1 zu 3.

Charakteristisch für diese Tagesstätte waren die lose Strukturierung, ein ständiger Strom von Menschen und hohe Grade von Lärm und Aggression. Die Erziehungsauffassung war permissiv, die Arbeitsweise dieser Tagesstätte konnte jedoch nicht als überzeugendes Modell dieser Auffassung angesehen werden. In der Tat war die gebotene Betreuung eher schlecht. Auf den ersten Blick mag die große Flexibilität als Vorteil erscheinen, die lose Struktur hatte jedoch mehrere ernsthafte negative Folgen. Zum Beispiel herrschte den ganzen Tag lang Unruhe. Eltern kamen und gingen, um ihre Kinder zu bringen oder zu holen oder um ihre Elternstunden abzuleisten; Kinder kamen und gingen zu allen Tageszeiten, die Studentenhelfer, wenn sie freie Zeit hatten. Ein Lehrer hat ausgerechnet, daß er täglich mit etwa 100 Leuten zu tun hatte, mit Kindern, Eltern, Studenten und Personal. Wegen der großen Zahl der Kinder und ihrer unregelmäßigen Anwesenheitszeiten mußten alle Aktivitäten spontan und flexibel sein. Es war für die Angestellten schwierig, geregelte erzieherische Programme zu verfolgen. Ein Lehrer, der ein Programm plante, mußte mit Teilnehmerzahlen von 0 bis 45 rechnen. Es kam vor, daß eine Lehrerin sämtliche Zwei- bis Sechsjährigen zu beaufsichtigen hatte und eine andere ein einziges Baby. Außerdem mußten alle Lehrerinnen und Lehrer wegen der Vermischung der Altersgruppen besonders auf die jüngeren und schwächeren Kinder achten. Ebensowenig wie ein festes Programm gab es eine feste Raumverteilung. Außer den drei Haupträumen gab es einen großen, leeren Raum, in dem die Kinder herumrennen und „aggressiv spielen" durften, „um ihre Energien loszuwerden". Das hatte zum Ergebnis, daß die Kinder von allen anderen Räumen denselben Gebrauch machten, große Unruhe stifteten und Spielsachen zerstörten.

Obgleich alle Lehrerinnen und Lehrer in dieser Tagesstätte Kinder gerne hatten, liebevoll mit ihnen umgingen und sich sehr für ihre Arbeit in der Kinderbetreuung einsetzten, waren sie nach der Arbeit erschöpft, und ihre Einstellungen zu Kindern wie zu ihrem Beruf zeigten einen Trend zum Negativen. Sie verbrachten Ferien oft allein, weil sie das Bedürfnis hatten, nichts mit Menschen und vor allem nichts mit Kindern zu tun zu haben. Eine Lehrerin, die sich früher einmal acht eigene Kinder gewünscht hatte, war nicht mehr sicher, ob sie überhaupt welche haben wollte. Alle Lehrerinnen und Lehrer fühlten sich ungeheurem Streß unterworfen und konnten ihrer Arbeit keine Befriedigung abgewinnen.

Die eingeführten Veränderungen

Nach der Teilnahme an unserer Untersuchung und der Durchsicht unserer Forschungsberichte entschloß sich das Personal dieser Tagesstätte zu einigen Veränderungen. Diese betrafen vor allem zwei der Faktoren, die sich mit als Ursachen des Ausbrennens erwiesen hatten: die Betreuungsverhältnisse und den Grad der Strukturierung des Programms. Für diese Gruppe war unsere Feststellung, daß zwischen ihrer emotionalen Erschöpfung und der Strukturlosigkeit des Programms ein Zusammenhang bestand, besonders überraschend gewesen. Sie hatten zwar ihre eigene körperliche, geistige und emotionale Erschöpfung erkannt, aber nicht mit der permissiven, nicht-direktiven Erziehungsauffassung ihrer Tagesstätte in Verbindung gebracht. Sie hielten diese Merkmale für positiv und waren stolz auf ihren Stil.

Beschlossen und ausgeführt wurden eine Neuverteilung der Räume und eine Neuverteilung der Lehr- und Betreuungsverantwortung. Sechs Räume wurden bestimmten Zwecken zugeteilt: einer für Babys, zwei für Kleinkinder, zwei für die „Großen" und einer für die Kindergartenkinder. Jedem Raum wurden ein Team von zwei Lehrpersonen sowie eine bestimmte Kindergruppe zugeteilt. Jede oder jeder Angestellte war nur für ihre oder seine Kindergruppe verantwortlich. Derart hatten Lehrerinnen und Lehrer mehr Zeit für einzelne Kinder und für die Vorbereitung von Gruppenaktivitäten. Diese Veränderungen wurden durch solche der Programmstruktur ergänzt. Jedes Kind wurde für bestimmte Zeiten in der Tagesstätte eingeschrieben. Auch für Studenten und Eltern wurden bestimmte Arbeitszeiten in bestimmten Räumen mit denselben Lehrern, Kindern, Spielsachen und Spielmaterialien festgelegt.

Beurteilung der Veränderungen

Kurze Zeit (sechs Monate) nach der Einführung dieser Neuerungen führten wir mit beinahe allen Lehrern und Lehrerinnen, die vorher und nachher in der Tagesstätte gearbeitet hatten, Interviews durch. Wir fragten nach den Auswirkungen der Neueinführungen auf die Kinder und sie selbst, auf ihre Gefühle und ihre Arbeit in der Kinderbetreuung. Nach ihren Angaben hatten sich die Veränderungen auf die Kinder stark ausgewirkt. Infolge der neuen Gruppierungen kannten diese nun ihre Räume, Lehrer und Kameraden. Sie „gingen nicht mehr in der Menge verloren", weil sie jetzt einen Platz in einer bestimmten Gruppe hatten. Diese Gruppenidentität gab ihnen Gefühle der Sicherheit und der Zugehörigkeit, die sie früher nicht gekannt hatten. Die Spielsachen und Spiele in den einzelnen Räumen wurden nur benutzt, wenn ein Kind mit ihnen spielen wollte, und blieben infolgedessen besser erhalten. Die Spiele der Kinder wurden konstruktiver, was nach Ansicht der Lehrer das Gefühl der persönlichen Leistung vergrößerte. In den nunmehr kleineren Gruppen bekamen die einzelnen Kinder mehr Zuwendung. Negative Verhaltensweisen wie Einschüchterung und Grobheit nahmen ab. Die Angestellten waren sich einig, daß die Kinder glücklicher und im Umgang untereinander wie mit dem Personal entspannter wirkten.

Ferner berichteten die Lehrer, daß zwischen Kindern, die nie vorher miteinander gespielt oder gesprochen hatten, enge Beziehungen entstanden waren und daß die Streitigkeiten nachgelassen hatten. Die Kinder waren nun in Altersgruppen zusammengefaßt, und jede Gruppe hatte ihre eigenen Beschäftigungen, die ihren Interessen und ihren Fähigkeiten entsprachen.

Auch die Lehrerinnen und Lehrer, die nun mit weniger Kindern zu tun hatten, konnten tiefere Beziehungen zu den einzelnen entwickeln. Nun kannten sie Aufenthaltsort, Aktivität und Gefühle jedes einzelnen Kindes. Daher konnten sie sich besser konzentrieren und waren weniger konfus und erschöpft. Viele von ihnen sagten, daß sie zum ersten Mal das Gefühl hätten, der emotionalen Entwicklung der einzelnen Kinder gerecht werden zu können, und daß sie zum ersten Mal Zeit fänden, sich um die persönlichen Bedürfnisse jedes einzelnen Kindes zu kümmern.

Auch die Beziehungen zwischen den Angestellten und den Eltern wurden besser. Da die Lehrer ja nicht nur mit weniger Kindern, sondern auch mit entsprechend weniger Eltern zu tun hatten, konnten sie diese besser kennenlernen, wozu Elternbesprechungen und Elternarbeitsstunden Gelegenheit gaben. Die Lehrerinnen und Lehrer sahen die Kinder nun vor dem Hintergrund ihrer Familien und fühlten sich in den Gesprächen mit den Eltern sicherer.

Die Lehrerschaft war sich einig, daß die Veränderungen in der Tagesstätte auch ihre Arbeit und ihre Gefühle über diese beeinflußt hatten. Seit jeder und jedem von ihnen eine bestimmte Kindergruppe und ein bestimmter Raum zugeteilt worden waren, hatten sich ihre Empfindungen der Geordnetheit, der Sicherheit und der Zugehörigkeit verstärkt. Eine neue Routine stellte sich ein, in der unvorhersehbare Unterbrechungen seltener waren, so daß Vorhaben nicht nur vorhergeplant, sondern auch durchgeführt werden konnten. Die Angestellten fühlten sich nun für die Materialien in ihrem Raum verantwortlicher und achteten mehr auf die Spielsachen, Bücher und Spiele, was zur Folge hatte, daß das abendliche Aufräumen weniger Zeit kostete. Die Neuerungen hatten bewirkt, daß viele Lehrerinnen und Lehrer sich besser in der Lage fühlten, ihr Potential als Lehrer zu verwirklichen.

Auch die Beziehungen der Lehrer untereinander hatten sich verbessert. Sie arbeiteten gruppenweise bei der Planung und Ausführung ihrer Vorhaben zusammen. Die Kommunikation zwischen den Kollegen war nun offener; ihre Bereitwilligkeit zu gegenseitiger Hilfeleistung, emotionaler Unterstützung und Kameradschaft war gestiegen. Alle Angestellten begannen, sich an den Diskussionen der Mitarbeiterbesprechungen zu beteiligen. Sie fanden, daß diese Diskussionen ihnen halfen, Meinungsverschiedenheiten zu beheben und Lösungen für Probleme zu finden, erzieherische Strategien zu planen und die Aufmerksamkeit auf bestimmte Kinder zu lenken, falls dies nötig schien.

Ein weiterer Grund für die Verbesserung der Beziehungen unter den Angestellten war, daß sie ihre Gefühle des Ausbrennens teilen und wirksam hatten bekämpfen können. Diese gemeinsame Erfahrung allein verbesserte die Verständigung unter ihnen und bestärkte ihre Identifikation als Gruppe. Die Lehrer selbst jedoch schrieben diese günstige Entwicklung überwiegend den Veränderungen der Betreuungsverhältnisse und der Programmstruktur zu, weil diese Maßnahmen sich direkt auf ihre Interaktionen ausgewirkt hatten.

Neue Probleme

Trotz ihrer Begeisterung über die Veränderungen ihrer Tagesstätte vermerkten die Lehrerinnen und Lehrer auch einige negative Folgen. Manche bedauerten sehr, daß sie von den Kindern getrennt worden waren, zu denen sie früher enge Beziehungen hatten. Der höhere Grad von Struktur stellte auch einige zusätzliche Anforderungen an die Lehrer. Sie waren nun für das Programm ihrer Gruppe verantwortlich und somit auch für seinen reibungslosen Ablauf. Sie mußten ihre Ziele klarer festlegen, ihre Vorhaben besser organisieren und besser vorbereitet sein als früher. Die negativste Folge der Neuerungen sahen die Lehrer in der Möglichkeit der Kollegenrivalität: Sie meinten, die Aufteilung der Tagesstätte in sechs voneinander unabhängige Abteilungen könnte zu Interessenkonflikten der einzelnen Lehrerteams führen.

Wir können verschiedene Maßnahmen empfehlen, die Rivalitäten dieser Art verhindern können. Zum Beispiel lassen sich Unternehmungen arrangieren, an denen die ganze Tagesstätte beteiligt ist, wie Kinobesuche oder Ausflüge in die Natur. Auch Feiertage können von allen gemeinsam begangen werden. Da diese Tagesstätte viele Kinder aus dem Ausland betreute, wurden viele nicht-amerikanische Feiertage mitgefeiert – einfach um des Vergnügens, der Kameradschaft und der Gemeinsamkeit willen. Besprechungen, Geselligkeit und fortlaufende Weiterbildungsprogramme für die Angestellten wurden gefördert. Solche Gelegenheiten zur Interaktion erlauben den Angestellten, ihre gemeinsamen Ziele als Erzieher zu festigen und alle Interessenkonflikte zu diskutieren. Außerdem bietet sich dem Personal hier ein weites System sozialer Unterstützung und intellektueller Anregung.

Schlußfolgerung und kurze Fallanalyse

Insgesamt reagierten die Angestellten also sehr positiv auf die Veränderungen. Sie hatten das Gefühl, daß diese organisatorischen Neuerungen, die eingeführt worden waren, um ihr Ausbrennen zu bekämpfen, ihr Programm sehr verbessert und ihre Arbeit leichter, erfreulicher und anregender gemacht hatten. Ihre Aufgaben brachten immer noch einen gewissen emotionalen Streß mit sich, doch wesentlich weniger als früher. Eine Lehrerin drückte das so aus: „Diese Neuerungen machen einen unglaublichen Unterschied. Noch ein Jahr, wie das letzte war, hätte ich diese Arbeit nicht ausgehalten." Ein Lehrer sagte: „Ich war gewöhnlich restlos erschöpft, aber jetzt komme ich gerne zur Arbeit. Alles ist besser geworden, und ich bin wirklich optimistisch." Alle Angestellten stimmten für die Beibehaltung der neuen Einteilung; niemand wollte zur früheren Routine zurückkehren.

Im Hinblick auf die Bewältigung von Ausbrennen und Überdruß demonstriert der Fall dieser Tagesstätte, wie sich organisatorische Veränderungen auf das psychische Wohlbefinden der Angestellten auswirken können. Von entscheidender Bedeutung ist, daß diese Veränderungen von den Angestellten selbst beschlossen und durchgeführt wurden. Wir sind überzeugt, daß ihre aktive Beteiligung an den nötigen Entscheidungsprozessen ihre Gefühle von Autonomie und Einfluß bestärkte und die Kommunikationsmuster verbesserte. Die eingehende Beschäftigung mit ihren eigenen Zielen und denen der Kinder und der Tagesstätte gab ihnen das Gefühl, sinnvolle Arbeit zu tun. Sie empfanden die selbständige Planung und Ausführung ihrer erzieherischen Programme als Herausforderung und Selbstverwirklichung. Alle Maßnahmen dieser Art mildern den Streß, steigern die Belohnung jeglicher Arbeit und setzen so die Häufigkeit des Ausbrennens herab.

Organisatorische Maßnahmen gegen Überdruß und Ausbrennen

Überdruß und Ausbrennen treten in gewissen Organisationsumgebungen häufiger auf als in anderen. Selbst in Organisationen mit ähnlichen Zielen, Strukturen und Arbeitsweisen finden sich unterschiedliche Fluktuationsraten, bessere oder schlechtere Arbeitsmoral und andere Anzeichen von Ausbrennen und Überdruß in unterschiedlichen Graden. In einer unserer Untersuchungen, die 724 Mitarbeiter aus 14 Einrichtungen für geistig Behinderte in elf Bundesstaaten erfaßte, fanden wir signifikante Unterschiede der mittleren Überdrußwerte in den einzelnen Institutionen.[3]

In einer anderen Erhebung über 137 israelische Krankenschwestern[4] in sechs verschiedenen Abteilungen eines Krankenhauses fanden wir, daß diese Abteilungen sich in bezug auf die Merkmale, die mit dem Ausbrennen verbunden sind, deutlich unterschieden. Zwischen der Vielfältigkeit der Arbeit und dem Ausbrennen zum Beispiel bestand ein negativer Zusammenhang (d.h. je vielfältiger die Aufgaben, um so weniger Ausbrennen) in der Abteilung für Herzoperationen, nicht aber in der für innere Medizin; Komplexität der Aufgaben dagegen war eine regelmäßige Begleiterscheinung des Ausbrennens auf der Intensivstation, aber nicht auf der Abteilung für Geriatrie. Wodurch diese unterschiedlichen Verteilungen entstehen, läßt sich ohne detaillierte Beobachtungsanalyse nicht sagen; hier geht es jedoch vor allem um die Feststellung der Tatsache, daß die Ursachen und Auswirkungen des Ausbrennens innerhalb der einzelnen Abteilungen ein und derselben Organisation sehr verschieden sein können.

Unsere Untersuchungen gaben Hinweise auf mehrere Merkmale der Arbeitssituation, die Einfluß darauf haben, ob die Angestellten ausbrennen oder den mit ihrer Arbeit verbundenen Streß erfolgreich bewältigen: das Betreuungsverhältnis, die „Zeit zum Ausspannen" in Streßperioden, die in Streß-Situationen verbrachten Zeitspannen, der Ernst der Klientenprobleme, die Flexibilität der Organisation, die Ausbildung, die positiven Arbeitsbedingungen und das Ausmaß, in dem die Arbeit als sinnvoll empfunden wird. Wir wollen jeden dieser Faktoren ausführlich erörtern.

Betreuungsverhältnis

In helfenden Berufen wird die Qualität der Interaktion von der Anzahl der Menschen beeinflußt, die einem Betreuer anvertraut sind. Mit dieser Zahl wächst seine kognitive, sensorische und emotionale Belastung. In den Tagesstätten, die wir untersuchten,[5] lagen die Betreuungsverhältnisse zwischen 1:4 und 1:12. Die Angestellten in den Einrichtungen mit ungünstigem Betreuungsverhältnis verbrachten lange Arbeitszeiten in direktem Kontakt mit den Kindern und hatten wenig Arbeitspausen. Infolgedessen befürworteten sie Methoden, die Ruhe schafften, wie vorgeschriebene Schlafpausen oder gar Beruhigungsmittel für überaktive Kinder. Sie hatten das Gefühl, wenig Einfluß auf ihre Arbeit nehmen zu können, und sie schätzten ihre Arbeit im allgemeinen weniger als die Angestellten in Tagesstätten mit einem günstigeren Betreuungsverhältnis.

In unserer Erhebung über Einrichtungen für psychisch Kranke untersuchten wir Institutionen, die sich nach ihrer Größe wie nach dem Betreuungsverhältnis unterschieden.[6] Je ungünstiger das Betreuungsverhältnis war, desto weniger liebten die Angestellten ihre Arbeit, und um so mehr waren sie bestrebt, ihr Privatleben von ihrem Berufsleben abzugrenzen. Angestellte, die in ungünstigen Betreuungsverhältnissen arbeiteten, sagten, daß sie gerne die Stelle wechseln würden, falls sich eine Gelegenheit böte. Was sie in ihrer Arbeit suchten, war nicht Selbsterfüllung und soziale Interaktion — ihrem Gefühl nach war das Beste an ihrer Arbeit das Geld, das sie dafür bekamen. Bei günstigen Betreuungsverhältnissen dagegen muß sich ein Angestellter um weniger Menschen kümmern und kann daher jedem einzelnen mehr Aufmerksamkeit widmen, hat mehr Zeit, sich mit den positiven, nicht-problematischen Aspekten im Leben seiner Patienten oder Klienten zu beschäftigen, und ist nicht gezwungen, sich auf die dringlichsten Probleme und die bedrohlichsten Symptome zu beschränken.

Bedauerlicherweise besteht in den meisten Organisationen der öffentlichen Dienstleistungen eine Tendenz zu ungünstigen Zahlenverhältnissen von Angestelltenstab und Versorgungsempfängern, was durch die Kostenrechnung oder einen Mangel an geeigneten Arbeitskräften bedingt sein mag. Wir möchten hier nachdrücklich betonen, daß jede Organisation die durch das Ausbrennen verursachten Kosten in ihre Kalkulation einbeziehen sollte. Überbelastung der Mitarbeiter im allgemeinen und ungünstige Betreuungsverhältnisse im besonderen können wohl kurzfristig Ausgaben ersparen, kommen aber auf die Dauer alle Beteiligten teuer zu stehen.[7]

Zeit zum Ausspannen bei der Arbeit

Für Menschen, die unter geistigem Streß stehen, ist wichtig, daß sie Gelegenheit haben, sich zeitweilig aus der streßhaften Situation zurückzuziehen; wenn es sich um emotionale Überbelastung handelt, sind solche Unterbrechungen von entscheidender Bedeutung. „Zeit zum Ausspannen" ist für jede Arbeit, die hochgradigen emotionalen, geistigen oder körperlichen Streß bedingt, sehr wichtig. Wir haben vielfach gefunden, daß zwischen „Zeit zum Ausspannen" und niedrigen Überdrußraten ein Zusammenhang besteht.[8]

„Zeit zum Ausspannen" kann sich besonders für Menschen, die anderen Dienste erweisen, wohltätig auswirken. Bei den Mitarbeitern unserer Kindertagesstätten[9] und in psychiatrischen Bereichen[10] war die Gelegenheit, sich zeitweise aus dem direkten Kontakt mit Kindern oder Patienten zurückzuziehen, einer der Faktoren, die dem Ausbrennen entgegenwirkten. Solche „Zeit zum Ausspannen", welche die positivste Form des Zurückziehens darstellt, die wir beobachten konnten, sind nicht nur kurze Unterbrechungen der Arbeit wie Verschnauf- oder Kaffeepausen. In einer solchen Zeit zum Ausspannen können die Angestellten sich mit weniger streßhaften Aufgaben befassen, während andere ihre Verantwortung übernehmen. Diese Alternativarbeiten sind gewöhnlich dadurch charakterisiert, daß sie keinen direkten Kontakt mit anderen Menschen mit sich bringen, also (im Falle unserer Versuchsgruppen) etwa Schreibarbeit, Reinigungsarbeiten oder die Vorbereitung der Mahlzeiten. Auf diese Weise dienen die Angestellten der Organisation auch, während sich sich entspannen und neue Kräfte sammeln können.

In unseren Untersuchungen über Kindertagesstätten haben wir festgestellt, daß in denjenigen, in denen ausreichendes Personal zur Verfügung stand, nach flexiblen Richtlinien gearbeitet wurde und vor allem vielfältige Aufgabenkreise für die Angestellten vorgesehen waren, auch für Zeit zum Ausspannen gesorgt war. In Tagesstätten, in denen diese günstigen Bedingungen nicht bestanden, waren die Arbeitsbeziehungen schlechter und die Angestellten nach ihren eigenen Angaben ungeduldig, reizbar und auf psychische Distanz bedacht. In den psychiatrischen Einrichtungen waren Angestellte, die Zeit zum Ausspannen hatten, den Patienten gegenüber wohlwollender eingestellt; sie beurteilten auch deren Chancen auf Heilung optimistischer als diejenigen, die keine Möglichkeiten zu zeitweiligem Rückzug hatten.

Zeit zum Ausspannen ist als eine Form des Sich-Zurückziehens positiver zu bewerten als alle anderen von überlasteten Menschen in solchen Situationen zum Selbstschutz eingesetzten Methoden, über die wir schon sprachen, weil die gute Versorgung der Patienten oder Klienten gewährleistet bleibt, während die einzelnen Angestellten emotional aufatmen können. Wenn das nicht möglich ist, leiden die Helfer häufiger unter dem Gefühl, Gefangene der Verantwortung für ihre Klienten zu sein; sie können sich nicht zeitweilig zurückziehen, ohne sich schuldig zu fühlen. Sich-Zurückziehen bedeutet in solchen Fällen oft eine Flucht auf Kosten der Patienten, weil keine Vertretung vorhanden ist. Daher ist es wichtig, daß die Organisationspolitik frei zu wählende Zeit zum Ausspannen vorsieht. Dieser zeitweilige Rückzug der Helfer aus dem direkten persönlichen Kontakt bedeutet keinen Nachteil für den Versorgungsempfänger, wenn die Struktur der Organisation anderen Angestellten erlaubt, einzuspringen, und keinen Verlust für die Organisation, wenn diese Zeit für andere Arbeiten genutzt werden kann.

Begrenzte Arbeitszeiten für streßhafte Aufgaben

Es ist wahrscheinlich, daß zwischen der Anzahl der geleisteten Arbeitsstunden und dem Grad von Müdigkeit, Überlastung, Langeweile und Streß, den die arbeitende Person erlebt, eine Beziehung besteht. Demnach wäre zu erwarten, daß lange Arbeitszeiten höhere Häufigkeiten von Ausbrennen und Überdruß zum Ergebnis haben. In helfenden Berufen zeigt sich auch ein Zusammenhang zwischen langen Arbeitszeiten einerseits und Streßerleben und negativen Einstellungen des Personals andererseits.[11] Je mehr Stunden diese Menschen täglich arbeiteten, desto weniger liebten sie ihre Arbeit, desto weniger verantwortlich für ihre Klienten und desto weniger einflußreich fühlten sie sich. Die größten Auswirkungen hatten jedoch nicht die Arbeitszeiten an sich, sondern die Zahl der Stunden, die in direktem Kontakt mit den Versorgungsempfängern verbracht werden mußten. In unserer Untersuchung über Kindertagesstätten[12] bestand ein Zusammenhang zwischen Arbeitszeiten und Streßerleben und negativen Arbeitseinstellungen, vor allem, wenn die langen Arbeitszeiten langes Zusammensein mit den Kindern bedeuteten. Wenn sie bei Schreibarbeiten verbracht wurden, traten negative Reaktionen und Ausbrennen im allgemeinen weniger häufig auf. Angestellte, die längere Zeiten mit Kindern arbeiteten, entwickelten negative Einstellungen zu ihnen; während ihrer Ferien wollten sie mit Kindern und allem, was mit Kindern zu tun hat, entfliehen. Sie fühlten sich nach der Arbeit weniger tolerant, weniger zufrieden mit ihrer Arbeitsleistung, weniger kreativ und verdrießlicher als Angestellte, die weniger Zeit mit Kindern verbringen mußten. Die Organisation und jeder einzelne Mitarbeiter können erkennen, wieviele Stunden pro Tag gearbeitet werden kann, ohne daß die individuelle Produktivität leidet. Der Psycholanalytiker Herbert Freudenberger bezeichnet die üblichen Praktiken der Arbeit in doppelten Schichten und häufige Nachtarbeit als emotional selbstmörderische Gewohnheiten, die dazu führen können, daß ganze Organisationen ausbrennen.[13]

Zu lange direkte Kontakte mit den Klienten wirken sich umso negativer aus, je schwerwiegender die Probleme sind, mit denen diese zu kämpfen haben. Der Kontakt mit schwerkranken oder emotional schwer gestörten Kindern ist um ein Vielfaches streßhafter als der mit gesunden, gut angepaßten Kindern. In den Einrichtungen für psychisch Kranke war festzustellen, daß die Rate des Ausbrennens bei den Angestellten um so höher lag, je höher der Prozentsatz der Schizophrenen unter den Patienten war.[14] Angestellte, die viele schizophrene Patienten hatten, waren sich ihrer Ziele nicht so klar bewußt und verwendeten mehr Zeit auf ihre administrativen Pflichten, waren mit ihrer Arbeit weniger zufrieden und stark an einem eventuellen Stellenwechsel interessiert. Aus einer Untersuchung einer Organisation des öffentlichen Dienstes ergab sich, daß der ganztägige Umgang mit schwierigen Klienten die streßhafteste Aufgabe und mit den höchsten Überdrußwerten assoziiert war.[15] Andere Untersuchungen haben gezeigt, daß die ausschließliche Beschäftigung mit Kriseninterventionen und die Arbeit auf Notfallstationen besonders beanspruchen.

Tätigkeiten dieser Art können zeitlich begrenzt werden. Wenn Angestellte Aufgaben übernehmen, die als streßreich bekannt sind, kann man ihren Verbleib in diesen Positionen von vornherein auf eine festgesetzte Zeitspanne begrenzen. Bei Priestern zum Beispiel, die sich bestimmten kommunalen Programmen für unbegrenzte Zeit zur Verfügung gestellt hatten, trat Ausbrennen häufiger auf als bei ihren Amtskollegen, die ihre Mitarbeit von vornherein auf fünf Jahre befristet hatten. Diese letzteren erlagen dem Streß dieser Arbeit nicht, sondern schieden aus diesen Programmen mit dem Gefühl aus, daß sie ihr Bestes getan hatten und die Zeit für einen Wechsel gekommen sei. Lehrerinnen und Lehrer in Innenstadtgebieten, die ihren Streß nicht mehr bewältigen konnten und denen die erbetene Versetzung nicht gewährt wurde, entwickelten physiologische und psychische Leiden, die in vielen Fällen bis zur Arbeitsunfähigkeit reichten.[16] Wenn streßreichen Aufgaben zeitliche Grenzen gesetzt sind, kann man sich in dem Bewußtsein, sie nicht für immer tun zu müssen, voll einsetzen.[17]

Die streßhaften Auswirkungen langer, in direktem Kontakt mit Patienten oder Klienten verbrachter Arbeitszeiten in helfenden Berufen sind denen vergleichbar, die in anderen Berufen in den sog. Streßgipfel-Zeiten zu beobachten sind. Auch die Ratschläge zur Bekämpfung des daraus resultierenden Überdrusses sind ähnliche. Jede Organisation muß die Auswirkungen streßreicher Aufgaben auf ihre Angestellten berücksichtigen und die Arbeitszeiten in derartigen Situationen begrenzen. Das kann durch Verkürzung der Schichten, häufigere Arbeitspausen, Sonderurlaub, die Einführung von Teilzeitstellungen und ähnliche Maßnahmen erreicht werden. Die Organisation kann auch die Gesamtzeit, die ihre Angestellten über Jahre hinweg in streßreicher Arbeit verbringen, durch Rotation, d.h. Wechsel von Arbeitsplatz zu Arbeitsplatz, Stellenaustausch auf gleicher Ebene und vorgezogene Pensionierung verringern. Rotation und Stellenteilung entlasten die einzelnen Mitarbeiter und können die Arbeit abwechslungsreicher, interessanter und anregender gestalten. Unsere Ergebnisse lassen den Schluß zu, daß vermehrte Arbeitsteilung den individuellen Streß verringert und die Einstellungen der Angestellten zum Positiven verändert.[18]

Organisatorische Flexibilität

Die Strukturen von Organisationen können so flexibel gestaltet werden, daß sie den individuellen Bedürfnissen der Mitarbeiter angepaßt werden können und diese nicht gezwungen sind, sich der Struktur der Organisation anzupassen. Um diese Flexibilität zu erreichen, müssen die individuellen Unterschiede zwischen den Mitarbeitern berücksichtigt werden. Manche Mitarbeiter sind an der Politik der Organisation interessiert, andere am Kontakt mit der Gemeinde und wieder andere am Dienst am Klienten. Wenn die Mitarbeiter die Möglichkeit haben, ihre Aufgaben selbst zu wählen, gehen Ausbrennen und Überdruß zurück, die Organisation wird funktionstüchtiger und die Qualität der gebotenen Versorgung besser. In einer Abteilung der sozialen Dienste zum Beispiel lernten wir eine junge Frau kennen, die sich für Inzestfälle interessierte und sehr erfolgreich intervenierte, die Arbeit mit Alkoholikern dagegen verabscheute und das Gefühl hatte, diesen Menschen keine Hilfe sein zu können. Die flexible Struktur ihrer Abteilung ermöglichte ihr die Bearbeitung aller Inzestfälle; sie wurde in kurzer Zeit zur Expertin, die zu Vorträgen eingeladen und zur Ausbildung von Nachwuchskräften herangezogen wurde. Auch blieb ihr die Frustration erspart, mit Menschen arbeiten zu müssen, denen ihrer Meinung nach andere Angehörige ihrer Abteilung besser raten konnten.

Es ist evident, daß nicht alle Organisationen sich nach den Bedürfnissen ihrer Angestellten richten. Ein Krankenhaus zum Beispiel verlangte von einer Anästhesie-Ärztin, der die Arbeit mit Babys im Operationssaal große Schwierigkeiten bereitete, daß sie auf ihrem Posten verbliebe. In ihrer Bedrängnis hatte sie nach Operationen an Kindern häufig Alpträume und depressive Perioden. Sie durchlebte eine ernste Krise des Ausbrennens und gab ihre Stelle für ein Jahr auf. Als sie zurückkehrte, war die Regel, nach der Angestellte die ihnen zugewiesenen Patienten zu behandeln hatten, immer noch in Kraft. Diese Organisation war nicht bereit, die Bedürfnisse ihrer Mitarbeiter zu berücksichtigen.

Diese beiden Fälle zeigen, wie sich die Flexibilität einer Organisation auf die individuelle Arbeitstüchtigkeit ihrer Mitarbeiter auswirken kann. Auch in Hinblick auf die Kostenrechnung ist Flexibilität als Organisationspolitik unserer Meinung nach gewinnbringend, weil sie den Überdruß der Angestellten auf ein Mindestmaß beschränkt. Flexibilität bedeutet hier vor allem, daß die Bedürfnisse der einzelnen Angestellten Aufmerksamkeit und Interesse erfahren. Das heißt, die Mitarbeiter sollten in gewissem Maße die Freiheit haben, ihre Klienten oder Aufgaben zu wählen. Das heißt, daß ihnen in bezug auf ihre Arbeitseinteilung und ihren Arbeitsstil soviel Autonomie wie möglich gewährt wird. Die Organisation kann nur gewinnen, wenn sie ihren Mitarbeitern Bedingungen bietet, unter denen sie wirklich produktiv arbeiten können.

Eine Organisation kann auch flexibel genug sein, um ihren Angestellten Wachstum und Wandel zu ermöglichen. Wenn ein Angestellter in einer bestimmten Position Anzeichen von Überdruß zeigt, kann man ihm eine andere Arbeit geben. In vielen Organisationen werden Leute, die eine Aufgabe besonders gut erledigt haben, gebeten, diese Arbeit „für immer" beizubehalten. Aber die Routinisierung einer Arbeit kann auch zum Ausbrennen und Überdruß führen, wenn diese Arbeit anfänglich mit großer Freude getan wurde. (Johnny Carson, der Gastgeber einer der erfolgreichsten Fernsehsendungen, teilte seiner Gesellschaft mit, daß er nicht mehr in diesem Programm mitarbeiten wollte. „Ich kann in dieser Sendung nicht mehr bringen, was ich bringen möchte. Nach siebzehn Jahren bin ich geistig und emotional ermüdet", sagte Carson.) Organisationen können verschiedene Funktionen reihum unter verschiedene Angestellte aufteilen, statt immer dieselben Mitarbeiter für immer dieselben Aufgaben einzusetzen. Gegenwärtig besteht in vielen Organisationen die Tendenz, schwierige Aufgaben immer demselben Menschen zuzuweisen, der ihnen als „einziger" gewachsen ist, und diesem (meist sehr beschäftigten) „einzigen Menschen", auf dessen Pünktlichkeit Verlaß ist, bedrängende Termine zu setzen; auf diese Weise werden diese „einzigen Menschen" dem Ausbrennen übermäßig ausgesetzt. Abwechslung bei solcher Routine kann Streßabbau bedeuten.

Einige Industriepsychologen, die sich mit der Erforschung von berufsbedingtem Streß befassen, sehen eine vorbeugende Maßnahme in der richtigen Auswahl der Angestellten, obgleich diese Auswahlverfahren nie exakt sind und obwohl man weiß, daß Interviews sich nicht als erfolgreiche Auswahlmethode erwiesen haben.[19] Wir wurden oft von den Direktoren der Personalabteilungen, mit denen wir zu tun hatten, gefragt, wie sie in ihren Erstgesprächen mit prospektiven Mitarbeitern feststellen könnten, ob die Bewerber zum Ausbrennen neigen; sie fragten auch, ob wir einen schriftlichen Test liefern könnten, der Voraussagen erlaubt, wer ausbrennen wird, und wann. Unsere Antwort auf diese Frage war immer die gleiche, daß wir nämlich selbst dann von der Anwendung eines derartigen Tests abraten würden, wenn es einen gäbe.

Der geneigte Leser kennt unsere Gründe für diese Antwort bereits: Gerade jene Menschen sind für Ausbrennen anfällig, die als engagierte Idealisten die potentiell wertvollsten Mitarbeiter einer Organisation sind. Dieses Potential sehr wertvoller Arbeitskräfte bliebe den Organisationen durch ein derartiges Auswahlverfahren vorenthalten. Wir würden, hätten wir eine Organisation zu leiten, unter den Bewerbern diejenigen mit dem größten Idealismus, dem größten Engagement und dem größten Interesse auswählen und uns dann sehr bemühen, eine Umgebung zu schaffen, die das Ausbrennen auf ein Mindestmaß beschränkt. Dieser Vorschlag wird indirekt durch Untersuchungsergebnisse unterstützt: Ein Großteil der durch Ausbrennen verursachten Fluktuation erfolgt freiwillig (d.h. die Angestellten kündigen), während schlechte Auswahl der Mitarbeiter zu unfreiwilligem Stellenwechsel führt (d.h. die Angestellten werden entlassen).[20] Da das Ausbrennen und der Überdruß zu großen Teilen unvermeidliche Funktionen von Systemmerkmalen sind, versprechen auf die Merkmale der Organisation gerichtete Gegenmaßnahmen mehr Erfolg als Methoden der Auswahl von Mitarbeitern.

Ausbildung

Jede höhere Berufsausbildung könnte ein spezielles Training einbeziehen, das darauf abzielt, Ausbrennen und Überdruß so weit wie möglich zu verhindern. Viele Menschen wählen anspruchsvolle Ausbildungen, weil sie nach „Selbsterfüllung" streben. Sie beginnen ihre Berufslaufbahn mit hohen Erwartungen an das Selbst und die Arbeit und brennen in kurzer Zeit aus. Solche Erwartungen werden in den höheren Ausbildungsgängen im allgemeinen gefördert, in denen betont wird, daß Selbstausdruck und Glaubwürdigkeit notwendig und das Experimentieren und das Neuartige, Aufregende, wertvoll sind. Wenn diese Menschen später feststellen müssen, daß sie nach all ihrer Ausbildung als kleine Teile einer bürokratischen Maschinerie arbeiten oder daß ihre Karriere ereignislos verläuft, finden sie sich in ihren Erwartungen enttäuscht. Unserer Meinung nach ist es überaus wichtig, daß die Studenten in der Ausbildung für Sozialberufe auf alle Arten von Streß, die sie in ihrem Berufsleben erwarten, vorbereitet und ihnen realistische und ausgewogene Vorstellungen über ihre zukünftigen Beziehungen zu Klienten vermittelt werden. Sie sollten lernen, die Gefahrenzeichen drohenden Ausbrennens bei sich selbst und den Menschen in ihrer Umgebung zu erkennen, und wissen, wie sie sich in Streßsituationen helfen können. Auch für die Arbeit in Bürokratien halten wir ein entsprechendes vorbereitendes Training für wichtig.

Auch die Ausbildung für andere gehobene Berufsgruppen sollte durch gezieltes Training auf den Umgang mit geistigem und körperlichem Streß vorbereiten. Wenn diese Vorbereitung versäumt wird, fällt diese Verantwortung der Organisation zu. Neue Mitarbeiter können in angepaßten Trainingsprogrammen über den berufsbedingten Streß, die Gefahrenzeichen von Ausbrennen und Überdruß und mögliche Bewältigungsstrategien informiert werden. Ebenso können auch die Anforderungen im Beruf klar dargestellt werden; dann kann sich zurückziehen, wer sich solcher Beanspruchung nicht gewachsen fühlt.

Auch die Weiterbildung neben und während der Berufstätigkeit ist eine Hilfe. Erholungsmöglichkeiten, Besprechungen und Diskussionsgruppen reduzieren Ausbrennen und Überdruß. Die Weiterbildungskurse sorgen für Unterbrechung der Arbeitsroutine und geben den Angestellten die Möglichkeit, ihre arbeitsbedingten Belastungen zu überprüfen, ihre Ziele klar darzustellen und mögliche, aber bislang ungenutzte Bewältigungsmethoden zu überdenken.

Durch Weiterbildung können die Angestellten Fähigkeiten fördern, die direkt mit ihrer Arbeit zusammenhängen. Das können Kenntnisse über Büroarbeiten oder Computerbedienung sein, diagnostische Fertigkeiten oder Interviewmethoden. Erfolgreiche Ausbildungsprogramme und unterstützende Anleitung sind zwei mögliche Methoden zur Vermittlung von Kenntnissen und Fertigkeiten dieser Art.

Positive Arbeitsbedingungen

Zwischen berufsbedingten Belastungen – wie Lärm, unbehaglichen Arbeitsräumen, Verunreinigungen und extremen Temperaturen am Arbeitsplatz – und Überdruß besteht ein deutlicher Zusammenhang: Je mehr Belastungen, desto mehr Überdruß.[21] In Umgebungen, die den Bedürfnissen und Vorlieben der Angestellten entsprechend entworfen sind, entwickelt sich weit weniger Überdruß als in Umgebungen, die diese Vorzüge nicht haben. Angestellte, die gezwungen sind, sich in unzulänglichen oder lärmerfüllten Diensträumen auf Therapien zu konzentrieren oder Interviews durchzuführen, fühlen sich häufig frustriert. Viele erwähnten ruhige und geschmackvolle Umgebungen ausdrücklich als positive Züge der Arbeitsumgebung; sie sahen in diesen Bedingungen einen Ausdruck des Interesses ihrer Organisation am psychischen Wohlergehen der Mitarbeiter. Albert Mehrabian, Professor der Psychologie an der Universität von Kalifornien in Los Angeles, weist darauf hin, daß nicht jede Umgebung für jedermann gleich gut ist:[22] Daß alle Menschen in der gleichen Umgebung leben und arbeiten sei genausowenig zu verlangen wie das Tragen gleicher Schuhgrößen. Arbeits- und Wohnräume sollten den Bedürfnissen und Vorlieben der Individuen soweit wie möglich entsprechen und so persönlich wie möglich gestaltet werden.

Die Qualität der Arbeitsbedingungen wird auch durch das Ausmaß bürokratischer Einmischung beeinflußt; administrative Auflagen wie Schreibarbeit, Überformalisierung oder Kommunikationsprobleme beeinträchtigen das Arbeitsklima und hindern die einzelnen Mitarbeiter am Erreichen ihrer Ziele. Zwischen derartigen bürokratischen Behinderungen und administrativen Belästigungen einerseits und Überdruß andererseits war ein deutlicher Zusammenhang festzustellen.[23] Die Organisationen können versuchen, umgebungsbedingte Belastungen abzubauen und die materiellen Arbeitsbedingungen so erfreulich wie möglich zu gestalten. Eine wohldurchdachte Innenarchitektur zum Beispiel schafft ungestörte Arbeitsplätze und verringert den Lärm; indirekte Beleuchtung, angenehme Farben und Zimmerpflanzen schaffen eine angenehme Atmosphäre. Man kann den Angestellten auch ganz einfach erlauben, ihre Arbeitsräume selbst zu gestalten. Auch die Beseitigung bürokratischer Hürden wie komplizierter Formulare, verworrener Kommunikationswege und unnötig komplizierter Verfahren kann den Überdruß bekämpfen.

Als sinnvoll empfundene Arbeit

Menschen, die den Abschluß ihrer Arbeit nicht miterleben, fällt es schwer, an den eigenen Einfluß und an die eigene Bedeutung zu glauben. Angehörige helfender Berufe, die etwa nur Interviews aufnehmen, sind den Therapeuten gegenüber im Nachteil, die beobachten können, wie ihre Klienten sich verändern. Fabrikarbeiter, die Stoßstangen an Autos montieren, sind im Nachteil gegenüber einem Team, das ganze Autos zusammenbaut. Dieses Gefühl der Arbeitsvollendung fehlt leider vielen Fließbandarbeitern, und es fehlt auch den Menschen in helfenden Berufen, die mit chronisch kranken oder unveränderlich bedürftigen Leuten zu tun haben.

Gerade Angestellten in solchen Positionen sollte ihr Betrieb zu einem Gefühl der Arbeitsvollendung verhelfen. R. E. Walton, der über Maßnahmen gegen diese Form der Arbeitsentfremdung schreibt, berichtet über erfolgreiche Interventionen des Managements der Firma *General Foods* in Topeka, Kansas:[24] Die kollektive Verantwortung für große Abschnitte der Herstellungsprozesse in der Fabrik wurde autonomen Gruppen übertragen. Die Arbeiter teilten sich in viele verschiedene Aufgaben, was ihr Berufsleben sehr bereicherte.

Organisationen haben verschiedene Möglichkeiten, dieses Gefühl der Arbeitsvollendung zu vermitteln: Sie können klar umrissene Ziele setzen und periodisch kontrollieren, ob diese von den einzelnen Mitarbeitern oder dem gesamten Stab erreicht wurden. Diese Ziele können organisationsinterner oder allgemeinerer Art sein, wie etwa ein optimaler Dienst an der Öffentlichkeit oder fachliche Spitzenleistungen.

Auch durch systematische Rückmeldungen kann die Organisation ihren Mitarbeitern zu dem Gefühl verhelfen, daß sie wichtige Arbeit leisten. Rückmeldungen und konstruktive Kritik seitens der Vorgesetzten sollten klar gefaßt sein und sich auf erreichbare Verbesserungen beziehen. Kommunikationen dieser Art geben den einzelnen Mitarbeitern die Möglichkeit, ihre Arbeit qualitativ zu verbessern. Wenn das gelingt, fühlen sie sich wichtiger und erfolgreicher; überdies heben Rückmeldungen und konstruktive Kritik die Arbeitsmoral der gesamten Organisation.

Das individuelle Gefühl der Bedeutung der Mitarbeiter kann auch durch Belohnungen gesteuert werden, die der Betrieb bietet. Zu diesen Belohnungen gehören die Entlohnung und äußere Vorteile wie Vorrechte, Sicherheit und Aufstiegsmöglichkeiten sowie innere Vorteile wie Wertschätzung und Anerkennung. Man weiß, daß zwischen einem Mangel an Belohnungen und Überdruß ein direkter, errechenbarer Zusammenhang besteht.[25] Organisationspsychologen haben festgestellt, daß die Bereicherung des Arbeitslebens die Motivation der Mitarbeiter steigert und ihnen die Möglichkeit zu psychischem Wachstum bietet.[26]

Alle Organisationen sollten diese menschlichen Bedürfnisse nach Belohnungen, Anerkennung und Bedeutung kennen. Wenn sie diesen Bedürfnissen entgegenkommen, können sie ihren Angestellten zu Gefühlen verhelfen, die wirkungsvolle Puffer gegen Ausbrennen und Überdruß sind.

Anmerkungen

1 C. Maslach and A. Pines, „The Burnout Syndrome in the Day Care Setting". *Child Care Quarterly* 6, no. 2 (Sommer 1977), S. 100—113.

2 Eine detaillierte Darstellung dicser Studie findet sich in A. Pines und C. Maslach, „Combating Staff Burnout in a Day Care Center: A Care Study". *Child Care Quarterly* 9, no. 1 (1980), S. 5—16.

3 Diese Untersuchung wurde in Zusammenarbeit mit Steve Weinberg und dem *Managerial Training Program* an der Universität von Alabama ausgeführt. Die Durchschnittswerte für Überdruß lagen zwischen x = 2.9 und x = 3.4 (p < .0004).

4 E. Eldar, „Burnout in Hospital Nurses and Its Association with Objective Measures of Departments Characteristics." Diplomarbeit für den Grad eines M. Sc.

für Management Sciences, Organizational Behavior, eingereicht bei der Fakultät für Management, Tel Aviv, Israel. Eines der Ziele dieser Untersuchung war eine detaillierte Beobachtungsanalyse zur Erklärung dieser verschiedenen Muster.

5 Maslach and Pines, „Burnout Syndrome".

6 A. Pines and C. Maslach, „Characteristics of Staff Burnout in Mental Health Settings". *Hospital and Community Psychiatry* 29, no. 4 (1978), S. 233—237.

7 Mitzi Duxbury, Professor für Krankenpflege an der Universität von Minnesota, hat zum Beispiel die Beziehungen zwischen Ausbrennen und Fluktuation in perinatalen Krankenhausabteilungen für die ganzen Vereinigten Staaten dokumentiert. John W. Jones, ein Psychologe an der De Paul University in Chicago, Illinois, fand eine signifikante Beziehung zwischen Ausbrennen und Meßwerten für Fluktuation, Abwesenheit vom Arbeitsplatz, Verspätungen, Disziplin und Alkoholverbrauch.

8 In einer Untersuchung von 205 Angehörigen gehobener Berufsgruppen ergab sich zwischen Überdruß und der Möglichkeit von „Zeit zum Ausspannen" eine Korrelation von r = —.18 (p < .05). Für 85 Studenten war die Korrelation r = —.35 (p < .05).

9 Maslach and Pines, „Burnout Syndrome".

10 Pines and Maslach, „Characteristics of Staff Burnout".

11 Ibid.; Maslach and Pines, „Burnout Syndrome".

12 Maslach and Pines, „Burnout Syndrome".

13 H. J. Freudenberger, „The Staff Burnout Syndrome in Alternative Institutions". *Psychotherapy: Therapy Research and Practice 12 II* (Frühjahr 1975): 72—83.

14 Pines and Maslach, „Characteristics of Staff Burnout".

15 A. Pines and D. Kafry, „Occupational Tedium in a Social Service Organization" (Research Report, Berkeley, Calif., 1979). Die mittleren Überdrußwerte waren für die Behandlung von Problemfällen 5.1, für Öffentlichkeitsinformation 3.1, für die Überprüfung von Fällen 3.1, für sachliche Anleitung 2.7, für Büroarbeiten 2.2.

16 A. M. Block, „Combat Neurosis in Inner City Schools". Vortrag anläßlich des 130. Jahrestreffens der *American Psychiatric Association*, Mai 1977.

17 E. Walster and E. Aronson, „The Effect of Expectancy of Task Duration on the Experience of Fatigue". *Journal of Experimental Social Psychology* 3 (1967): 41—46.

18 Maslach and Pines, „Burnout Syndrome"; Pines and Maslach, „Characteristics of Staff Burnout".

19 Zum Beispiel R. Khan, „Job Burnout, Prevention and Remedies". *Public Welfare*, Frühjahr 1978, S. 61—63.

20 Persönliche Mitteilung von Mitzi Duxbury; R. van der Mewe and S. Miller, „The Measurement of Turnover". In *Labor Turnover and Retention*, ed. B. O. Pettman (New York: Wiley 1975), S. 3—30.

21 In einer Untersuchung von 205 Angehörigen gehobener Berufsgruppen ergab sich zwischen Überdruß und umweltbedingten Belastungen im Beruf eine Korrelation von r = .27 (p < .001), zwischen Überdruß und angenehmer Arbeitsumgebung dagegen eine solche von r = −.29 (p < .001).

22 A. Mehrabian, *Public Spaces Private Places* (New York: Basic Books, 1976).

23 In einer Untersuchung über 205 Angehörige gehobener Berufsgruppen ergaben sich sowohl zwischen Überdruß und bürokratischer Einmischung wie zwischen Überdruß und administrativen Querelen Korrelationen von r = .20 (p < .05).

24 R. E. Walton, „Alienation and Innovation in the Work Place", in *Work and the Quality of Life*. Ed. J. O'Toole (Cambridge, Mass.: MIT Press, 1974), S. 227—245.

25 In der in Anm. 21 und 23 erwähnten Untersuchung ergab sich zwischen Überdruß und angemessener Belohnung eine Korrelation von r = —.33 (p < .001).

26 F. Herzberg, *Work and the Nature of Man* (Cleveland: World Publishing, 1966).

7. Kapitel:
Soziale Unterstützungssysteme

„Kein Mensch ist eine Insel, ganz für sich selbst, wir alle gehören zu einem Kontinent", schrieb John Donne im sechzehnten Jahrhundert. Auch die Psychologen wissen seit langem, daß der Mensch ein *animal sociale* ist, daß die Bedürfnisse der Menschen nach Nähe und Gegenseitigkeit wesentliche Züge ihrer menschlichen Natur sind. Ein Kind könnte nicht lange überleben, wenn die Familie es nicht versorgen und ernähren würde — das wissen wir alle. Aber auch für erwachsene Menschen ist die Zugehörigkeit zu einem sozialen System lebenswichtig. Soziale Faktoren können Ausbrennen und Überdruß verursachen oder verhindern; der Einfluß dieser Faktoren auf das Ausbrennen ist das Hauptthema dieses Kapitels.

Soziale Systeme

Kurt Lewin, einer der Klassiker der Sozialpsychologie, hat sozialen Faktoren wie der Gruppenzugehörigkeit großen Einfluß auf beinahe alle Arten des Verhaltens zugeschrieben. Die Ziele, die Menschen sich setzen, werden von den sozialen Normen der Gruppen beeinflußt, denen sie angehören und angehören möchten.[1] Nach Lewin ist das Individuum gewöhnlich Mitglied mehrerer überlappender Gruppen. Man kann zum Beispiel einer Berufsgruppe, einer politischen Partei und einem Verein angehören. Das Verhalten einer Person wird von verschiedenen Gruppen in unterschiedlichem Ausmaß beeinflußt. Einem Menschen mag Geschäft wichtiger sein als Politik, einem anderen die politische Partei am meisten bedeuten. Auch zu verschiedenen Zeiten ist der Einfluß verschiedener Gruppen unterschiedlich: Daheim wird man stärker von der Familie beeinflußt als am Arbeitsplatz. Die Gruppe, der ein Mensch angehört, ist eines der wichtigsten Elemente des „Bodens unter seinen Füßen": „Die Schnelligkeit und Entschlossenheit, mit der ein Mensch handelt, seine Beweggründe, zu kämpfen oder sich zu unterwerfen, und andere wichtige Merkmale seines Verhaltens hängen davon ab, wie fest der Grund ist, auf dem er steht."[2]

Mark Pilisuk von der Universität von Kalifornien schreibt: „. . . während des Hauptteils der Menschheitsgeschichte bestand die Gruppe, der ein Mensch für sein ganzes Leben angehörte, aus 15 bis 150 Leuten."[3]

Die meisten Menschen gehören einer Familie als Kinder an, einer anderen als Ehepartner und Eltern. In weiteren Familien sind sie Enkelkinder, Großeltern, angeheiratete Verwandte, Tanten, Onkel, Nichten oder Neffen. Manche Leute bewahren Freundschaften aus ihrer Kindheit auch als Erwachsene. Andere wechseln ihre Freunde häufig und entwikkeln Beziehungen zu Leuten, die in der Nähe wohnen oder gleiche Interessen haben. Manche Nachbarn und Gruppenmitglieder werden zu engen Freunden, andere bleiben „Bekannte". Außer in der Familie, im Freundeskreis und im Gemeinwesen gehören die Menschen auch in ihren Berufen sozialen Systemen an. Zu diesen Systemen gehören Vorgesetzte, Untergebene, gleichgestellte Kollegen und Klienten, aber auch Kollegen an anderen Arbeitsplätzen und in anderen Gruppen.

In jedem der Systeme, denen man angehört, stellen sich Anforderungen, die aus der in diesem System eingenommenen Rolle entstehen. Von einem „Vater", einer „Frau" oder einem „Geschäftspartner" erwartet man bestimmte Dinge. Wer diese Anforderungen nicht erfüllt, kann Hohn oder Kritik hervorrufen. Extreme Fälle von Verstößen können zu Scheidung, Entlassung oder gerichtlichen Strafen führen. Aus jedem dieser Systeme entstehen eine Reihe allgemeiner und eine Reihe bestimmter Arten von Belastungen und Belohnungen.

Angesichts der fundamentalen Wichtigkeit dieser komplizierten sozialen Netzwerke und der mit ihnen verbundenen Belohnungen und Anforderungen kann nicht überraschen, daß einerseits unvereinbare Anforderungen verschiedener Systeme oder die Doppeldeutigkeit solcher Anforderungen eine der Hauptursachen des Ausbrennens sind, und daß andererseits die effiziente und kreative Nutzung eines sozialen Unterstützungssystems eines der wirkungsvollsten Mittel zur Bewältigung des Ausbrennens ist.

Wie identifiziert man die Belastungen, die in einem sozialen System entstehen?

Unserer Erfahrung nach ist es für jeden Menschen sehr wichtig, genau zu wissen, welche Anteile seiner Zeit die verschiedenen sozialen Systeme, denen er angehört, beanspruchen. In unseren Arbeitsgruppen haben wir die Teilnehmer gebeten, eine Liste der für sie wichtigsten sozialen Systeme aufzustellen (engere und weitere Familie, Beruf, etc.), und dann die Anforderungen aufzuzählen, die von jedem der aufgeführten Systeme ausgehen. Philip, zum Beispiel, lehrt Biologie an der Universität. Er ist 34 Jahre alt und hat drei kleine Kinder. Ihm erschien sein Beruf als der anforderungsreichste Bereich seines Lebens. Seine Liste enthält:

1. viel eigene Forschung
2. entsprechende Veröffentlichungen
3. Forschungsausbildung für graduierte Studenten
4. anregende und nicht langweilige Vorlesungen für nicht graduierte Studenten
5. Beratung Dutzender von Studenten in Fragen des Studiengangs und der Berufslaufbahn
6. ein Mensch zu sein, an den Kollegen sich um Hilfe wenden können
7. Teilnahme an zahlreichen Komitees seiner Universität (in denen er die anderen Komiteemitglieder durch brillante Ideen und Formulierungen beeindrucken möchte)
8. bei den Fakultätsgeselligkeiten „Leben in die Gesellschaft" zu bringen
9. älteren Kollegen in Gesprächen durch „nebenbei" eingestreute Bemerkungen über Poesie und Literatur beizubringen, wie vielseitig er ist

Wenn man eine solche Liste von Anforderungen aufstellt und überprüft, kann man besser erkennen, in welchem Maß diese Anforderungen wesentlich, aktuell, legitim und vernünftig sind. Philip, zum Beispiel, meinte, daß alle diese Dinge wichtig seien und er eine Menge Energie für sie aufwenden müsse, um sich für eine feste Anstellung in seinem Institut zu qualifizieren, was sein vordringlichstes Anliegen war.

Im Vergleich zu dieser Liste scheinen die von seiner Kernfamilie ausgehenden Anforderungen überaus leicht. Natürlich muß er den Lebensunterhalt seiner Frau und seiner Kinder verdienen; er bleibt auch einen Nachmittag wöchentlich bei seinen Kindern zu Hause, damit seine Frau einen Keramikkurs besuchen kann. Er beteiligt sich an der Erziehung der Kinder, erzählt ihnen öfter Geschichten vor dem Einschlafen, macht gelegentlich Wochenendausflüge mit ihnen, und so weiter.

Interessant ist, daß Philip die vergleichsweise bescheidenen Anforderungen von seiten seiner Familie nicht so bereitwillig erbrachte wie die unvergleichlich größeren, die sich seiner Ansicht nach aus seinem Beruf ergaben. Dabei glaubte er, daß seine Familie für ihn wichtiger wäre als sein Beruf. Philip lernte also aus seiner Liste, daß er seine Familie benachteiligte. Auch wurde ihm bei sorgfältiger und ehrlicher Durchsicht seiner Liste klar, daß viele der Anforderungen, die er der Universität zugeschrieben hatte, in Wirklichkeit selbstgestellte waren. Mit anderen Worten: Bei genauer Betrachtung sah er ein, daß er an sich selbst als Lehrer, Forscher und Kollege Forderungen stellte, welche die von der Universität gestellten bei weitem übertrafen, und daß er die für diese Anforderungen aufgewendete Zeit und Energie vielleicht produktiver auf andere Systeme verwenden könnte, die ihm nach seinen eigenen Wertvorstellungen mehr bedeuteten.

Wir empfehlen dem Leser, selbst derartige Listen zusammenzustellen und genau zu überprüfen. Wir sagten schon, daß geklärt werden muß, welche Anforderungen von einem bestimmten sozialen System ausgehen und welche selbst gestellt sind. Nehmen wir an, eine Mutter freut sich, wenn ihr Sohn ab und zu anruft; der Sohn dagegen verlangt von sich selbst drei Anrufe pro Woche. Nach einer Weile mag ihm scheinen, als käme das Diktum „dreimal wöchentlich" von seiner Mutter — bis er genau nachdenkt und feststellt, daß es sein eigenes ist. Auch zwischen tatsächlich bestehenden Anforderungen und der eigenen Interpretation dieser Anforderungen ist zu unterscheiden. Gelegentlich kann man diese Unterscheidung sogar testen: Philip, zum Beispiel, könnte weniger Studenten beraten und sich weniger Ausschüssen zur Verfügung stellen; dann wäre abzuwarten, ob es zu ernst zu nehmenden Rückwirkungen kommt.

Aus sozialen Systemen entstehen aber keineswegs nur Anforderungen, sondern auch einige der allerwichtigsten Belohnungen. Eine davon, und eine Hauptfunktion sozialer Systeme, ist mitmenschliche Unterstützung.

Soziale Unterstützungssysteme

Sydney Cobb, M. D., Brown University, definiert *soziale Unterstützung* als *Botschaft*, die dem Empfänger das Gefühl verleiht, daß er beachtet und geliebt, geschätzt und für einen wertvollen Menschen gehalten wird und daß er an einem Netzwerk von Kommunikationen und wechselseitigen Verpflichtungen teilhat.[4] Cobb referiert zahlreiche Untersuchungen, die dokumentieren, wie man sich gegen die gesundheitlichen Folgen von Streß schützen kann, indem man im täglichen Umgang mit anderen Menschen Unterstützung annimmt und gibt. Sein Überblick zeigt auch, daß soziale Unterstützung Schutz und Hilfe für Menschen in kritischen

Lebensphasen bedeuten kann, ob es sich um geringes Geburtsgewicht oder das Sterben, um Arthritis, Tuberkulose, Depressionen, Alkoholismus oder sozialen Zusammenbruch handelt. Durch soziale Unterstützung kann das Maß gegebenenfalls erforderlicher Medikation vermindert und die Besserung beschleunigt werden. Auch in den vielfältigen Übergangssituationen des menschlichen Lebens von der Geburt bis zum Sterben bedeutet soziale Unterstützung Schutz; das ist durch viele Forschungsergebnisse belegt.

Gerald Caplan, der sich eingehend mtit sozialen Unterstützungssystemen befaßt hat, definiert sie als dauerhafte zwischenmenschliche Beziehungen zu Kreisen von Personen, von denen man in Notfällen emotionalen Halt und praktische Hilfe verläßlich erwarten kann, von denen man Rückmeldungen bekommt und mit denen man Standards und Werte teilt.[5] In der Praxis bestehen diese Unterstützungssysteme ganz einfach aus den Menschen, auf die man sich in guten und in schlechten Zeiten stützen und denen man Gefühle ohne Angst vor Mißbilligung mitteilen kann. Der emotionale Halt, den diese unterstützenden Anderen bieten, aktiviert auch die eigenen psychischen Reserven und hilft so bei der Bewältigung emotionaler Probleme. Außerdem fördern die von anderen Menschen zur Verfügung gestellten praktischen und finanziellen Hilfen, Informationen und geistige Hilfestellung die individuellen Fähigkeiten zur Bewältigung von Streßsituationen. Nach Caplan gehört man im Idealfall mehreren unterstützenden Gruppen an: zu Hause und am Arbeitsplatz, in der Religionsgemeinschaft und an anderen Orten, wo man sich erholt oder mit Liebhabereien beschäftigt. Soziale Unterstützungssysteme dienen als Puffer, die das psychische Wohlergehen des Individuums bewahren helfen.

Aus unseren Untersuchungen wissen wir, daß Ausbrennen und Überdruß mit Hilfe sozialer Unterstützungssysteme wirkungsvoll bekämpft werden können. Wir wissen aber auch, daß die meistens Menschen potentiell verfügbare soziale Unterstützungssysteme gar nicht voll ausnützen; sie verzichten vielmehr leichtfertig auf diese wertvolle Hilfe, weil ihnen nicht klar ist, welche Bedeutung ihr zukommt, welche Funktionen sie hat und wie man sie einsetzen kann.

Die Funktionen eines sozialen Unterstützungssystems

Soziale Unterstützungssysteme erfüllen vielerlei Funktionen. Wir fanden es nützlich, diese verschiedenen Funktionen in sechs Grundkategorien zu ordnen: Zuhören, sachliche Unterstützung, sachliche Herausforderung, emotionale Unterstützung, emotionale Herausforderung, und das Angebot sozialer Realität. Wer in seiner Umgebung Menschen antrifft, die alle diese Funktionen wahrnehmen, ist gut gegen das Ausbrennen geschützt und auf gutem Weg, den Streß im Berufs- und Privatleben abzubauen.

Es ist überaus wichtig, daß man die verschiedenen Funktionen sozialer Unterstützung kennt und unterscheiden lernt. Menschen in Situationen, in denen es häufig zum Ausbrennen kommt, haben oft das unbestimmte Gefühl, nicht genügend soziale Unterstützung zu erhalten. Das führt oft zu allgemeiner Enttäuschung gegenüber den Nächststehenden (zum Beispiel der Ehefrau oder dem Ehemann), *selbst wenn die spezifische Art der notwendigen Unterstützung gar nicht zu deren üblichen Rollen gehört*. Enttäuschung, weil ein Mensch Unterstützung in einer Form, die man vernünftigerweise nicht von ihm erwarten kann, nicht bietet, ist natürlich ungerecht. Worin diese Ungerechtigkeit besteht, wird aus der folgenden Darstellung der verschiedenen Funktionen sozialer Unterstützung hervorgehen. Für den Augenblick mag die Feststellung genügen, daß unsere Aufzählung von sechs Funktionen weder eine rein akademische Übung ist noch einfach eine Methode, ein Problem in Begriffe zu fassen. Diese Kategorien sind direkt praktisch anzuwenden; man muß lernen, diese Funktionen zu unterscheiden, um erkennen zu können, welche erfüllt werden und welche nicht. Überdies kann man, sobald man diese Unterscheidung einmal erlernt hat, realistisch beurteilen, welche Menschen in der Umgebung geeignet sind, die bisher nicht erfüllten Funktionen wahrzunehmen.

Zuhören

Alle Menschen brauchen gelegentlich andere, die ihnen *aktiv* zuhören, ohne Ratschläge anzubieten oder Urteile abzugeben. Menschen brauchen Menschen, mit denen sie die Freuden ihrer Erfolge ebenso teilen können wie den Kummer und die Enttäuschung über ihre Mißerfolge. Sie brauchen jemanden, mit dem sie ihre Konflikte und auch triviale alltägliche Ereignisse teilen können. Wer in einem streßreichen Beruf arbeitet, muß gelegentlich Dampf ablassen. Ein guter aktiver Zuhörer hört mit Verständnis und Sympathie zu. Ein schlechter Zuhörer kann verschiedene Fehler machen. Nehmen wir einmal an, der Lehrer einer neunten Klasse an einer Ghetto-Schule beklagt sich nach einer schwierigen Auseinandersetzung mit einem Schüler über dessen Starrsinn und Aggressivität. Was dieser Lehrer braucht ist ein Mensch, der ihm aufmerksam zuhört und Interesse, Verständnis, vielleicht sogar Sympathie für seine Situation zeigt. Was er dagegen *nicht* braucht, ist jemand, der sofort mit Ratschlägen zur Hand ist oder seine Geschichte übertrumpft (also etwa sagt: „Das hältst Du für schlimm? Hör Dir an, was einer meiner Schüler . . .“). Ebensowenig braucht dieser Lehrer einen Zuhörer, der nicht begreift, daß er sich einfach aussprechen muß, um Dampf abzulassen, oder der glaubt, er sei nicht aufrichtig bemüht, seine Schüler zu verstehen. Es ist also nicht ganz so leicht, einen guten aktiven Zuhörer zu finden (oder abzugeben), wie man meinen sollte; die meisten Menschen in unserer Umgebung sind eher geneigt, Ratschläge zu geben oder Urteile zu äußern, als einfach zuzuhören. In solchen Situationen aber wird das Ausbrennen durch Ratschläge, Urteile oder „noch ärgere" Geschichten gefördert.

Sachliche Anerkennung

Alle Menschen brauchen sachliche Anerkennung der Arbeit, die sie tun; wer gute Arbeit tut, hat das Bedürfnis, diese Arbeit auch anerkannt zu wissen. Will jemand einem anderen Menschen sachliche Anerkennung und Bestätigung seiner Kompetenz zukommen lassen, muß er zwei Kriterien genügen: Sie oder er muß das betreffende Fachgebiet genau kennen und durch Ehrlichkeit und Integrität Vertrauen einflößen. Mit anderen Worten: Diese Person muß die Komplexität der Aufgabe verstehen und den Mut haben, aufrichtige Rückmeldungen zu geben, damit diese Unterstützung als aufrichtig akzeptiert werden kann. Es liegt auf der Hand, daß für die meisten Menschen die Mutter nicht die ideale Person für diese Funktion ist: Mütter sind weder Experten noch hinreichend objektiv, um „überzeugende" positive Aussagen zu machen. Mütter, Ehepartner oder berufsfremde Freunde können uns mit Ermutigung allgemeiner Art unterstützen, die aber vielleicht nicht so viel bedeutet wie die eines Menschen, der die Feinheiten der Arbeitssituation sachlich zu beurteilen versteht. Sachliche Anerkennung ist besonders wirkungsvoll und förderlich, wenn sie von kenntnisreichen Vorgesetzten kommt.

Sachliche Herausforderung

Eine Umgebung, in der man selbst der Experte ist und niemand diese Tatsache anzweifelt, kann recht angenehm sein. Dieses Behagen kann im Fall von Streß besonders hilfreich und willkommen sein. Unglücklicherweise aber kann es zum Ausbrennen kommen, wenn es zu behaglich wird; wenn wir nämlich nicht herausgefordert werden, besteht auf lange

Sicht das Risiko der Stagnation und Langeweile. Ein Komiker, der von Kabarett zu Kabarett zieht, kann immer dieselben Witze erzählen. Solange er immer anderes Publikum hat, mag er mit dieser Routine durchkommen. Es ist jedoch wahrscheinlich, daß das Ausbrennen innerhalb eines Jahres einsetzt. Wenn dieser Komiker dagegen wöchentlich eine Fernsehsendung bestreitet, ist er gezwungen, seine Darbietungen zu variieren, weil er Woche für Woche dasselbe Publikum hat. Das bedeutet zwar mehr Anstrengung, schützt ihn aber vor Stagnation. Das Auftreten im Fernsehen stellt für ihn eine fachliche Herausforderung dar, die ihn zwingt, sein Programm ständig zu wandeln. Diese Herausforderung läßt ihn wachsen.

Der Kontakt mit Kollegen, die ebensoviel oder mehr über Arbeitsaufgaben wissen, bewahrt die Arbeitenden davor, in ihren Bemühungen abzustumpfen oder oberflächlich zu werden. Kritische Kollegen können auch zum Weiterdenken herausfordern und ermutigen uns auf diese Weise, die Kreativität, die Anregung und das Engagement im Beruf zu vermehren. Menschen, die diese Rolle des Herausforderers übernehmen sollen, müssen zwei Eigenschaften aufweisen: sie müssen im Beruf gut genug sein, um Verbesserungsmöglichkeiten ausmachen zu können, und sie müssen vertrauenswürdig sein — das heißt, die Arbeitenden müssen wissen, daß die Kritik der Kollegen nicht abwertend oder als Egobestärkung des Kritikers auf Kosten des Kritisierten zu verstehen ist. Wirklich gute Arbeitskollegen können sich, was sachliche Herausforderung und Anerkennung betrifft, aufeinander verlassen.

Emotionale Unterstützung

Emotionale Unterstützung oder Anerkennung ist eine wichtige Funktion eines wirksamen Unterstützungssystems. „Emotionale Unterstützung" bedeutet, daß Menschen auch dann bereit sind, sich in schwierigen Situationen auf die Seite eines anderen zu stellen, wenn sie nicht vollends mit ihm einverstanden sind. Die meisten Menschen brauchen zumindest gelegentlich Menschen, die zu bedingungsloser Unterstützung bereit sind. In einem streßreichen Beruf kann das sehr wesentlich sein. Es ist genug, wenn es einen Menschen gibt, der einem zur Seite steht; wenn man diese Art der Unterstützung von vier oder fünf Menschen bekommt, ist das wundervoll. Wenn das im Beruf nicht der Fall oder nicht möglich ist, ist es wesentlich, daß diese Unterstützung zu Hause geboten wird. Emotionale Unterstützung kann von den Menschen daheim kommen, von Eltern, Ehepartnern, Freunden. Emotionale Unterstützung erfordert keine Fachkenntnisse: sie erfordert einen Menschen, dem der andere als Mensch wichtiger ist als die besondere Position, die er im Augenblick vertritt, wichtiger als die besondere Arbeitsaufgabe, die er soeben hervorragend oder weniger gut beendet hat, wichtiger selbst als die schlechte Laune, in der er sich vielleicht gerade befindet. Menschen, die unter Streß leiden, wissen diejenigen zu schätzen, die sie zu Hause oder bei der Arbeit ohne Rücksicht auf Verluste unterstützen.

Emotionale Herausforderung

Man kann sich vormachen, daß man sein Bestes gibt, wenn das gar nicht zutrifft. Es ist tröstlich, sich selbst zu überzeugen, daß man alle Möglichkeiten erwogen hat, was auch nicht zutrifft. Zuweilen ist es leichter, die Verantwortung für auftretende Probleme oder Krisen anderen zuzuschieben als selbst zu übernehmen. Diese Abwehrmechanismen sind manchmal nützlich, weil sie verhindern, daß ein Mensch sich selbst extreme emotionale Lasten auferlegt; sie können jedoch, ständig eingesetzt, das emotionale Wachstum blockieren und die Energie lähmen. In solchen Fällen können Freunde helfen, indem sie die vorgebrachten Entschuldigungen in Frage stellen.

Freunde, die diese Funktion erfüllen, fordern den Einzelnen gewöhnlich heraus und hinterfragen seine Meinung, ob er wirklich sein Bestes tut, um seine Ziele zu erreichen und Hindernisse zu überwinden; sie müssen nur fragen: „Bist Du sicher, daß Du genug tust?" Vertrauen ist jedoch auch für diese Funktion Voraussetzung.

Es kommt auch vor, daß Menschen emotional in einer Situation so befangen sind, daß sie nicht mehr rational oder logisch zu denken vermögen. Ihre Probleme müssen jedoch auf rationale Weise gelöst werden. Diese Lösungen mögen durchaus naheliegend sein, aber die Emotionen der Betroffenen verhindern, daß sie gesehen werden. Eine emotionale Herausforderung in solcher Situation erfordert keinerlei Fachkenntnisse, sondern lediglich logisches Denken, um diesem Menschen zu helfen, aus seiner eigenen emotionalen Befangenheit auszubrechen und zu einer rationalen Lösung zu gelangen. Ein Beispiel mag das erläutern.

Einer unserer Freunde, den wir hier Joshua nennen, erzählte uns von einem Besuch seines ehemaligen Zimmergenossen aus der Collegezeit; der Mann war offensichtlich sehr unglücklich, er befand sich in einer ernsten Ehekrise und brauchte Rat. Er war verstört und verwirrt und konnte sich weder für noch gegen eine Scheidung entscheiden. Joshua sah sich in einer schwierigen Lage. Er mochte seinen alten Schulfreund gern, hatte ihn aber in den letzten zehn Jahren nur selten gesehen. Dessen

Frau kannte er so gut wie gar nicht, er konnte also sicher nicht als Kenner der ehelichen Situation seines Freundes gelten. Emotionale Herausforderung lag jedoch durchaus innerhalb seiner Kompetenz. Während er seinem Freund zuhörte, erkannte er, daß dieser vor allem unter bestimmten Verhaltensweisen seiner Frau litt, die er nicht akzeptieren konnte, an denen sie jedoch hartnäckig festhielt. Joshua stellte zwei Fragen: Bestand die Wahrscheinlichkeit, daß die Frau seines Freundes ihr Verhalten ändern würde? Und gab es eine Möglichkeit, daß dieser lernen könnte, ihr Verhalten zu tolerieren? Die Antwort auf beide Fragen war ein klares Nein. Joshua sagte nichts weiter und sah seinen Freund an. Dem wurde in diesen Sekunden klar, was er zu tun hatte. Sachliche Beratung war hier nicht vonnöten. Joshua mußte seinem Freund nur helfen, die logischen Folgerungen zu sehen, die aus den Grundzügen der Situation abzuleiten waren.

Geteilte soziale Realität

Die sechste Unterstützungsfunktion umfaßt die Prüfung und Gemeinsamkeit der sozialen Realität. Wir müssen hier zwischen der physikalisch-materiellen und der sozialen Realität unterscheiden. Physikalisch-materielle Realität ist zum Beispiel Regen, der uns zum Regenschirm oder zum Regenmantel greifen läßt. Soziale Realität ist unbestimmter und nicht so leicht faßbar; Freunde können einander helfen, diese Realität zu deuten und sich zu vernünftigen Handlungsweisen zu entschließen. Diese Funktion muß zum Beispiel erfüllt werden, wenn ein Mensch glaubt, nicht mehr beurteilen zu können, was um ihn herum vorgeht. Stellen Sie sich vor, Sie sitzen in einer Konferenz und hören einem Vortrag zu, der Unsinn ist. Sie glauben vielleicht, daß alle anderen Anwesenden interessiert zuhören. Sie denken vielleicht, Sie wären nicht bei Sinnen, Sie wären der einzige, der nicht fasziniert ist. Wenn jedoch eine Person anwesend ist, auf deren Urteil Sie bauen, brauchen Sie nur hinzusehen: Sie tauschen einen (angewiderten) Blick — und nun können Sie sich entspannen und damit abfinden, daß der Vortragende in der Tat Unsinn redet. Ihre eigenen Wahrnehmungen sind nun nicht mehr in Frage gestellt, obgleich alle anderen Zuhörer einverstanden scheinen oder sich aus unbekannten persönlichen Gründen jeder Meinungsäußerung enthalten. Im allgemeinen genügt in solchen Fällen eine einzige Person, die die eigene Meinung teilt.

In Zeiten, in denen Streß und Verwirrung drohen und man vernünftige Ratschläge braucht, kann ein Mensch mit gleichen Prioritäten, Wertvorstellungen und Ansichten eine große Hilfe bedeuten. Von einem Menschen, mit dem man die soziale Realität teilt, kann man am ehesten vernünftige Vorschläge erwarten.

Es ist klar, daß ein und dieselbe Person mehrere der geschilderten Funktionen erfüllen kann. Daß eine einzige Person sie alle erfüllen kann ist jedoch außerordentlich unwahrscheinlich. Verschiedene Funktionen müssen von verschiedenen Menschen wahrgenommen werden. Die des aktiven Zuhörens kann jedermann erfüllen, ob er Person und Gegenstand kennt oder nicht. Für die Funktionen der emotionalen Unterstützung und Herausforderung braucht man Menschen, die man kennt und denen man vertraut, die aber den Diskussionsgegenstand nicht genau kennen müssen. Für die Funktionen der sachlichen Unterstützung und Herausforderung braucht man Menschen, die die Fachmaterie kennen; sie müssen vertrauenswürdig, aber nicht notwendigerweise Freunde sein. Um als wirklich hilfreicher „Prüfstein der sozialen Realität" fungieren zu können, sollte ein Mensch ähnliche Weltanschauungen und Wertvorstellungen haben wie der Ratsuchende.

Die Unterscheidung der verschiedenen
Unterstützungsfunktionen

Wir haben nun die sechs Grundfunktionen eines sozialen Unterstüzungssystems geschildert. Es mag da Variationen geben, aber wir glauben, daß diese sechs wesentlich sind. Wir sagten schon, daß es wichtig ist, diese Funktionen voneinander zu unterscheiden: Soziale Unterstützung sollte man sich nicht global und ungenau, sondern als eine Kombination unabhängiger Funktionen vorstellen. Die Menschen unserer Umgebung mögen fähig sein, manche dieser Funktionen zu erfüllen, andere dagegen nicht. Manche von uns mögen von der besten Freundin oder dem besten Freund, vom Ehemann oder der Ehefrau erwarten, daß sie oder er alle diese Funktionen wahrnimmt — und dazu ist so gut wie niemand in der Lage. Bedauerlicherweise aber bemühen die meisten Menschen sich nicht (und wenn sie unter Streß stehen, schon gar nicht), die verschiedenen Funktionen eines sozialen Unterstützungssystems zu unterscheiden, und verfallen Gefühlen der Enttäuschung, weil sie meinen, ihnen werde vorenthalten, was sie brauchen. Diese Gefühle werden oft nicht in Worte gefaßt, aber dem Familienleben assoziiert. So kann eine Atmosphäre des Bedauerns und der Enttäuschung entstehen, die Ehe und Familienleben allmählich untergräbt: Das Ergebnis ist Ausbrennen zu Hause.

Es ist ratsam, klar zu überlegen, welche der sechs Unterstützungsfunktionen man von verschiedenen Leuten erwartet und welche Funktionen welchen Menschen angemessen sind. Um sich hier Klarheit zu verschaffen, kann man über zwei oder drei Menschen zu Hause und am Arbeitsplatz, die eine dieser Funktionen erfüllen oder erfüllen könnten, eine Tabelle anlegen (siehe Seite 153). Wenn es da einen Menschen gibt, der eine unterstützende Funktion übernehmen könnte, man aber eine Beziehung zu ihm nur widerstrebend eingehen möchte, müssen die Gründe für diesen Widerstand festgestellt werden. Wenn man zum Beispiel einen Kollegen hat, der einen hervorragenden sachlichen Kritiker abgeben könnte, man aber zögert, sich um kritische Rückmeldungen über die eigenen Ideen an ihn zu wenden, sollte man sehr eingehend nachdenken, warum das so ist. Nur auf diese Weise findet man Wege, diese Blockierung zu überwinden.

In dem Ausmaß, in dem soziale Unterstützungsfunktionen unerfüllt bleiben, besteht die Gefahr des Ausbrennens. In dem Ausmaß, in dem so gut wie keine von ihnen erfüllt wird, ist Ausbrennen in einer streßhaften Situation beinahe unvermeidlich. Die Aufmerksamkeit muß vor allem jenen Bereichen gelten, in denen es an Unterstützung mangelt, jenen Unterstützungsfunktionen, die nicht hinreichend erfüllt sind.

Wir haben Organisationen gesehen, in denen die soziale Umwelt keine Unterstützung schenkt. Die Menschen hören einander nicht zu, bieten wenig sachliche Anerkennung für gute Arbeitsleistungen und äußern statt sachlicher Herausforderung Kritik, die in Absicht und Wirkung destruktiv und verletzend ist. Wir haben einige wenige Arbeitsumgebungen gesehen, in denen die sozialen Unterstützungssysteme wunderbar funktionieren, in denen die Leute einander zuhören, wo gute Arbeit aufrichtige Anerkennung findet und die Menschen einander in ermutigender und produktiver Form herausfordern.

Und was kann man tun, um eine nicht unterstützende Arbeitsumgebung in eine unterstützende zu verwandeln? In manchen Fällen genügt, daß zwei oder drei Menschen beginnen, ihrer Umgebung Anerkennung und Herausforderung anzubieten. Diese wenigen, die so auf die anderen zugehen, fühlen sich gut, weil sie sich so verhalten, und so wirkt ihr Verhalten im allgemeinen ansteckend. Es gibt aber immer wieder auch Menschen, die dringende Bedürfnisse nach Anerkennung oder Herausforderung haben, aber aus Schüchternheit nicht darum zu bitten wagen oder zu sehr in ihren eigenen Bedürfnissen gefangen sind, um zu erkennen, daß ihrerseits angebotene Unterstützung für die anderen in ihrer Umgebung eine Wohltat wäre.

In einem früheren Kapitel haben wir eine Organisation geschildert, in der viele Menschen Überdruß erlebten; einer der Gründe dafür war ein starkes Bedürfnis nach Anerkennung von ranghohen Vorgesetzten. Diese Anerkennung wäre in dieser Organisation nicht ohne erhebliche

Tabelle der sozialen Unterstützungsfunktionen

Die folgenden Fragen sollen Ihnen helfen, die sechs Funktionen eines sozialen Unterstützungssystems zu unterscheiden und voneinander zu trennen. Mit Hilfe dieser Tabelle können Sie einen Überblick gewinnen, welche Menschen in Ihrer Umgebung diese Funktionen für Sie persönlich erfüllen oder erfüllen könnten.

Wie wichtig sind diese verschiedenen Funktionen für Sie persönlich? Bitte bewerten Sie die sechs Funktionen nach der folgenden Skala:

1	2	3	4	5	6	7
gar nicht wichtig			einigermaßen wichtig			überaus wichtig

1. Zuhören ————————————————————————
2. Sachliche Unterstützung ——————————————————
3. Sachliche Herausforderung ——————————————————
4. Emotionale Unterstützung ——————————————————
5. Emotionale Herausforderung ——————————————————
6. Teilen der sozialen Realität ——————————————————

Notieren Sie für jede Funktion, welche Person (oder Personen) diese erfüllt (erfüllen). Geben Sie an, welcher Art Ihre Beziehung zu dieser Person ist (z.B. Ehefrau, Freund, Kollege) und in welchem Grade sie diese Funktion nach der folgenden Skala für Sie erfüllt:

1	2	3	4	5	6	7
erfüllt minimal			erfüllt zu einem gewissen Grad			erfüllt vollkommen

1. Zuhören
2. Sachliche Unterstützung
3. Sachliche Herausforderung
4. Emotionale Unterstützung
5. Emotionale Herausforderung
6. Teilen der sozialen Realität

Veränderungen möglich gewesen. Der Leser erinnert sich, daß unsere Intervention in diesem Falle darauf abzielte, die Leute daran zu gewöhnen, die sachliche Anerkennung und Herausforderung ihrer gleichgestellten Kollegen schätzen zu lernen und zu erwidern.

Ein Versuch, detaillierte Ratschläge über die Schaffung solcher sozialer Unterstützungssysteme zu geben, wäre pure Anmaßung. Das geht nur dann, wenn wir die Situation genau kennen. Wir können jedoch allgemein empfehlen, nach Wegen und Mitteln zu suchen, Unterstützung von den richtigen Kollegen zu erbitten und Unterstützung anzubieten, wo sie nötig scheint. Warum sollten nicht Sie selbst die Person sein, die den Anstoß zur Umwandlung einer nicht unterstützenden Arbeitsumgebung in eine unterstützende gibt?

Soziale Unterstützungssysteme als Puffer gegen Überdruß: Forschungsergebnisse

Wir untersuchten die Pufferwirkung sozialer Unterstützungssysteme gegen Überdruß an einer Gruppe von 290 Studenten und 241 Angehörigen gehobener Berufsgruppen. Diese 531 Versuchspersonen, die zwischen 17 und 87 Jahre alt waren, wurden gebeten, ihre sozialen Beziehungen zu beschreiben: Familie, Beruf, Freunde, Kollegen und Bekannte. Die Erhebung ergab, daß alle sozialen Beziehungen signifikant und negativ mit Überdruß korrelierten, das heißt, die Versuchspersonen erlebten um so weniger Überdruß, je besser ihre sozialen Beziehungen waren. Die höchsten Korrelationen ergaben sich für Kollegen und Freunde.[6] Die Versuchspersonen wurden auch befragt, ob sie sich an jemanden um Rat und Unterstützung wenden könnten, wenn sie zu Hause oder im Beruf in Schwierigkeiten gerieten. Die Verfügbarkeit solcher Hilfe in schwierigen Zeiten korrelierte negativ und signifikant mit Überdruß, das heißt, je mehr Unterstützung die einzelnen genossen, desto geringer war ihr Überdruß.[7] Eine weitere Frage war: „Wie oft fühlen Sie sich einsam?" Die Häufigkeit der Einsamkeitsgefühle korrelierte hoch mit Überdruß, mit schlechten sozialen Beziehungen (besonders zu Freunden) und mit dem Mangel an Unterstützung in schwierigen Zeiten.[8]

Soziale Unterstützungssysteme können als vermittelnde Variablen gesehen werden, die Einzelpersonen als Puffer und Unterstützung in ihrem sozialen Umfeld dienen; diese vermittelnden Variablen mildern die Effekte streßhafter Umgebungsbedingungen und verlangsamen auf diese Weise den Überdruß-Zyklus.

Ein soziales System, das besondere Beachtung verdient, sind die Beziehungen am Arbeitsplatz. Die Art der Beziehung zum Chef, zu Untergebenen und Gleichgestellten kann eine wichtige Streßquelle darstellen; gute Arbeitsbeziehungen zwischen den Mitgliedern einer Gruppe tragen wesentlich zur Gesundheit der Individuen und der Organisation bei.[9] Zufriedenheit am Arbeitsplatz ist beinahe immer auf gute soziale Kontakte zurückzuführen.[10] Eine Umgebung, in der Vertrauen und Anteilnahme bestehen, ist für das Funktionieren der Organisation wichtig, ein wirksames Unterstützungssystem für die Bekämpfung des Ausbrennens wesentlich. Viele Menschen lassen sich jedoch von ihrer täglichen Arbeitsroutine so in Anspruch nehmen, daß sie ihre Beziehungen zu den Kollegen vernachlässigen. Sie nehmen die Bemühungen anderer nur selten zur Kenntnis und lassen es an Lob und Anerkennung fehlen.[11]

Verschiedene Untersuchungen haben gezeigt, daß wirkungsvolle soziale Netzwerke oder Unterstützungssysteme am Arbeitsplatz dem Ausbrennen entgegenwirken.[12] Wenn gute Arbeitsbeziehungen bestanden, wendeten Angestellte, die unter Streß standen, sich häufig um Trost und Rat an andere; sie halfen einander, Spannung abzubauen und sich von problematischen Situationen zu distanzieren oder diese aus einer anderen intellektuellen Perspektive zu sehen, und sie teilten das Gefühl der Verantwortung. In Institutionen, deren Mitarbeiter ihren Gefühlen Ausdruck verleihen, von anderen Rückmeldungen und Unterstützung beziehen und neue Ziele für ihre Klienten entwickeln konnten, erschien das Ausbrennen weniger gravierend als in denjenigen, in denen das nicht möglich war.

In einer Untersuchung über 26 Personen,[13] die mit psychisch Kranken arbeiteten, fanden sich Zusammenhänge zwischen den Arbeitsbeziehungen der Angestellten und ihren Einstellungen zur Arbeit, zur Institution und zu den Patienten. Bei guten Beziehungen der Angestellten untereinander kam es häufiger vor, daß sie über Probleme berieten und positive Einstellungen zur Institution ausdrückten, daß sie Freude an ihrer Arbeit hatten und sich erfolgreich fühlten, als bei schlechten Beziehungen. Bei guten Arbeitsbeziehungen gaben die Angestellten viele „gute Tage" und wenige „schlechte Tage" an.

Auch die Qualität der Beziehungen zwischen Personal und Patienten korrelierte positiv mit den Wahrnehmungen der Angestellten in bezug auf die Institution, die Mitarbeiter, die Arbeit und die Patienten. Wenn diese Interaktion gut war, liebten die Angestellten ihre Arbeit, fanden persönliche Erfüllung darin und fühlten sich erfolgreich. Sie schätzten andere Mitarbeiter mehr und berieten sich häufiger mit ihnen als bei schlechten Beziehungen zwischen Personal und Patienten. Sie beurteilten auch die Institution günstiger, beschrieben die Patienten positiv und fühlten sich beiden zugehörig.

Eine Gruppe von Ergebnissen dieser Untersuchung überraschte: Je häufiger Mitarbeiterbesprechungen stattfanden, um so negativer waren die Einstellungen des Personals zu den Patienten. Angestellte, die häufig an solchen Besprechungen teilnahmen, maßen Fremdinformationen über den Patienten (das heißt solchen, die von seiner Familie oder aus dem psychiatrischen Interview stammten) mehr Bedeutung zu als Informationen, die direkt vom Patienten kamen. Sie gaben der Heilung der Patienten geringere Chancen, und ihre beruflichen Zielsetzungen bezogen sich eher auf ihre Arbeit als auf ihre Patienten oder ihre eigene Person. Diese Angestellten verbrachten ihre Zeit mit ihren Kollegen, um sich von ihren Patienten zu distanzieren, und nicht, um sich bei Problemen gegenseitig zu unterstützen und zu beraten. Derartige soziale Kontakte der Angestellten untereinander, die Kontakte mit den Patienten vermeiden halfen, waren ein verläßliches Anzeichen des Ausbrennens.

In den anderen Berufen der Gesundheitsversorgung und sozialen Dienste dagegen erfüllten die Mitarbeiterbesprechungen mehrere wichtige Funktionen:[14] Sie gaben dem Personal Gelegenheit zu zwanglosem Umgang, zur gegenseitigen Unterstützung, zur Beratung in Problemfällen, zur Klarstellung von Zielen und zur unmittelbaren Einflußnahme auf die Institutionspolitik. In diesen Berufen korrelierte die Häufigkeit der Mitarbeiterbesprechungen negativ mit dem Ausbrennen (das heißt, je mehr Besprechungen, um so weniger Ausbrennen). Nur in den psychiatrischen Einrichtungen war die Korrelation zwischen der Häufigkeit der Besprechungen und dem Ausbrennen positiv (das heißt, je mehr Besprechungen, um so mehr Ausbrennen).

Wir glauben, daß sich dieses Ergebnis dadurch erklären läßt, daß es bei den meisten dieser Mitarbeiterbesprechungen in psychiatrischen Institutionen um Fallvorstellungen ging: Ein Mitarbeiter pflegte einen Patienten als Fall seiner Krankheit zu beschreiben, und zwar in fachlicher Terminologie, die den Patienten mit seiner psychischen Krankheit identifizierte und von den Angestellten distanzierte. In diesen Besprechungen standen die Probleme des Personals nur selten im Mittelpunkt.

Mitarbeiterbesprechungen als Unterstützungssyteme

Von der Organisation vorgesehene Mitarbeiterbesprechungen können bestimmte Funktionen erfüllen und als Puffer gegen Ausbrennen und

Überdruß eingesetzt werden. Sie sollten den Angestellten Gelegenheit geben, ihre Meinungen zu äußern und die Institutionspolitik zu beeinflussen. Auf diese Weise können die Angestellten Einfluß auf ihre Arbeit nehmen, was ihre Empfindung der Bindung an die Institution verstärkt. In diesen Zusammenkünften sollten bestimmte Zeitspannen für die Diskussion der Probleme von Klienten und Patienten einerseits sowie der Menge an arbeitsbedingtem Streß der Angestellten andererseits reserviert werden. Diese Zeiteinteilung gewährleistet, daß nicht nur die Aufgabenschwerpunkte, sondern auch die arbeitsbedingten emotionalen Bedürfnisse des Personals berücksichtigt werden. Wenn Mitarbeiterbesprechungen für emotionale Unterstützung sorgen, können sie zu einem Hilfsmittel werden, das den Zyklus des Ausbrennens zu unterbrechen vermag.

Diese Zusammenkünfte geben den Mitarbeitern auch Gelegenheit, Personalprobleme zu besprechen. Personalbeschwerden sind am besten zu verhandeln, wenn sie im richtigen Moment als positive Empfehlung formuliert vorgebracht werden. Auch kann man jeder Beschwerde einen Lösungsvorschlag folgen lassen. Der Industriepsychologe Norman Maier schlägt ein anderes Lösungsverfahren vor, das in mehreren Schritten abläuft:[15] Dieser Prozeß beginnt damit, daß die Angestellten zusammenkommen und (in einer sogenannten „*Gripe session*") ihre Beschwerden vorbringen und „Druck ablassen"; sie sollten alle Gefühle des Zorns und der Verletzung rückhaltlos äußern dürfen. Als zweiter Schritt folgt die Definition der Probleme; hierfür ist eine andere Verfassung vonnöten. Jeder Lösungsvorschlag sollte vorgebracht werden dürfen, ohne Kritik, Urteile oder Spott hervorzurufen. Der letzte Schritt ist die Auswahl der besten aller möglichen Lösungen.

Ausbrennen und Überdruß lassen in dem Maße nach, in dem die Angestellten in ihren individuellen Arbeitsbereichen Einfluß und Autonomie besitzen. Mitarbeiterbesprechungen bieten Gelegenheiten, beides zu vermehren. Hier können die Angestellten auch ausfindig machen, in welchen Bereichen ihrer Arbeit sie mehr Autonomie und mehr Einfluß auf ihre Organisation erlangen können. Individuelle Klagen können als gemeinsames Problem des gesamten Angestelltenstabs formuliert und vereint gelöst werden; Streßbereiche können identifiziert, Methoden zum Abbau dieser Belastungen entwickelt werden.

In das Programm solcher Besprechungen kann auch eine periodische Bewertung der Kenntnisse und Fertigkeiten der Angestellten aufgenommen werden. Der Erwerb neuer Kenntnisse und Fertigkeiten und andere Wege zu persönlicher und beruflicher Entwicklung fördern die gegenseitige Unterstützung und hemmen das Ausbrennen.

Auch die Beziehungen zu Vorgesetzten — soweit sie das Wachstum fördern — können Puffer gegen das Ausbrennen sein. Vorgesetzte, die ihren Angestellten direkte, spezifische und ermutigende Rückmeldungen zukommen lassen, verhelfen ihnen zu Gefühlen der Bedeutung, des Erfolges und der Herausforderung. Vorgesetzte können die Auswirkungen von beruflichem Streß reduzieren, wenn sie dauerhafte (nicht nur krisenbedingte) Beziehungen zu ihren Angestellten unterhalten, Interesse statt Mißtrauen fühlen lassen und zwischen ihnen und der Organisation vermitteln. Vorgesetzte können ihre Angestellten auch über die kurz- und längerfristigen Ziele der Organisation informieren und sie an finanziellen und politischen Problemen teilhaben lassen. Das erlaubt den Angestellten bessere Einblicke in die Arbeitsweise ihrer Organisation, der sie sich infolgedessen stärker verbunden fühlen. Vorgesetzte, die solche Funktionen erfüllen sollen, brauchen eine entsprechende Zusatzausbildung. Die Kosten dieser Ausbildung sind durch die Vorteile, die sie der Organisation bringt, gerechtfertigt.

Hindernisse bei der Schaffung sozialer Unterstützungssysteme

Cary Cherniss, Professor der Psychologie an der Unversität von Michigan, nennt sechs Hindernisse, die sich der Schaffung sozialer Unterstützungssysteme in Versorgungs- und Hilfsorganisationen entgegenstellen können.[16]

1. Unterschiedliche theoretische Orientierungen und persönliche Wertvorstellungen können Probleme verursachen. In einer psychiatrischen Klinik zum Beispiel kann es zu Reibereien kommen, wenn ein Teil der Mitarbeiter psychoanalytisch orientiert ist, andere dagegen den behavioristischen Ansatz vertreten.
2. Unterschiede an Ressourcen, Status und Macht tragen oft zu Konflikten bei. Zwischen den älteren und jüngeren Angehörigen des Personals, zwischen Männern und Frauen, zwischen Schwarzen und Weißen und so weiter kann Konkurrenz entstehen. Es mag sich da um die besseren Arbeitszimmer, das Lob der Vorgesetzten oder beliebige andere Dinge handeln.
3. Manchmal wird die Entwicklung unterstützender Netzwerke durch die Rollenstruktur behindert. Wenn zum Beispiel der größte Teil der Arbeit im Außendienst zu tun ist und der Angestellte seine Kollegen selten sieht, bietet sich nicht genügend Gelegenheit zu sozialer und beruflicher Interaktion. Die soziale Interaktion kann auch durch Überbelastung behindert werden: Wenn die Überbelastung zu groß ist, sind die Angestellen gezwungen, sich innerhalb wie außerhalb der Arbeitszeiten ganz auf ihre Arbeit zu konzentrieren, wenn sie nachkommen wollen.

4. Berufsfremde Interessen, Familienleben, Freunde, Politik und Liebhabereien können zur Folge haben, daß die Leute nicht genug Zeit und Energien für die sozialen Aspekte ihres Arbeitslebens aufzuwenden bereit sind, vor allem nicht in ihrer Freizeit. (Hier sind wir mit Professor Cherniss nicht einig: Wir empfehlen eben die Dinge, die er als Hindernisse sieht. Wir empfehlen, daß Berufstätige, um das Ausbrennen zu vermeiden, Berufs- und Familienleben voneinander abgrenzen und sich auch mit Dingen beschäftigen, die mit ihrer Arbeit nichts zu tun haben.)
5. Die Interaktion zwischen verschiedenen Gruppen innerhalb einer Organisation, aus der sich unterstützende Netzwerke entwickeln können, kann durch informelle Normen behindert werden. Diese Normen können auch verhindern, daß die Angestellten sich zu ernsthaften Diskussionen zusammenfinden, die als Herausforderung wirken und Wachstum fördern können.
6. Häufige Stellenwechsel, in Organisationen der Gesundheitsversorgung und sozialen Dienste durchaus allgemein verbreitet, verhindern, daß Zusammenhalt und Gruppengefühle entstehen. Die Angestellten verwenden ihre Energie nur zögernd für Kollegen, von denen sie nicht erwarten, daß sie lange bleiben.

Cary Cherniss macht verschiedene Vorschläge zur Überwindung dieser Hindernisse, die sich dem Aufbau sozialer Unterstützungs-Netzwerke entgegenstellen: genaue Beurteilung der Situation; Feststellung, welche Hindernisse bestehen, und gezielte Gegenmaßnahmen; im Falle neuer Einrichtungen rät er, Mechanismen vorzusehen, die die Entwicklung dieser Probleme verhindern, also zum Beispiel Rollenstrukturen und Arbeitssituationen zu schaffen, die die Interaktion zwischen den Angestellten fördern.

Unterstützungssyteme für frei Praktizierende und Führungskräfte

Wir haben schon gesagt, daß viele Menschen in den helfenden Berufen ausbrennen, weil sie mehr geben, als ihnen gegeben wird: Sie verwenden mehr Anstrengung und Energie auf die Hilfeleistungen an ihren Patienten oder Klienten, als aufgewendet wird, um ihnen Anerkennung und Wertschätzung zu zeigen. Für Menschen, denen wirkungsvolle Unterstützungssysteme zu Rückmeldungen, Herausforderung und Anerkennung verhelfen, hat dieses Problem nicht viel Gewicht. Für diejenigen, die privat praktizieren und nicht an einem solchen Unterstützungssystem teilhaben, wiegt es schwer.

Zahnärzte, um noch einmal auf unser Beispiel aus dem ersten Kapitel zurückzukommen, arbeiten gewöhnlich allein in ihrer Praxis. Andere

Zahnärzte, von denen sie fachliche Anerkennung und Herausforderung beziehen könnten, sind nicht anwesend. Auch ihre Patienten versäumen wirkungsvolle Rückmeldungen und Anerkennung, weil sie nicht über die nötigen Fachkenntnisse verfügen, um die zahnärztliche Arbeit zu beurteilen, und außerdem oft sehr nervös sind und so schnell wie möglich weggehen möchten. Für gewöhnlich erhält der Zahnarzt nur dann von ihnen Bericht, wenn etwas nicht in Ordnung ist — daß er seine Sache gut macht, ist nicht mehr, als man erwartet. Dieses Mißverhältnis negativer und positiver Rückmeldungen besteht für die meisten helfenden Berufe, ist aber besonders schmerzlich für die privat praktizierenden Ärzte, die ihre Erfolgs- und Mißerfolgsgefühle nicht unmittelbar mit einer Kollegengruppe teilen können.

Wir empfehlen allen frei praktizierenden Ärzten, ein eigenes soziales Unterstützungssystem mit Kollegen aufzubauen, die unter denselben Bedingungen arbeiten. Das gilt auch für leitende Angestellte in exponierten Positionen. Manche Führungskräfte in Organisationen mögen romantische Vorstellungen der Selbstgenügsamkeit hegen. Dieses Einzelgänger-Image ist zwar attraktiv, schützt aber nicht vor dem Ausbrennen.

Für Menschen, die in einer Privatpraxis arbeiten, und für Führungskräfte in Organisationen sind Leute in vergleichbaren Positionen die beste Quelle für soziale Unterstützung. Angestellte in gehobenen Stellungen können ausfindig machen, wer in einer vergleichbaren Organisation eine vergleichbare Stellung einnimmt, und Kontakte aufnehmen. Solche Kontakte können neue Ressourcen erschließen und neue Ideen vermitteln, welche Möglichkeiten zu persönlichem Wachstum im Beruf zu verwirklichen sind. Wer an einem Unterstützungssystem mit Berufskollegen in gleichen Stellungen teilhat, kann Rückmeldungen geben und empfangen und Trost, Wertschätzung und Anerkennung genießen.

Frauen und Männer: Unterschiede der sozialen Unterstützung

Die Geschlechtsunterschiede im Erleben von Überdruß, seinen Vorbedingungen und Korrelaten wurden in einer Untersuchung über 96 Männer und 95 Frauen in gehobenen Berufsgruppen erforscht.[17] Es zeigte sich, daß Arbeitsbeziehungen und andere Unterstützungssysteme bei Frauen mehr Einfluß auf den Überdruß hatten. Bei Frauen bestand zwischen ihren Beziehungen zu Vorgesetzten, Untergebenen und gleichgestellten Kollegen ein negativer und signifikanter Zusammenhang (das heißt, je besser die Beziehungen, desto weniger Überdruß). Bei den Männern waren die Beziehungen zu Vorgesetzten und Untergebenen nicht mit Überdruß korreliert; die zu gleichgestellten Kollegen korrelierten zwar signifikant, aber weniger ausgeprägt als bei den Frauen. Bei den Frauen korrelierten die Beziehungen zum Ehepartner, zu Familie und Freunden ebenfalls negativ und signifikant mit Überdruß, bei Männern dagegen nur die zu Ehepartnern und Freunden, auch hier nicht in dem Maß wie bei Frauen.

Nach unseren Ergebnissen gibt es im Berufsleben der Frauen mehr „Menschen"-Streß als in dem der Männer; das könnte durch die weibliche Empfindungsfähigkeit für die sozialen Aspekte aller Lebensbereiche zu erklären sein. Eine andere Erklärung wäre der unverhältnismäßig hohe Anteil von Frauen in den helfenden Berufen, in denen es mehr „Menschen"-Streß gibt. Die Frauen fühlten sich im Berufs- wie im Privatleben emotional stärker beansprucht als die Männer. Die Frauen empfingen aber auch mehr Unterstützung, sie teilten im Beruf und anderweitig mehr mit anderen Menschen und fühlten sich mehr als Männer in Notzeiten bedingungslos unterstützt.

In einer anderen Untersuchung über Bewältigungsstrategien zeigten sich die gleichen Geschlechtsunterschiede.[18] Die Frauen gaben häufiger als die Männer an, daß sie ihren Überdruß mit Hilfe sozialer Unterstützungssysteme bekämpften, sie hielten ihre sozialen Strategien auch für wirkungsvoller als die Männer. Sie schienen besser als die Männer in der Lage zu sein, ihren beruflichen Streß durch offene Gespräche über dessen Quellen, über ihre Zweifel und Probleme und Mißerfolge zu teilen.

Wie vermeidet man die Sabotage am eigenen sozialen Unterstützungssystem?

Wir können es nicht genug betonen: Die Errichtung eines lebensfähigen Unterstützungssystems ist eines der effizientesten Mittel, das Ausbrennen zu vermeiden oder zu bremsen, aber vielen Menschen fehlt diese Unterstützung. Dafür gibt es mehrere Gründe: In den folgenden Abschnitten werden wir zwei starke Kräfte erörtern, die verhindern, daß die Menschen potentielle Unterstützungssysteme voll nutzen.

Fehlzuschreibungen

Die Suche nach den Ursachen von Ereignissen scheint Teil der menschlichen Natur zu sein: Wir schreiben jedem beobachteten Ereignis einen

Grund zu. Wenn wir einem Spiel unserer bevorzugten Fußballmannschaft zusehen und ein Spieler eine sichere Torchance vergibt, fallen uns verschiedene mögliche Gründe ein: Er mag ein schlechter Spieler sein, er mag am Vorabend gebummelt haben; er könnte von Sorgen um ein krankes Kind abgelenkt sein; oder hat er den Ball absichtlich verschossen (vielleicht sogar aus unlauteren Gründen)? Was man von einer Person hält, hängt davon ab, welche Gründe man ihrem Verhalten zuschreibt: Man hat eine gute Meinung über diesen Fußballspieler, wenn man seinen Fehlschuß der Sorge um sein krankes Kind zuschreibt; man denkt schlecht über ihn, wenn man glaubt, daß er der gegnerischen Mannschaft zum Sieg verhelfen wollte.

Man spricht von „Zuschreibung nach Dispositionen" und von „Zuschreibung nach Situationen". Wenn wir den Grund eines Ereignisses der Persönlichkeit eines Menschen zuschreiben, ist das eine dispositionelle Zuschreibung. Wenn wir die Ursache dagegen in der Situation sehen, vollziehen wir eine situative Zuschreibung. Die Attributionsforschung hat ergeben, daß alle Menschen dazu neigen, das eigene Verhalten durch die Situation, das anderer Leute dagegen durch deren Veranlagung zu erklären.

Wenn zum Beispiel

ein Student, der mit dem Studium nicht weiterkommt, seine Probleme mit einem Fakultätsberater bespricht, sind die beiden oft grundsätzlich verschiedener Meinung. Der Student, der seine ungenügenden Leistungen zu verstehen und zu erklären sucht, weiß Hindernisse in seiner Umgebung aufzuzählen: einen besonders überfüllten Stundenplan, augenblicklich besonders großen emotionalen Streß oder zeitweilige (aber schon überwundene) Unsicherheit in bezug auf seine Lebensziele. Der Berater nickt dazu und möchte das alles vielleicht gerne glauben, ist aber eigentlich anderer Meinung. Er ist überzeugt, daß die schlechten Leistungen des Jungen weder durch seine Umgebung noch durch vorübergehende emotionale Zustände bedingt sind. Er glaubt vielmehr, daß der Mißerfolg auf überdauernde Eigenschaften des Studenten zurückzuführen ist — auf mangelnde Fähigkeiten, unverbesserliche Trägheit oder neurotisch bedingte Unfähigkeit.[19]

Diese unterschiedlichen Zuschreibungen können zwischenmenschliche Beziehungen sehr stark beeinflussen, vor allem, weil sich oft keine Gelegenheit mehr findet, einmal vollzogene Fehlzuschreibungen zu berichtigen. Nehmen wir an, eine Frau habe einen Kollegen, der ihr Fach kennt und ein fähiger Kritiker ist. Sie mag sich aber nicht an ihn wenden, weil sie ein- oder zweimal gesehen hat, daß er sich aggressiv verhielt, woraus sie schloß, daß er ein aggressiver Mensch sei. Und da sie die Ursachen seines Verhaltens nun einmal seiner Persönlichkeit zugeschrieben hat, geht sie ihm aus dem Weg — ihrer Meinung nach aus gutem Grund. Nehmen wir nun weiter an, dieser Kollege sei gar kein „aggressiver Mensch": Als die Frau ihn so sah, war er vielleicht besonders reizbar oder nervös, weil er schlecht geschlafen oder mit familiären oder finanziellen Problemen zu kämpfen hatte. Er ist kein „aggressiver Mensch". Er ist ein Mensch, der sich aggressiv zu verhalten pflegt, wenn er bestimmten Arten von situationsbedingtem Streß ausgesetzt ist.

Durch irrtümliche Zuschreibung kann also wertvolle menschliche Hilfe verlorengehen. Da aber soziale Unterstützung lebenswichtig ist, empfehlen wir allen Menschen, ihre Beurteilung von Kollegen und Bekannten periodisch zu überprüfen.

Es ist ganz allgemein vorteilhafter, mitmenschliches Verhalten eher nach der gegebenen Situation zu interpretieren als nach persönlichen Zügen und Veranlagung: Durch eine Zuschreibung nach Dispositionen begibt man sich der Möglichkeit, die Interaktion zu beeinflussen. Eine Zuschreibung nach der Situation enthält diese Möglichkeit. Das Gefühl der Kontrolle über eine Situation ist eine große Hilfe im Kampf gegen das Ausbrennen, auch wenn die Auswahl möglicher Interventionen begrenzt ist. Die Überzeugung, daß die Umwelt formbar ist, ist an und für sich wichtig.

Vorhersagen, die sich selbst erfüllen

Fast jeder Mensch trägt in sich die Möglichkeit, sich klug oder unklug, gewandt oder unbeholfen, sanftmütig oder schroff zu verhalten. Wenn ein Mensch von seiner Umgebung als gewandter Mensch behandelt wird, benimmt er sich auch so; begegnet man ihm dagegen (unter ansonsten gleichen Bedingungen), wie man einem unbeholfenen Menschen begegnet, reagiert er unbeholfen. Diese Behauptung wurde von Mark Snyder, einem Sozialpsychologen an der Universität von Minnesota, sehr eindrücklich im Experiment bewiesen. Lassen Sie uns das Verfahren eines seiner Versuche Schritt für Schritt beschreiben:[20]

Die Studentinnen und Studenten, die als Versuchspersonen agierten, glaubten, daß die Prozesse gegenseitigen Kennenlernens erforscht werden sollten. Paaren einander unbekannter junger Frauen und Männer wurde gesagt, daß sie ein freies Telephongespräch führen sollten. Alle Männer bekamen die Photographien von Mädchen, die angeblich ihre Gesprächspartnerinnen darstellten. Diese Bilder zeigten jedoch nicht die weiblichen Versuchspersonen, sondern waren nach der — vorher eingestuften — Attraktivität der dargestellten Mädchen ausgesucht. Diese Bilder äußerlich sehr attraktiver und weniger attraktiver Mädchen wurden nach Zufall an die männlichen Versuchspersonen verteilt. Die weiblichen Versuchspersonen bekamen keine Photos und wußten nicht, daß die männlichen welche erhalten hatten. Dann führte jedes Paar ein Telephongespräch von zehn Minuten; diese Gespräche liefen über Kopfhörer und Mikrophone und außerdem über ein Bandgerät, das die Stimmen beider Gesprächspartner auf getrennten Kanälen aufzeichnete. Die Beurteiler hörten nur die Bänder, die die weibliche Stimmen wiedergaben, die sie nach Dimensionen wie Lebhaftigkeit, Begeisterung, Vertrautheit und Freundlichkeit bewerteten.

Die gewonnenen Daten zeigten, daß die Frauen, die als attraktiv vorgestellt wurden, sich freundlicher und liebenswerter verhielten als diejenigen, die mit Männern sprachen, von denen sie für unattraktiv gehalten wurden.

So ist es auch im täglichen Leben: Wenn man eine Person für kühl und unbeteiligt hält, verhält man sich auf eine Weise, welche die kühlen und unbeteiligten Seiten dieser Person zutage bringt. Dieselbe Person kann in einer anderen sozialen Begegnung warm und freundlich sein. Deshalb sollte man keinen Menschen abschreiben, wenn der Augenschein gegen ihn nicht überwältigend ist.

Anmerkungen

1 K. Lewin, *Resolving Social Conflicts. Selected Papers on Group Dynamics* (New York: Humpe and Brothers, 1945), S. 94f.

2 Ibid.

3 M. Pilisuk and S. Hillier Parks, *Network of Social Support: A Review* (Unveröffentlichtes Manuskript, University of California 8 Davis, 1980).

4 S. Cobb, „Social Support As a Moderator of Life Stress", *Psychosomatic Medicine* 5, no. 38, 19., S. 300—314.

5 G. Caplan, *Support Systems and Community Mental Health* (New York: Behavioral Publications, 1974).

6 Die Korrelationen zwischen Überdruß im Leben und verschiedenen sozialen Unterstützungssystemen waren die folgenden: Familie r = —.18, Arbeit r = —.22, Freunde r = —.23, Kollegen r = —.25, Bekannte r = —.17. Alle p-Werte liegen bei oder unter .001.

7 Die Korrelation zwischen bedingungsloser Unterstützung und Überdruß war r = —.21 (p < .001).

8 Die Korrelation der Häufigkeit von Einsamkeitsgefühlen und Überdruß lag bei r = .47 und betrug für familiäre Beziehungen r = —.23, Arbeitsbedingungen r = —.26, Beziehungen zu Freunden r = —.32, Beziehungen zu Kollegen r = —.26, Beziehungen zu Bekannten r = —.28 und für bedingungslose Unterstützung r = —.33. Alle p-Werte liegen bei oder unter .001.

9 C. L. Cooper and J. Marshall, „Occupational Sources of Stress: A Review of the Literature Relating to Coronary Heart Disease and Mental Health". *Journal of Occupational Psychology* 49 (1976), S. 11—28.

10 M. Marx-Ferree, „The Confused American Housewife". *Psychology Today* 10 (April 1976), S. 76—80.

11 H. J. Freudenberg, „The Staff Burnout Syndrome". *Alternative Institutions in Psychotherapy: Theory Research and Practice* 12, no. 1 (1975), S. 72.

12 Zum Beispiel C. Maslach and A. Pines, „Burnout: The Loss of Human Caring". In: A. Pines and C. Maslach, *Experiencing Social Psychology* (New York: Random House, 1979), S. 245—252.

13 A. Pines and C. Maslach, „Characteristics of Staff Burnout in Mental Health Settings". *Hospital and Community Psychiatry* 4, no. 29 (1978), S. 233—237.

14 Maslach and Pines, „Burnout".

15 N. R. F. Maier, *Problem Solving Behavior vs. Frustration Behavior. Psychology in Industrial Organizations* (Boston: Houghton Mifflin 1973).

16 C. Cherniss, „Social Support Networks". In *Burnout in the Helping Professions*, ed. K. Reid (Kalamazoo: Western Michigan University Press, 1980).

17 A. Pines and D. Kafry, „Tedium in the Life and Work of Professional Women as Compared with Men". *Sex Roles*, im Druck.

18 D. Kafry and A. Pines, „Coping Strategies and the Experience of Tedium". Vortrag anläßlich des Jahrestreffens der *American Psychological Association*, Toronto, Canada, August 1978.

19 E. E. Jones and R. E. Nisbet, „The Actor and the Observer: Divergent Perceptions of the Causes of Behavior". In: *Attribution: Perceiving the Causes of Behavior*, ed. E. E. Jones et al. (Morristown, N.Y.: General Learning Press, 1971), S. 79—94.

20 M. Snyder, E. D. Tank, and E. Berscheid, „Social Perception and Interpersonal Behavior: On the Self-Fulfilling Nature of Social Stereotypes". *Journal of Personality and Social Psychology* 35 (1977), S. 656—666.

8. Kapitel:
Strategien der Streßbewältigung durch den einzelnen

Menschen in helfenden Berufen brennen aus, wenn sie lange Zeit in emotional beanspruchenden Situationen mit anderen Menschen arbeiten. Menschen, die in Bürokratien arbeiten, entwickeln Überdruß, wenn es in komplexen Organisationen bei extremer Arbeitsüberlastung an Autonomie, Unterstützung und Anerkennung fehlt. Berufstätige Hausfrauen sind für Ausbrennen und Überdruß anfällig, wenn sie Rollenkonflikte erleben. Ausbrennen und Überdruß werden nicht durch menschliche Unzulänglichkeit verursacht, sondern durch streßhafte Situationen.

Positive Umweltbedingungen

Genau wie streßhafte Umweltbedingungen Ausbrennen und Überdruß herbeiführen, so können positive Umweltbedingungen gegenteilige Auswirkungen haben. Positive Züge der Umwelt fördern gewisse Tendenzen des Menschen, die denen zum Ausbrennen entgegenwirken. In einer Umgebung, welche die Menschen zum Lernen anregt oder ihnen das Gefühl gibt, daß ihre Arbeit sinnvoll ist, sinkt die Wahrscheinlichkeit des Ausbrennens, die Wahrscheinlichkeit persönlichen Wachstums dagegen steigt. In diesem Kapitel erörtern wir sechs derartige Umweltvariablen, die wir in unseren Untersuchungen identifiziert haben: 1. Lernen, 2. Sinn und Bedeutung, 3. Erfolg und Leistung, 4. Vielfältigkeit, 5. *Flow*-Erlebnisse und 6. Selbstverwirklichung.

Lernen

Die Welt bietet vielfältige Erlebnisse und Erfahrungen, die unser Dasein bereichern können. Lernen und Verstehen sind grundlegende Beweggründe menschlichen Handelns. Der Mensch wird neugierig und mit dem Streben nach Lernen geboren. Neugier spielt auch im Verhalten der Tiere eine wichtige Rolle. Man weiß, daß Tiere neue und an sich nicht befriedigende Verhaltensweisen erlernen können, um Nahrung zu erlangen; das ist nicht weiter erstaunlich. Überraschend sind dagegen die Ergebnisse der Experimente des bekannten Tierpsychologen Robert A. Butler: Affen erbringen beachtliche Leistungen, wenn sie dafür durch den Blick aus einem kleinen Fenster belohnt werden.[1] Auch kleine Kinder sind, wie alle Eltern wissen, von Natur aus neugierig. Manche Erwachsene sind mit kindlicher Neugier gesegnet. Albert Einstein sagte, seine wissenschaftliche Arbeit sei von keinem anderen Gefühl motiviert als dem unwiderstehlichen Verlangen, die Geheimnisse der Natur zu ergründen. Die meisten von uns lassen sich zu sehr von den Belanglosigkeiten des Alltagslebens einengen; wenn wir uns nicht gestatten, unserer Wißbegierde nachzugeben, verzichten wir damit auf die Gelegenheit, Neues zu lernen, und auf die eigene Weiterentwicklung.

Manche Organisationen bieten ihren Mitarbeitern Gelegenheit zur Erweiterung ihrer Kenntnisse und Interessen durch Fortbildungskurse, Tagungen oder „dienstliche" Lehrveranstaltungen. Bedauerlicherweise besteht dieses Angebot nicht in allen Organisationen, und wo es besteht, machen leider viele Angestellte keinen Gebrauch davon. Interviews mit Angehörigen gehobener Berufsgruppen haben ergeben, daß die Nutzung verfügbarer wachstumsfördernder Ressourcen im Arbeits- und Privatleben den Grad des Überdrusses beeinflussen kann. Natürlich ist eine „Umwelt zum Lernen" etwas einigermaßen Subjektives. Verschiedene Menschen sehen selbst in derselben Umgebung unterschiedliche Gelegenheiten zum Lernen, wie ein einfaches Beispiel veranschaulichen kann: Wir lernten zwei junge Männer kennen, die gleiche Stellungen in einer Buchhandlung in einer kleinen Universitätsstadt hatten. Einer der beiden entwickelte Überdruß: „Meine Arbeit ist so langweilig, daß ich es kaum mehr ertragen kann. Ich habe nichts zu tun, als Bücher zu verkaufen oder den Kunden beim Suchen zu helfen, und nicht einmal das kann ich gut, weil ich meistens sowieso nicht weiß, wo diese Bücher stehen. Manchmal ist kein Mensch im Laden — dann sitze ich herum und warte, bis ich heimgehen kann." Der andere Verkäufer erzählte eine andere Geschichte: „Ich informiere mich so gut wie möglich, welche neuen Bücher hereinkommen. Ich lese die Umschlags- und Klappentexte, und ich lese manche Bücher zu Hause oder auch im Geschäft, wenn keine Kunden da sind. Ich habe das Gefühl, daß ich mehr und mehr über Bücher und auch über Menschen lerne. Ich spreche mit den Kunden über die Bücher, und ich beobachte gern, wer welche Bücher kauft. Ich bin ständig beschäftigt und langweile mich keinen Augenblick."

Hier haben wir also zwei Menschen, die in derselben äußeren Umwelt leben, deren innere Umwelten sich aber unterscheiden: Der eine hat sich neuen Erlebnissen und Erfahrungen geöffnet, der andere nicht. Es scheint, als unterschieden sich die Menschen in ihren verschiedenen Berufen nach ihren Lernbedürfnissen und nach der Art und Weise, auf die sie von Lerngelegenheiten Gebrauch machen. Menschen, die gerne lernen wollen, suchen Umgebungen, die ihren Bedürfnissen entgegenkommen, und nutzen jede Gelegenheit zur intellektuellen Entfaltung.

Was wir mitteilen wollen, ist nun schon klar: Lernen und Entwicklung sind nicht notwendig an Lehranstalten gebunden. Offenheit für neue Erfahrungen bedeutet ständigen Informationszuwachs. Für Menschen, die sich für andere Menschen interessieren, kann jede Reise, jeder Museumsbesuch oder jeder kleine Spaziergang anregend sein. Auch wer an Naturerscheinungen oder an technologischen Fortschritten interessiert ist, empfängt ständig neue Denkanstöße. Wenn wir den Entschluß fassen, uns dem Weiterlernen zu öffnen und uns bewußt bleiben, daß die Welt voll neuer Erlebnisse und Erfahrungen ist, werden wir wahrscheinlich vom Überdruß verschont.

Sinn und Bedeutung

Durch die Frage nach dem Sinn des Lebens unterscheidet sich der Mensch vom Tier. Diese These ist die Grundüberzeugung Viktor Frankls, des führenden Vertreters der Existenzanalyse.[2] Die drängenden Fragen nach dem Sinn des Lebens werden zwar meist in den Jahren des Heranwachsens gestellt, können sich aber auch später erheben; häufig werden sie durch ein erschütterndes Erlebnis ausgelöst. Inneres Unglück, die existentielle Krise eines erwachsenen Menschen, der darum kämpft, in seinem Leben Zufriedenheit zu finden, hat nichts Pathologisches an sich, aber eine negative Lösung der Suche nach dem Sinn erzeugt ein Gefühl von Langeweile oder „Taedium Vitae". Mit anderen Worten: Menschen, die weder in ihrem Arbeitsleben noch in ihren anderen Lebensbereichen einen Sinn finden können, werden teilnahmslos. Dieses Konzept Frankls ist den psychischen oder geistigen Aspekten des Überdrusses, wie wir sie beschrieben haben, sehr ähnlich. Unsere Forschungen haben gezeigt, daß der Verlust des Gefühls von Sinn und Bedeutung wesentlich zu Überdruß und Ausbrennen beiträgt und daß dieses Gefühl sich unter anderem in Apathie äußert.[3]

Der psychischen Erschöpfung sehr nahe steht die existentielle Neurose. Salvatore Maddi, Psychologe an der Universität von Chicago, definiert die existentielle Neurose als die Überzeugung, daß das Leben sinnlos sei und von Apathie, Langeweile und Entfremdung vom Selbst und der Gesellschaft beherrscht werde.[4] Maddis Beispiel für einen Menschen, der an existentieller Neurose leidet, ist Meursault in Camus' „Der

Fremde": Meursault glaubt, daß sein Leben sinnlos und zufallsbestimmt sei, er empfindet nur Langeweile und Apathie. Das zentrale Ereignis des Romans ist ein Mord, den Meursault bei einem Strandspaziergang an einem Araber begeht. Man würde erwarten, daß ein solcher Akt der Gewalttätigkeit bei einem durchschnittlichen Büromenschen wie Meursault ein heftiges emotionales Trauma auslöst, aber dieser Mord wird auf unbeteiligte, beinahe zwanglose Weise verübt. Meursault mordet teilnahmslos, ohne Provokation oder Reaktion, im Verlauf seines Zufallsverhaltens. Sein Leben ist seelischer Tod, ein Zustand des Nicht-Seins. Der Roman endet damit, daß Meursault auf dem Weg zur Hinrichtung sagt, alles sei gleichgültig.

Dieser Meursault kann als ein extremer Fall von Überdruß angesehen werden; gemäßigter Überdruß erlaubt noch ein gewisses Maß an Gefühlen, wenn auch wenig angenehmer: Verdruß, Angst und Trauer und so fort. Menschen, die sich in extremen Fällen von Ausbrennen und Überdruß völlig apathisch fühlen, haben sehr wenig Energie. In ihrem Zustand erscheint ihnen die Arbeitssituation hoffnungslos, und sie können sich nicht vorstellen, daß sich etwas ändern könnte. Wird ihnen Gelegenheit zu einem Versuch geboten, die Symptome abzubauen, sind sie zu teilnahmslos, um zuzugreifen. Wenn wir Arbeitsgruppen anbieten, die bei der Bewältigung des Ausbrennens helfen sollen, nehmen die am stärksten Betroffenen oft nicht teil, weil sie zu apathisch und hoffnungslos sind.

Der israelische Soziologe Aaron Antonovsky schlug eine neue Auffassung von „Gesundheit, Streß und Streßbewältigung" vor, als deren zentrale Vorstellung er „ein Gefühl des Zusammenhangs" nennt.[5] Damit meint er die allgemeine Lebensanschauung, wie sie für durchwegs gesunde Menschen charakteristisch ist: daß die Welt begreiflich ist, daß das Leben seinen Sinn hat, geordnet und halbwegs voraussagbar verläuft, und daß man sein eigenes Schicksal mitbestimmt.

Überdruß kann also entstehen, wenn das Leben oder die Arbeit sinnlos erscheinen. Das Bedürfnis nach Sinn ist vielleicht in den Positionen am stärksten, deren Inhabern das Gefühl der Vollendung oder der Wirksamkeit fehlt. Solche Probleme stellen sich Helfern, die mit ihren Klienten nur kurze Kontakte haben und die Fälle nicht verfolgen können, oder Leuten, die einen Einzelteil eines Produkts herstellen, dessen Vollendung aber nicht miterleben.[6]

Manche Tätigkeiten sind ihrer Natur nach sinnvoller als andere. Die Arbeit eines Gehirnchirurgen ist sinnvoller als die eines Gebrauchtwagenhändlers. Dennoch können auch Gehirnchirurgen teilnahmslos werden und ihre Arbeit für sinnlos halten, Gebrauchtwagenhändler dagegen aus ihrer Arbeit das Gefühl von Bedeutung beziehen. Man kann der eigenen Arbeitstätigkeit Sinn geben oder aber die Augen vor der ihr eigenen Bedeutung verschließen, wie wir das am Vergleich der beiden Verkäufer derselben Buchhandlung gesehen haben. Es gibt keine allgemeingültige Liste von Wertvorstellungen in bezug auf den Sinn im Leben und Arbeitsleben, und für verschiedene Menschen haben verschiedene Dinge Bedeutung; dennoch können alle Menschen auf die gleiche Weise vom „Taedium Vitae" zum „Delirium Vitae" gelangen, vom Überdruß zur Lebensfreude.

Erfolg und Leistung

Leistung und Erfolg sind in allen menschlichen Gesellschaften wichtig, für die wirtschaftliche und die kulturelle Entwicklung wie für das individuelle Wohlergehen. David McClelland, ein Psychologe aus Harvard, hat durch seine Untersuchungen über Leistungsmotivation gezeigt, daß Männer mit großem Leistungsbedürfnis erfolgreicher sind als diejenigen mit geringerem, vor allem im Geschäftsleben.[7] Zu McClellands „Leistungs-Syndrom" gehören Strategien mäßigen Risikos; das heißt, Männer, die viel erreichen, handeln weder zu risikofreudig noch zu zaghaft. Bei Menschen mit höherer Leistungsmotivation findet man auch energische, instrumentelle zielgerichtete Handlungen, eine Bereitschaft zur persönlichen Verantwortung für Handlungen, den Wunsch nach Informationen über deren Ergebnisse sowie eine Tendenz zu langfristiger Planung. Unsere eigenen Arbeiten lassen vermuten, daß Menschen, die diese Strategien in ihrem Berufsleben verfolgen, weniger Überdruß erleben, vor allem in bürokratischen Organisationen.

Unsere Untersuchungen haben auch gezeigt, daß Erfolgs- und Leistungsgefühle negativ mit Ausbrennen und Überdruß korrelieren.[8] Erfolgreiche Angestellte sehen sich eher optimistisch und entwickeln weniger Überdruß; wer sich durch Mißerfolge frustriert fühlt, ist dem Überdruß eher ausgesetzt. Diese negative Korrelation von Erfolg und Ausbrennen sagt nichts über die ursächlichen Zusammenhänge. Es könnte sein, daß Mißerfolg Ausbrennen verursacht; es könnte sein, daß das Ausbrennen Gefühle des Versagens verursacht; es könnte sein, daß bestimmte Züge einer Person oder einer Situation sowohl das Ausbrennen wie Mißerfolgsgefühle fördern.

Erfolg und Mißerfolg werden nicht immer nach objektiven absoluten Gesichtspunkten beurteilt. Die persönliche Wahrnehmung eigener Leistungen hat oft wenig mit der objektiven Realität zu tun. Wenn ein College-Student zum Beispiel bei einer Prüfung 92 Prozent richtiger Antworten erreicht, kann man das als großen Erfolg werten. Wenn aber seine drei besten Freunde 97 Prozent richtiger Antworten erreichen, kann er als Versager erscheinen. Manche Menschen mögen nach den Standards anderer erfolgreich sein, sich selbst aber als Versager ansehen, weil sie sich mit jemandem vergleichen, der begabter ist oder mehr leistet. Solche Menschen können ihre Erfolge nicht genießen, was zu bedauern ist, weil jeder Erfolg ein kräftiger Puffer gegen Ausbrennen und Überdruß sein kann. Es ist also wichtig, daß jeder Mensch lernt, die eigenen Erfolge anzuerkennen, sich sogar darin zu sonnen, ehe er sich weiteren Herausforderungen stellt. Erfolgserlebnisse können jedoch durch bestimmte Arten von Druck untergraben werden, zum Beispiel durch Leistungsdruck, wie er durch Wettbewerb entsteht.

Wie wir eben am Beispiel der Studenten deutlich gemacht haben, beurteilt man in wettbewerbsbestimmten Situationen die eigenen Leistungen nicht nach den eigenen Fähigkeiten oder Anstrengungen, sondern nach dem Erfolg der anderen. Man bewertet Leistungen nicht nach früheren Erfolgen oder den eigenen Erwartungen, sondern nach den Leistungen anderer. Ein erfolgreicher Rechtsanwalt zum Beispiel sagte uns: „In diesem Jahr habe ich zwanzig Prozent mehr verdient als im vorigen, aber mein Partner hat noch mehr verdient." Ein Psychologe, der in der Forschung arbeitet, sagte: „Ich habe eine ansehnliche Publikationsliste und gute Aussichten, eine Planstelle im Institut zu bekommen, aber ein Freund, der mit mir zusammen abgeschlossen hat, hat schon einen internationalen Ruf als Wissenschaftler. So gut wie der werde ich nie sein." Solche Vergleiche sind selbstzerstörerisch: Der eigene Erfolg wird nicht voll ausgekostet, weil seine Bedeutung durch den Vergleich mit dem größeren Erfolg eines anderen herabgesetzt wird. Wettbewerbsbesessenheit ist ein Streß, von dem manche Menschen sich nie befreien können. Wenn man das verdiente Geld oder die fachliche Kompetenz nicht an den eigenen Ansprüchen und Bedürfnissen mißt, sondern an denen anderer Leute, kann auch der größte Erfolg nicht zufriedenstellen. Die Belastungen, die Überdruß und Ausbrennen verursachen, werden auf diese Weise vermehrt.

Das Streben nach Leistung und Erfolg kann auch dann selbstzerstörerisch werden, wenn es das Leben eines Menschen so beherrscht, wie aus den Worten eines Geschäftsmannes hervorgeht:

Jahrelang habe ich nur für meine Karriere gelebt. Ich habe Tag und Nacht und an den Wochenenden und Feiertagen gearbeitet, um meinen Betrieb auszubauen und mehr Geld zu verdienen. Dann wurde mir beinahe mit einem Schlag klar, daß ich meine Frau und meine Kinder nicht kenne. Ich habe keine wirklichen

Freunde, weil unser geselliges Leben sich nach potentiellen Kunden oder Geschäftsverbindungen richtete. Ich habe das Gefühl, daß mein Leben vorbeigangen ist, während ich mich mit den falschen Dingen beschäftigt habe.

Ein solches Berufsleben belastet doppelt: durch den Zwang der Leistungssteigerung und durch den erzwungenen Verzicht auf alle anderen Belohnungen, die das Leben bieten kann.

Für extrem leistungs- oder zukunftsorientierte Menschen bedeutet ein Erfolg gewöhnlich weniger Glück als Enttäuschung. Wir haben einen Wissenschaftler kennengelernt, der hart gearbeitet hatte, um eine prominente Position zu erreichen, und durch eine Entdeckung zu plötzlichem Ruhm kam. Er schien sich zu sagen: „Das ist es? Dafür habe ich alle diese Jahre gearbeitet?" Wenn ein Mensch sein Leben ganz auf die Zukunft einstellt, findet er in Erfolgen nur kurze Augenblicke der Befriedigung, und diese Augenblicke sind schmerzlich, weil sie offenbaren, wie hoch der Preis solcher Erfolge ist.

Um diesen Abschnitt zusammenfassen: Erfolg und Leistung sind positive Lebensaspekte, die den Überdruß mildern und zu Gefühlen der Erfüllung verhelfen können. Beide sind jedoch subjektive Erlebnisse, die nicht notwendigerweise die Realität spiegeln. Wenn das Streben nach Erfolg zum einzigen Lebensinhalt wird, kann es zur Streßquelle werden und die Ausgangsbedingungen für Überdruß schaffen. Um Erfolg zu einem positiven Lebensereignis zu machen, muß man lernen, erfolgreich vollbrachte Leistungen in Ruhe zu genießen und dieses Erlebnis zu einem Teil des Selbst zu verarbeiten, ehe man sich aufmacht, um neuen Herausforderungen zu begegnen.

Vielfältigkeit

Die meisten Menschen verbringen einen Teil ihrer Zeit bei Routinetätigkeiten; diese, meist kurz und oft wiederholt, können zu Streßquellen werden, wenn sie längere Zeit ausschließlich ausgeübt werden. Viele Menschen ziehen sie jedoch Tätigkeiten vor, die noch nicht zur Routine erstarrt sind, wenn sie lange Perioden der Überbelastung unterbrechen. Derselbe Polizeibeamte oder dieselbe Krankenschwester, die sich tagsüber überlastet fühlen, fühlen sich vielleicht während einer ruhigen Nachtschicht nicht ausgelastet. Routine entsteht durch die Art der Tätigkeit und häufige Wiederholung. Übt man eine große Zahl häufig wiederholter Tätigkeiten aus, kann man unter Langeweile und Überbelastung gleichzeitig leiden.

Unsere Untersuchungen haben gezeigt, daß Menschen, die monotone

Tätigkeiten ausüben, zum Überdruß neigen; Menschen, die vielfältige Tätigkeiten haben und dabei ihre Fähigkeiten einsetzen können, erleben selten Überdruß.[9] Das gilt für Arbeitssituationen und für andere. Für viele Leute wird die Langeweile der täglichen Routinearbeiten zu einem Teil ihres Lebens. Man kann sich an einer kreativen, anregenden Tätigkeit erfreuen und dann bei einer Routinearbeit entspannen. Das Gefühl der Vielfalt und des Interesses ist nicht unbedingt eine Frage von außen kommender Anregung; es entsteht zum großen Teil aus der Person selbst.

Die Auswirkungen von Vielfalt auf Verhalten und Glück können im Rahmen verschiedener Theorien erklärt werden, Eine davon bezieht sich auf die physiologische Aktivation:[10] Extrem hohe Aktivationsgrade schaffen Angst und Belastung, extrem niedrige Langeweile und Verstimmung. Man weiß aus Untersuchungen über Reizentzug, daß die geistigen und körperlichen Fähigkeiten der Versuchspersonen nachlassen und sogar emotionale Regressionen und Halluzinationen auftreten, wenn die visuellen, auditorischen und taktilen Reize stark beschränkt werden.[11] Ähnliches erlebte Christopher Burney, der in Frankreich wegen Spionageverdachts achtzehn Monate in Einzelhaft verbringen mußte: „Ich lernte schnell, daß Vielfalt nicht die Würze des Lebens ist — sie ist das Leben selber."[12]

Unsere Reaktionen hängen davon ab, wie vielfältig die Reize sind und wie groß das Reizangebot ist. Zur Befriedigung des psychischen Komplexitätsgrades unseres Organismus scheint ein bestimmtes Reizangebot nötig zu sein.[13] Wird dieses Stimulationsniveau nicht erreicht oder überschritten, entsteht eine Tendenz zu negativen Reaktionen. Wenn es zu viele, zu neuartige und zu vielfältige Reize gibt, versucht das Individuum die Aufmerksamkeit zu kanalisieren oder das Reizangebot in große Verarbeitungseinheiten zu integrieren. Wenn das Angebot an Neuheit und Vielfalt zu niedrig ist, sind die Individuen gelangweilt und suchen nach neuartigen Ereignissen in ihrer physikalischen und sozialen Umwelt, oder aber in ihren eigenen Gedanken.

Eine Arbeit mag anfänglich noch so anregend sein, auf die Dauer wirken die Langeweile immer gleicher Aufgaben und die Eintönigkeit der Probleme auf jeden Menschen zermürbend. Eine Möglichkeit, diese schwächenden Reaktionen zu umgehen, ist ein periodischer Aufgabenwechsel der Angestellten. Wir empfehlen allen Leuten, nicht immer zu wiederholen, was sie gut können, sondern ihr Leben und ihren Beruf durch Abwechslung und neue Herausforderung vielfältiger zu gestalten. Wenn man mit neuen Ideen, Fertigkeiten und Annäherungsversuchen experimentiert, kann man sich selbst auch einmal gestatten, nicht ganz perfekt zu sein.

Manche Aufgaben lassen wenig Raum für Neuerungen; in diesen Fällen kann man dem Umgang mit Menschen vermehrten Reiz abgewinnen. Die Vielfalt, die uns durch die Einzigartigkeit der Menschen geboten wird, kann ein positives Merkmal des Arbeitslebens werden, vor allem für Menschen, die ihren Beruf gewählt haben, weil sie sich für Menschen interessieren und mit ihnen arbeiten wollten. Der Leser erinnert sich, daß wir unseren Zahnärzten (siehe Kapitel 1) rieten, sich Zeit zu nehmen, um ihre Patienten kennenzulernen: Das Ausbohren und Füllen zahlloser Zähne kann sehr langweilig werden. Zahnärzte arbeiten aber in erster Linie mit Menschen, nicht nur an deren Zähnen. Wenn sie erkennen, daß jeder Mensch, mit dem sie zu tun haben, anders ist und eine andere Art der Behandlung, der Beruhigung und des Gesprächs braucht, kann jede Behandlung ein Ereignis für sich werden. Wer jede Situation möglichst menschlich gestaltet, jede Person als einmalig versteht und jeder einen anderen Teil seines Selbst anbietet, lebt interessant und abwechslungsreich.

Daß man durch Aufgabenwechsel für Vielfalt sorgen kann, haben wir schon erwähnt. Eine andere Möglichkeit ist eine drastischere Veränderung, das heißt ein Berufswechsel. Ehe man jedoch so radikale Entschlüsse faßt, sollte man sicher sein, daß man alle verfügbaren Möglichkeiten der Abwechslung zu nutzen versucht hat. Wenn jedoch ein Berufswechsel unvermeidlich geworden ist, ist es produktiver, auf neue Herausforderungen *zuzugehen*, als von Problemen *wegzugehen*. Sol Landau, ein Rabbi in Miami, machte positive berufliche Veränderungen im mittleren Lebensalter, die er „Neuanfang mitten im Strom" („Starting over in Midstream") genannt hat, zum Gegenstand einer Untersuchung.[14] Er führte Interviews mit Personen durch, die im mittleren Alter (zwischen 35 und 54) eine neue Laufbahn aufgenommen hatten. Seine Gesprächspartner hatten sehr unterschiedliche Ausbildungsgänge absolviert und gehörten sehr verschiedenen sozio-ökonomischen Gruppen an, waren aber alle in ihren Erstberufen finanziell erfolgreich gewesen. „Ich wollte Menschen interviewen, die ihr Leben im mittleren Alter geändert haben, weil das ihren inneren Bedürfnissen entsprach und nicht, weil sie in ihren ersten Karrieren keinen Erfolg hatten", sagte er. Landau fand die meisten seiner Versuchspersonen „sicher" (secure) und „selbständig" (self-reliant). „Sie sind keine gewohnheitsmäßigen oder zwangshaften Neuanfänger", fand er. „Was sie suchten, war Selbsterneuerung, sie flohen vor der öden Routine, zu der ihre tägliche Arbeit geworden war." Diejenigen zweiten Karrieren, die sich am meisten von den ersten unterschieden, schienen am meisten zu befriedigen (ein Matratzenhändler wurde Börsenmakler, ein Militärpilot wurde Arzt, ein Geschäftsmann Hypnotiseur-Berater und ein Photograph Soziologe).

Wenn ein Mensch die ganze Spanne seiner Interessen und Fähigkeiten zum Ausdruck bringen kann, sinkt die Gefährdung durch Ausbrennen und Überdruß. Wie Bertrand Russell sagte: „Spannen Sie Ihre Interessen so weit wie möglich und reagieren Sie auf die Dinge und Menschen, die Sie interessieren, freundlich, soweit das möglich ist."[15]

Flow-Erlebnisse

Man denkt meist, daß Menschen, die kreativ arbeiten, weniger Überdruß erleben als andere. Mikaly Csikszentmikalyi beschreibt Menschen, die „Gipfelerlebnisse" haben, die aus sich selbst motiviert sind und deren Tätigkeit Spiel und Arbeit verbindet, also z.b. Schachspieler, Bergsteiger, Tänzer, Chirurgen, Komponisten oder Basketball-Spieler.[16] Er suchte nach Ähnlichkeiten in ihrem Erleben, ihrer Motivation und in den Situationen, die ihnen Freude bereiteten. Er fand, daß diese Menschen sich mehr als andere mit Tätigkeiten befaßten, die um ihrer selbst willen und nicht wegen greifbaren Belohnungen ausgeführt werden und die man die „autotelischen" nennt. Diese Aktivitäten erkunden die Grenzen der eigenen Fähigkeiten und versuchen sie auszuweiten. Den Berichten nach enthalten diese autotelischen Erlebnisse eine kreative Exploration. Solche Erlebnisse liegen im Idealbereich zwischen Monotonie und Angst. Die Gefühle, die sie vermitteln, wurden als „Flow-Erlebnisse" beschrieben, als ein vollständiges Hingegebensein, das die Unterscheidungen zwischen Selbst und Umwelt und zwischen Vergangenheit, Gegenwart und Zukunft weitgehend aufhebt.

Dieser „Flow" erschließt sich am ehesten bei Betätigungen wie Schachspielen oder Sport oder im Zusammenhang mit Kunst, Wissenschaft oder Religion. Csikszentmikalyi berichtet, daß diese vielen verschiedenartigen Erlebnisse einen ähnlichen inneren Flow haben, in dem die Tätigkeit alles und der Seins-Zustand so erfreulich ist, daß die Leute um seinetwillen gern auf ein ruhigeres Leben verzichten. Seiner Ansicht nach ist das klarste Anzeichen von „Flow" das Ineinanderfließen von Handlung und Bewußtsein: Die Person ist sich der Handlung bewußt, nicht aber dieser Bewußtheit. Das Bewußtsein konzentriert sich auf die Handlung, nicht auf deren Ausführung. Ein anderes Merkmal der Flow-Erlebnisse ist die ausschließliche Konzentration der Aufmerksamkeit auf die Aktivität unter Ausschluß aller anderen Umweltreize. Nikolai Krogius, russischer Großmeister des Schachspiels, berichtet: Während eines Turniers fiel ein Wasserkrug mit lautem Krach zu Boden; beinahe alle Anwesenden sahen auf, mit Ausnahme des englischen Meisters Burn, der auf sein Schachbrett blickte und später sagte, daß er nichts gehört habe.[17] Andere für Flow charakteristische Erscheinungen sind die folgenden: Selbstvergessenheit ohne Verlust des Kontaktes mit der eigenen physischen Realität; Handlungskontrolle ohne aktive Bewußtheit dieser Kontrolle und ohne Sorge um einen Mangel an Kontrolle; zusammenhängende und klare, einander nicht widersprechende Forderungen nach Handlung und klare Handlungsrückmeldungen; das Fehlen des Bedürfnisses nach äußeren Zielen oder Belohnungen.

Mikaly Csikszentmikalyi beschreibt auch „Mikroflow"-Aktivitäten, die im Alltagsleben vorkommen. Als er seine Versuchspersonen nach erfreulichen, aber nicht unbedingt alltäglichen Erlebnissen fragte, wurden in über der Hälfte der Antworten zwei Gruppen von Ereignissen aufgezählt: Die erste Gruppe umfaßte bestimmte Bewegungsmuster (berühren, reiben, mit Gegenständen spielen, gehen, laufen etc.), die zweite Formen sozialer Interaktion (mit anderen Menschen reden und lachen, feiern, umarmen, küssen und lieben). Diese Gruppierung der Antworten repräsentiert zwei Möglichkeiten, an Erlebnisse heranzugehen: Die Leute, die Erfahrungen aus der ersten Gruppe angaben, befaßten sich seltener mit denen der zweiten, und umgekehrt. Man kann also vermuten, daß die Menschen sich an unterschiedlichen Aktivitäten erfreuen, wie sie ja auch verschiedene Dinge sinnvoll finden und sich in ihren Bedürfnissen nach Lernen und Vielfalt unterscheiden.

Flow-Erlebnisse sind glückliche Augenblicke im Leben, und die Erinnerung an sie kann eine wichtige Determinante für die aktuelle Glücksempfindung sein: „Die Gipfelerlebnisse bestimmen die Sinnhaftigkeit des Lebens, und ein einziger Augenblick kann rückwirkend einem ganzen Leben Sinn geben. Fragen wir einen Bergwanderer, der einen Sonnenuntergang in den Alpen gesehen hat und von der Pracht der Natur so bewegt war, daß kalte Schauer seinen Rücken hinunterrannen, ob ihm sein Leben nach solch einem Erlebnis je wieder sinnlos erscheinen kann."[18]

Die Erfahrung des Flow scheint ein Gegenpol von Überdruß zu sein. Tatsächlich weisen vorläufige Ergebnisse darauf hin, daß Menschen, die *bis zum Flow in Tätigkeiten aufgehen*, weniger Überdruß berichten.[19] Jeder Mensch kann Flow-Erlebnisse im eigenen Leben wahrnehmen. Man kann feststellen, wie häufig sie auftreten, und bewußt versuchen, sie herbeizuführen. Das scheint leichter gesagt als getan; man kann aber zum Beispiel damit anfangen, zu ergründen, welche Bedingungen für solche Erfahrungen notwendig sind, und dafür sorgen, daß diese Bedingungen bei der Arbeit und auch sonst gegeben sind. Wie Csikszentmikalyi gezeigt hat, treten Flow-Erlebnisse bei bestimmten Aktivitäten mit höherer Wahrscheinlichkeit auf als bei anderen. Sind solche Aktivitäten Teil der Neigungen oder des Berufs eines Menschen, kann er sich glücklich schätzen. Wer dieses Glück nicht hat, kann zweierlei unternehmen: Einmal kann er versuchen, solche Aktivitäten in Nebenbeschäftigungen einzubauen (zum Beispiel Erlebnisse, die „flowähnliche" Gefühle vermitteln wie Wandern, Tanzen, Malen). Die meisten Menschen verbringen jedoch beinahe die Hälfte ihres wachen Lebens bei ihrer Arbeit. Es wäre also wichtig, daß sie versuchen, die zweite Möglichkeit zu nutzen und einen oder mehrere Aspekte ihrer Arbeit ausfindig zu machen, die Flow-Erlebnisse eröffnen. Zwar gibt es nur wenige Menschen, die berufsmäßig Schach spielen oder malen können, es gibt aber auch nur wenige Beschäftigungen, die einem kreativen Menschen wirklich keine Möglichkeiten bieten, zumindest durch seine Arbeit *zuweilen Zugang zum Flow zu finden.*

Selbstverwirklichung

Es gibt mehrere psychologische Persönlichkeitstheorien, die ein Bedürfnis nach Selbsterfüllung und Wachstum als grundlegende Motivation für alles menschliche Bestreben sehen.[20] Eine dieser Theorien, vorgeschlagen von Abraham Maslow, ist in den letzten Jahren ziemlich populär geworden.[21] Maslow sieht eine zentrale Tendenz der menschlichen Persönlichkeit in dem Streben nach der Verwirklichung aller ihrer Potentiale; er nannte dies die Tendenz zur Selbstverwirklichung. Diese Tendenz zur Selbstverwirklichung drängt auf den Ausdruck der einmaligen Charakteristika der Person und führt zu einem erfüllten und als sinnvoll empfundenen Leben.

Für Maslow steht Selbstverwirklichung zuoberst in der Hierarchie menschlicher Bedürfnisse; das heißt, das Bedürfnis nach Selbstverwirklichung kann erst nach Erfüllung anderer, niedrigerer Bedürfnisse befriedigt werden. Maslows Hierarchie umfaßt fünf Ebenen menschlicher Grundbedürfnisse. Auf der untersten Ebene stehen physiologische Bedürfnisse wie die nach Nahrung, Wasser, Luft und Schlaf. Wenn diese befriedigt worden sind, erwachen die Bedürfnisse der nächsten Hierarchiestufe, die Sicherheitsbedürfnisse. Die Menschen versuchen, Umgebungen ohne Bedrohungen und Gefahren zu schaffen. Auf der nächsten Ebene kommen die Liebesbedürfnisse, das Verlangen, geliebt und angenommen zu werden. Dann folgen die Bedürfnisse nach Wertschätzung, also danach, respektiert und für wertvoll gehalten zu werden. Und an der Spitze der Hierarchie schließlich steht das Bedürfnis nach Selbstverwirklichung.

Auch in den Schriften Carl Rogers' ist die Verwirklichung des Selbst ein zentrales Thema:[22] „In jedem Organismus, auch im menschlichen, sind Kräfte wirksam, die auf eine konstruktive Erfüllung aller seiner inhärenten Möglichkeiten drängen, eine natürliche Tendenz zum Wachstum. Diese Tendenz kann behindert werden, aber man kann sie nicht zerstören, ohne den Organismus zu zerstören." Selbstverwirklichung bedeutet lebensbereicherndes Handeln im Einklang mit dem eigenen ererbten Wesen. Selbstverwirklichung bedeutet die Erfüllung von Wünschen, die aus den eigenen Anlagen entstehen. Selbstverwirklichung bedeutet ständiges Streben, dem eigenen bewußten Selbstbild entsprechend zu handeln, sich zu entwickeln und das eigene Selbst zu erfahren. Selbstverwirklichung bringt also die verschiedenen Züge der Persönlichkeit zur Entfaltung und Übereinstimmung; sie schafft die Verbindung von Selbst und Gesellschaft; sie bringt das eigene Potential zum Ausdruck und bedingt Wandel und Wachstum, schafft Offenheit für neue Erlebnisse und Erfahrungen. Selbstverwirklichung ist aktives, kreatives Leben.

Man sollte meinen, daß Menschen, deren Lebens- und Arbeitsbedingungen ihnen erlauben, sich herausgefordert zu fühlen, und ihnen das Gefühl vermitteln, daß sie ihre Potentiale verwirklichen können, nicht durch Ausbrennen und Überdruß gefährdet sind; tatsächlich gibt es Daten, die diese Erwartung bestätigen. Die meisten Menschen aus gehobenen Berufsgruppen, die an unseren Untersuchungen teilnahmen, sahen Selbstverwirklichung als eine sehr begehrenswerte Lebensqualität an; der Mangel an Gelegenheiten zur Selbstverwirklichung im Beruf und zu Hause stand in signifikanter Beziehung zu Überdruß und Ausbrennen (d.h. je weniger Selbstverwirklichung, um so mehr Überdruß).[23] Menschen, die mehrere Jahre in der Ausbildung für einen bestimmten Beruf verbringen, hegen häufig Erwartungen, in ihrer beruflichen Laufbahn fortgesetzt Herausforderung und Möglichkeiten der Selbstverwirklichung zu finden. Wenn diese Erwartungen nicht in Erfüllung gehen, wenn sie ihre Begabungen und erworbenen Kenntnisse im Beruf nicht entfalten können, erleben sie ernsthafte Frustration, Überdruß und Ausbrennen.

Um zusammenzufassen, was wir auf den letzten Seiten gesagt haben, kommen wir am besten auf die beiden jungen Männer zurück, die als Verkäufer in derselben Buchhandlung arbeiteten. Der Leser erinnert sich: Obwohl beide die gleichen Aufgaben hatten, empfand der eine seine Tätigkeit als bereichernd, der andere als langweilig und stagnierend. Man ist versucht, diese Unterschiede ihres Erlebens anhand ihrer Persönlichkeit zu erklären: Sam ist ein wißbegieriger, sonniger Mensch, Harry ist verschlossen und mürrisch. Alle Menschen sind verschieden, das muß nicht eigens gesagt werden. Andererseits wäre es verfehlt, Verhaltensunterschiede nur auf starre, unveränderliche Persönlichkeitszüge zurückzuführen. Wir haben im Verlauf unserer Arbeit immer wieder gesehen, daß Menschen ihr Verhalten und ihre Einstellung zur Welt ohne langfristige Psychotherapien oder tiefgreifende Persönlichkeitsveränderungen aus eigener Kraft zu ändern vermögen. Sie brauchen Gelegenheit, sich der Ursachen ihrer Belastung bewußt zu werden und zu klaren Einsichten zu kommen, welche Aspekte ihrer Umwelt (zu der auch ihre innere Umwelt gehört) verändert werden können; sie müssen den Antrieb haben, die Verantwortung für einen Wandel zu übernehmen und einige grundlegende Kenntisse und Fähigkeiten zu erwerben. Wenn Harry sich bemühte, die Buchhandlung als einen Ort anzusehen, an dem er viel lernen kann, könnte er auch lernen, seine Beschäftigung als sinnvoll zu betrachten. Man kann die Arbeit in einer Buchhandlung als einen Dienst an den Menschen sehen, denen man ein ihr Leben bereicherndes Interesse an Büchern vermittelt. Auch könnten Sam und Harry, bei richtiger Einstellung, jeden Erfolg nützen, den sie erzielen. Wir sagten schon, daß Erfolg zum Ausbrennen führen kann, wenn er nur als eine Stufe einer endlosen Leiter zu einem mythischen Ziel oder als ein Medium des Vergleichs mit anderen, offenbar erfolgreicheren Leuten registriert wird. Wenn Harry ein wenig nachdenken und sich Mühe geben wollte, könnte er lernen, seine Leistungen anzuerkennen und zu genießen, ehe er sich an die nächste Herausforderung wagt. Und was die Vielfalt betrifft, so sah Sam die Buchhandlung als einen Ort unendlich vielfältiger Möglichkeiten: Bücher aller Art, verschiedenartige Käufer, und so weiter — weshalb sollte es Harry nicht gelingen, sich diese Ansicht zu eigen zu machen? Ein Versuch, Sam oder Harry (oder den Lesern dieses Buches) genaue Ratschläge zu geben, welche Aktivitäten in ihrem Leben zu Flow-Erlebnissen werden oder ihnen helfen könnten, ihr Potential besser zu entfalten, wäre Anmaßung; wir sind jedoch überzeugt, daß jeder Mensch dieser Verwirklichung durch eine aktive Überprüfung des gewöhnlichen Alltagslebens und die Suche nach neuen Erfahrungen solcher Art um vieles näherkommen kann.

Wie kann man Ausbrennen und Überdruß bewältigen?

In unserer kurzen Vorschau im ersten Kapitel dieses Buches haben wir vier wesentliche Strategien zur Bekämpfung des Ausbrennens vorgeschlagen: Man muß sich, erstens, des Problems bewußt werden, zweitens die Verantwortung für Gegenmaßnahmen übernehmen, drittens möglichst klare Einsichten über das Problem erlangen und viertens neue Methoden der Lösung entwickeln, die umfassender anwendbar und wirkungsvoller sind als die bisher eingesetzten.

In den nächsten Kapiteln geben wir einige Ratschläge: Menschen, die in helfenden Berufen arbeiten, sollten ihre klientenzentrierte Orientierung in ausgewogenere Beziehungen zu ihren Patienten und Klienten wandeln; insbesonders sollten sie „distanzierte Anteilnahme" entwickeln und einhalten. Menschen, die in Verwaltungen und Behörden arbeiten, sollten lernen, wie man ein „guter Bürokrat" wird. Berufstätige Hausfrauen, deren Konflikte zum Teil aus sozialen und psychologischen Doppelbindungen entstehen, sollten ihre Lebensentscheidungen unabhängig von äußerem Druck treffen und sie nicht bereuen oder Schuldgefühle aufkommen lassen. In diesem Kapitel haben wir vorgeschlagen, daß alle Menschen sich aktiv um Lernen, Wissen, um Vielfalt, um ein Gefühl des Sinnes und des Erfolgs, um Flow-Erlebnisse und um Selbstverwirklichung bemühen sollten, um über Ausbrennen und Überdruß hinauszuwachsen.

Wir können eine Reihe allgemeiner Vorschläge in bezug auf mögliche Bewältigungsstrategien gegen Ausbrennen und Überdruß machen. Die Menschen haben jedoch verschiedene Bewältigungsstile, die sich wiederum nach ihrer Wirksamkeit unterscheiden. Bewältigungsstrategien bezeichnen die *Bemühungen*, mit schädlichen, bedrohlichen oder herausfordernden Bedingungen fertig zu werden, wenn automatische Reaktionen nicht ohne weiteres zur Verfügung stehen.[24] In diesem Terminus ist nicht inbegriffen, daß diese Bemühungen auch *Erfolg* haben. Bewältigungsstrategien stehen zwischen Streß und Anpassung. Diese Definition der Bewältigung wird in der Streßforschung allgemein und auch in unseren eigenen Untersuchungen verwendet. Die Streßforschung konzentrierte sich in der Hauptsache auf Bewältigung in Fällen von schweren Belastungen, etwa bei Verletzungen, beim Tod eines Kindes, beim eigenen Sterben, bei Naturkatastrophen oder beim Verlust der Anstellung. Trotz der klinischen und theoretischen Bedeutung der Bewältigung im Alltagsleben gibt es gerade über dieses Thema wenige Untersuchungen. Aus diesem Grunde konzentrierten wir unsere Forschungsarbeiten auf die Bewältigung dieser chronischen alltäglichen Belastungen, nicht auf die einschneidenderer Lebensereignisse.[25] Wir glauben, daß diese Belastungen so schwer zu ertragen sind, weil sie eben chronisch und scheinbar alltäglich-bedeutungsloser Art sind.

Vier Bewältigungsstrategien

Richard Lazarus, einer der führenden Streßforscher, unterscheidet zwei allgemeine Typen von Bewältigungsansätzen: erstens direkte Maßnahmen, durch welche die Person sich in der streßhaften Auseinandersetzung mit der Umwelt zu behaupten sucht, und zweitens palliative Maßnahmen, die Erleichterung schaffen, wenn die Umwelt nicht im Sinne der Person beeinflußt werden kann oder eine direkte Maßnahme zu teuer zu stehen kommt.[26] Direkte Bewältigungsversuche oder direkte Maßnahmen sind äußere Strategien, die sich gegen die umweltgegebenen Streßfaktoren richten; indirekte Bewältigungsversuche oder palliative Maßnahmen dagegen sind als innere Strategien zu verstehen, welche die Emotionen und das Verhalten der Person beeinflussen. Aus unseren eigenen Arbeiten ergab sich neben dieser direkt-indirekten Dimension der Bewältigungsstrategien eine aktiv-inaktive Dimension.[27] Aktive Bewältigungsstrategien beeinflussen bestimmte Streßfaktoren oder suchen die streßhafte Situation oder das Selbst zu ändern. Inaktive Strategien vermeiden oder leugnen die Belastung (auf kognitivem oder physischem Weg). Aus dieser direkt-indirekten und dieser aktiv-inaktiven Dimension ergeben sich vier Typen von Bewältigungsstrategien, von denen in unserem Schema jede durch drei Beispiele dargestellt wird.

1. Direkt-aktiv: die streßhafte Situation verändern, bestimmte Streßfaktoren beeinflussen, positive Aspekte der Situation herausfinden.
2. Direkt-inaktiv: die streßhaften Elemente der Situation ignorieren, sie vermeiden oder die Situation verlassen.
3. Indirekt-aktiv: über den Streß sprechen, sich in Anpassung an die streßhaften Elemente der Situation verändern, sich in anderen Tätigkeiten engagieren.
4. Indirekt-inaktiv: trinken, krank werden oder zusammenbrechen.

	Aktiv	**Inaktiv**
Direkt	● die streßhafte Situation verändern ● bestimmte Streßfaktoren beeinflussen ● eine positive Einstellung einnehmen	● die streßhaften Elemente der Situation ignorieren ● die streßhaften Elemente der Situation vermeiden ● die Situation verlassen

	Aktiv	**Inaktiv**
Indirekt	● über den Streß sprechen ● Selbstveränderung ● andere Tätigkeiten aufnehmen	● trinken ● krank werden ● zusammenbrechen

In einer unserer Erhebungen befragten wir 147 Versuchspersonen über die wichtigsten Belastungen in ihrem Berufs- und Privatleben und baten sie dann zu schildern, wie sie diesen Streß bewältigten oder zu bewältigen suchten. Zwanzig Prozent gaben an, daß sie bestimmte Streßfaktoren zu beeinflussen versuchten. Zwanzig Prozent sagten, daß sie die streßhaften Elemente der Situation vermieden (18%) oder gar nichts unternahmen (2%). Neunundvierzig Prozent wählten verschiedene indirekt-aktive Methoden: Gespräche über den Streß (20%), Nachdenken (12%), Überlegungen (9%), Beschäftigung mit anderen Aktivitäten (7%), körperliche Tätigkeiten, religiöse Aktivitäten und Entspannung (1%). Elf Prozent berichteten von indirekt-inaktiven Strategien: sich Sorgen machen und weinen (4%), trinken, essen und rauchen (1%), Hinnehmen der Situation (4%) und gar nichts tun (2%).

In einer weiteren Untersuchung legten wir 84 Versuchspersonen eine Liste dieser vier Kategorien von Bewältigungsstrategien vor und baten sie, anzugeben, wie oft sie jede dieser Kategorien anwendeten und als wie erfolgreich sie ihre Bewältigungsmaßnahmen empfanden. Am häufigsten wurden aktive Strategien gegen Überdruß angewendet; sie wurden auch für die erfolgreichsten gehalten. Inaktive Strategien waren weniger häufig und wurden als die am wenigsten erfolgreichen bezeichnet. Je häufiger aktive Strategien eingesetzt wurden, um so geringer war der Überdruß der Individuen; je häufiger inaktive Strategien eingesetzt wurden, um so größer war er. Eine Ausnahme in diesem Muster bildete die direkt-inaktive Maßnahme, die streßhaften Elemente einer Situation zu ignorieren; sie wirkte sich eher wie eine aktive aus. Wichtig ist hier die Unterscheidung zwischen Ignorieren und Vermeidung einerseits und Leugnung andererseits: Streßhafte Elemente einer Situation zu ignorieren bedeutet eine bewußte Entscheidung des Individuums in bezug auf das Problem. Den Streß leugnen bedeutet, daß die Bedrohung und die Belastung bestehen bleiben. Indirekt-aktive Strategien scheinen für hohe Grade von Überdruß symptomatisch zu sein; Personen, die sie häufig einsetzen, geben auch hohe Grade von Überdruß an. Es ist nicht klar, ob das Ausbrennen die Betroffenen veranlaßt, übermäßig zu trinken oder zu rauchen oder Medikamente zu nehmen, oder ob dieses Übermaß das Ausbrennen verursacht. Es besteht jedoch kein Zweifel, daß hier eine Beziehung besteht.[28] Indirekt-inaktive Strategien sind im besten Falle wirkungslos, da sie den Streß nicht reduzieren, aber unter Umständen das Individuum so schädigen, daß es nicht mehr in der Lage ist, sich angemessen zu verhalten. Man könnte argumentieren, daß ein Bewältigungsversuch in Form von übermäßigem Alkohol- oder Drogenkonsum gar keiner ist, sondern nur einen bequemen Weg zu augenblicklicher Erleichterung darstellt.

Menschen, die aktive Strategien erfolgreich einsetzen, finden, daß diese den Überdruß mildern, weil man die Streßfaktoren mit einer gewissen Wahrscheinlichkeit durch sie beeinflussen kann. Angestellte, die Probleme mit ihren Vorgesetzten haben und (direkt-aktiv) mit diesem darüber sprechen, einem Freund (indirekt-aktiv) davon erzählen oder den Streß (direkt-inaktiv) ignorieren, sind wahrscheinlich weniger durch Überdruß gefährdet als Menschen, die (indirekt-inaktiv) Vergessen im Alkohol suchen.

Auch wenn man weiß, welche Bewältigungsstrategien man im allgemeinen einsetzt, sollte man sich keinesfalls ausschließlich als einen „rein direkt-aktiven Bewältiger" sehen und sich auf diese Weise in eine einzige Kategorie einstufen. Ein Vergleich der Männer und Frauen zeigte zum Beispiel, daß die Frauen eher zu indirekten Bewältigungsmethoden neigen, d. h. über den Streß sprechen, krank werden oder zusammenbrechen. Die Männer verwendeten häufiger direkte Strategien wie Beeinflussung oder Nichtbeachtung streßhafter Elemente. Für die Frauen waren Gespräche über ihren Streß als Strategie erfolgreicher als für Männer, Nichtbeachtung dagegen weniger erfolgreich. Wenn man eine Strategie in gewissen Situationen erfolgreich eingesetzt hat, heißt das jedoch keineswegs, daß man sich auf diese eine Strategie beschränken sollte. Wir haben Männer kennengelernt, die sich selbst als direktaktive Bewältiger bezeichneten und sich wie gelähmt fühlten, wenn sie in Situationen gerieten, in denen direkt-aktive Methoden dysfunktional gewesen wären. Nehmen wir an, einem Mann entstehe erheblicher Streß aus dem barschen und einschüchternden Benehmen seines Vorgesetzten: Dieser Mann weiß, daß eine direkte Konfrontation in dieser Sache eben dieses Verhalten des Vorgesetzten hervorrufen würde. Wenn er sich als „direkt-aktive" Person versteht und diese Auffassung auf diese oder jene Weise mit seinem Selbstbild als „Mann" verbunden ist, macht er sich selbst aktionsunfähig. Es ist nämlich nach seiner eigenen Definition „unmännlich", einen indirekten Bewältigungsversuch zu unternehmen, andererseits ist er überzeugt, daß die „männliche" Methode in dieser Situation zur Katastrophe führen muß. Auf diese Weise verurteilt er sich selbst dazu, mit diesem Streß zu leben. Wer in ungünstigen, bedrohlichen oder herausfordernden Situationen jeweils verschiedene, situationsgemäße Strategien anzuwenden weiß, wird am besten mit dem Leben fertig.

Wirkungsvolle Reaktionen in Streß-Situationen

Unter welchen Bedingungen aber sind die einzelnen Bewältigungskategorien (oder Reaktionskomplexe) angemessen und mit einer gewissen Wahrscheinlichkeit erfolgreich? Dov Eden, ein Fachmann für Verwaltungswissenschaften an der Universität in Tel Aviv, versuchte, diese Frage zu beantworten.[29] Nach Professor Eden können streßhafte Situationen nach zwei voneinander unabhängigen Dimensionen klassifiziert werden, deren Kombination verschiedene Reaktionen auf Streß mehr oder weniger möglich und wirksam machen. Die erste Dimension ist Veränderbarkeit. Eine Veränderung der Situation kann unmöglich sein, wenn ein mit der Aufgabe unlösbar verbundenes Risiko das Wohlergehen des Individuums bedroht — zum Beispiel das eines Testpiloten. Er kann die potentielle Gefährlichkeit seines Berufs nicht ausschalten, es ist vielmehr Teil seiner Aufgabe, noch unbekannte Gefahren aufzuspüren, indem er sich ihnen aussetzt. Andere Situationen können verändert werden: Wenn zwei Vorgesetzte an denselben Angestellten unvereinbare Forderungen stellen, kann dieser die beiden über den Konflikt informieren, ein Treffen zu dritt arrangieren oder sich der Vermittlung einer vierten Partei bedienen und so den streßhaften Konflikt im Prinzip — und häufig in der Praxis — entschärfen oder beseitigen. Um zu einem Urteil über eine streßhafte Situation zu kommen, ist also zunächst festzustellen, ob und wieweit sie verändert werden kann.

Die zweite Dimension ergibt sich aus der Kontinuität der Belastung. Manche Belastungen bestehen ununterbrochen; sie stellen eine dauernde Bedrohung für das Individuum dar. Andere treten nur zeitweilig und in unterschiedlichen Perioden auf. Steuerberater zum Beispiel erleben regelmäßige Perioden streßhafter Überbelastung, die sich allmählich steigert und kurz vor dem Steuererklärungstermin ihren Höhepunkt erreicht. Diese periodische Regelmäßigkeit ist für viele Berufe voraussagbar, so für Taxifahrer in der Stadt (Hauptverkehrszeiten), Lehrer (Anfang und Ende des Schuljahrs) und Notmannschaften während angekündigter Streiks. Streßperioden können aber auch unvoraussagbar sein wie für Rettungsmannschaften, für Krankenhauspersonal auf Notfallstationen, militärische Einheiten in Kriegszeiten, Feuerwehrmannschaften und bei Verhandlungen bei nicht organisierten Streiks. Aus der

Kombination von Veränderbarkeit einerseits und Zeitweiligkeit andererseits lassen sich vier Kategorien von Streß-Situationen ableiten. Die beste Strategie zur Bewältigung von veränderbarem, kontinuierlichem, situationsbedingtem Streß ist die direkt-aktive. Die Beeinflussung der Situation ist die Anstrengung wert, wenn die Belastung kontinuierlich ist. Auch wenn die Streßquelle veränderbar und der Streß periodisch ist, können direkt-aktive Bewältigungsstrategien angewendet werden; ob der Aufwand an Anstrengung, der vonnöten ist, um die Situation zu ändern, gerechtfertigt ist, richtet sich nach der Periodizität und dem Grad der Belastung. Es mag ratsamer sein, den Streß zu ignorieren und die Dinge auf sich beruhen zu lassen.

In unveränderbaren und nur zeitweilig streßhaften Situationen können direkt-aktive Bewältigungsmethoden nicht angewendet werden. Man kann jedoch zeitweilige Erleichterung durch Katharsis und Zerstreuung oder aber durch Selbst-Veränderung finden und sich auf diese Weise auf eine Situation einstellen, die nicht zu verändern ist. Mit anderen Worten: Menschen, die unter zeitweiligem Streß stehen, brauchen zeitweilige Erleichterung. Wenn der Streß „aus" ist, sind die Anpassungsreaktionen nicht nötig, wohl aber, wenn er „an" ist. Diese Art der Anpassung kann einem helfen, Perioden höchster Belastung zu überstehen.

In der schwierigsten Lage sind Menschen, die unveränderbarem, kontinuierlichem Streß ausgesetzt sind. Direkte Strategien sind nicht möglich, weil der Streß nicht beeinflußt werden kann. Da er kontinuierlich ist, ist auch zeitweilige Erleichterung nicht möglich. In solchen Situationen sind indirekt-aktive Bewältigungsmethoden zu empfehlen. Wer sich selbst nicht hinreichend ändern kann, um die Differenz zwischen den umweltgegebenen Forderungen und den eigenen Kapazitäten zu überbrücken, oder wem die zeitweilige Entlastung durch Katharsis und Zerstreuung nicht ausreicht, kann sich vor dem Ausbrennen nur schützen, indem er sich der Situation entzieht.

Empfehlungen für persönliche Bewältigungsmethoden

Die bisher dargestellten Bewältigungsstrategien und die beiden in diesem Kapitel geschilderten Kategorien von Streßreaktionen sind als allgemeine Ansätze zur Bekämpfung des Ausbrennens anzusehen. Im folgenden geben wir spezifischere und konkretere Empfehlungen für persönliche Methoden der Bewältigung. Manche wurden schon erwähnt, wir halten sie jedoch für so wichtig, daß wir sie noch einmal darstellen, auch wenn wir uns damit dem Vorwurf der Wiederholung aussetzen.

Überprüfung der eigenen Bewältigungsmethoden

Um sich über das eigene Ausbrennen und den eigenen Überdruß klar zu werden, kann man ein Tagebuch über den täglich erlebten Streß, die eingesetzten Bewältigungsmethoden und ihre Wirksamkeit führen. Man sollte für eine Zeitspanne zwischen einer Woche und einem Monat jeden Abend die Belastungen und die Freuden des vergangenen Tages aufzeichnen und beschreiben. Wir hörten von Menschen, die ein solches Journal geführt haben, daß es wichtig ist, zuerst über die Freuden zu schreiben: Die Schilderung des erlittenen Schmerzes kann so deprimierend sein, daß man sich danach kaum mehr an die erfreulichen Ereignisse erinnern kann. Jeder Streß und jede Belastung ist auf der folgenden Intensitätsskala einzustufen:

1	2	3	4	5	6	7
nicht intensiv			mäßig intensiv			sehr intensiv

Jeder Streß sollte im Zusammenhang mit den Bewältigungsbemühungen, die er ausgelöst hat, beschrieben werden. Wie zum Beispiel reagierte ein Mann auf eine hämische Bemerkung seiner Vorgesetzten? Trat er ihr (aktiv-direkt) entgegen, um ihr zu sagen, wie er ihre Bemerkung empfunden hat? Hat er sie für den Rest des Tages (direkt-inaktiv) vermieden? Hat er seinen besten Freund angerufen, um sich (indirekt-aktiv) via Telephon auszuweinen, oder hat er sich (indirekt-inaktiv) aus dem Büro auf einen schnellen Drink in die nächste Bar begeben?

Für jede angeführte Reaktion sollte auch vermerkt werden, wie erfolgreich sie war (von 1 = gar nicht bis 7 = sehr erfolgreich). Am Ende der Woche oder des Monats sollte man dieses Tagebuch gründlich studieren und versuchen, die Regelhaftigkeiten der Streßerlebnisse und der jeweiligen Bewältigungsversuche herauszufinden. Manche Menschen finden, daß ihr Streß hauptsächlich aus ihrem Berufsleben entsteht, für andere wird er durch das Familienleben oder durch bestimmte Menschen oder Tätigkeiten verursacht. Mit Hilfe dieses Tagebuches gelingt es manchen Leuten, Verhaltensmuster zu identifizieren, die sich als erfolgreiche Bewältigungsmethoden erwiesen haben; andere müssen feststellen, daß sie sich auf sehr wenig wirksame Bewältigungsstrategien beschränken. Viele Menschen kommen zu dem Schluß, daß ihr Reaktionsrepertoire zu beschränkt ist und erweitert werden muß.

Zielsetzung

Am schwersten sind wahrscheinlich jene Arten von Streß zu bewältigen, die von enttäuschten Hoffnungen herrühren. Wir alle erinnern uns an die Gründe unserer einstigen Berufswahl; wir sollten von Zeit zu Zeit ergründen, in welchem Maße unsere ursprünglichen Hoffnungen und Erwartungen sich erfüllen. Ausbrennen und Überdruß sind gewöhnlich damit verbunden, daß man sich seiner Hoffnungen und Ambitionen nicht mehr bewußt ist. Wir wissen nicht, ob ein Mensch sich seiner Ziele nicht mehr bewußt ist, weil er ausbrennt, oder umgekehrt; da diese Erscheinungen jedoch gewöhnlich gemeinsam auftreten, ist eine Empfehlung angezeigt: Wir legen jedem einzelnen sehr nahe, kurzfristige wie langfristige Ziele kontinuierlich neu zu beurteilen. Es ist wichtig, daß die Ziele der Person und allen anderen, mit denen sie zu tun hat, realistisch erscheinen. Für Therapeuten kann es zum Beispiel die Mühe lohnen, ihre diagnostischen Fähigkeiten auszubauen, damit sie wissen, was sie realistischerweise von ihren Klienten und von sich selbst erwarten können. In diesem Zusammenhang ist eine vielen Angehörigen dieser Berufe gemeinsame Erfahrung zu erwähnen, die selbstzerstörend wirken kann: Zu Beginn ihrer beruflichen Laufbahn versuchen sie das Unmögliche, weil sie einfach nicht wissen, daß es unmöglich ist. Sie widmen sich einem Fall voll und ganz und „wirken Wunder", um sich dann für immer und ewig schuldig zu fühlen, weil sie für ihre späteren Fälle nicht mehr soviel Anstrengung aufbringen und wissen, daß sie einmal zu dieser Höchstleistung fähig waren. Solche Ziele sind unrealistisch und selbstzerstörend.

Ehe man Ziele setzen kann, müssen Prioritäten abgeklärt werden. Eine Methode war in unseren Arbeitsgruppen sehr erfolgreich: Man stellt sich vor, daß man verschiedene Rollen ablegt. Wenn wir darüber nachdenken, welche Rollen wir im Leben spielen, was an diesen Rollen wichtig und wie wichtig jede einzelne im Vergleich ist, können wir versuchen, uns vorzustellen, wie unser Leben ohne diese Rollen wäre. Wie wäre es, kein „liebender Vater", keine „geliebte Frau", keine „attraktive Person" oder kein „erfolgreicher Geschäftsmann" zu sein? Man stellt sich vor, daß man diese Rollen wie Kleidungsstücke ablegt. Um sich vorstellen zu können, wie man sich dann fühlen würde, muß man Prioritäten auf eine Art und Weise revidieren, die durch bloßes Nachdenken nicht zugänglich wird.

Wenn man sich ganz auf Neubewertung und Neueinschätzung einstellt, kann man beurteilen, welche Veränderungen im Alltagsleben man wünscht und welche im Bereich unserer Einflußmöglichkeiten liegen.

Manche sind nur unter größten Schwierigkeiten durchzuführen; andere lassen sich leichter bewerkstelligen, als man denkt.

Wer sich Ziele setzen und sie klar durchdenken will, muß zu unterscheiden wissen, welche Probleme beeinflußt werden können und welche nicht. In dieser Hinsicht werden zwei Fehler besonders häufig begangen: Ziele werden zu früh aufgegeben oder zu lange aufrechterhalten. Jeder Mensch kann sich darüber klarwerden, wie man ein Problem löst, und jeder Mensch kann zwischen lösbaren und unlösbaren Problemen unterscheiden. Manche Menschen haben die unglückliche Neigung, viele Veränderungen gleichzeitig ins Auge zu fassen, die nicht möglich sind; sie tragen so zur eigenen Frustration bei. Man erreicht am meisten, wenn man sich auf die wenigen Dinge konzentriert, die man ändern kann.

Zeitpunkte und Zeitspannen

Alle Menschen neigen dazu, Veränderungen vor sich herzuschieben; jedermann weiß sich zu überzeugen, daß für dieses oder jenes aus diesem oder jenem Grund nicht „der richtige Zeitpunkt" ist, vor allem, weil jede bevorstehende Veränderung Angst hervorruft. Wenn man jedoch zu dem Beschluß gekommen ist, daß eine Veränderung wichtig ist, muß man auch einsehen, daß die Gegenwart der beste Zeitpunkt für sie ist. Eine unserer Freundinnen, die das College nicht besucht hatte, stellte sich ihren Abschluß in vier Jahren vor: „Lieber Gott, ich bin achtundvierzig . . . wenn ich jetzt mit dem College anfange, bin ich beim Abschluß zweiundfünfzig." „Und wie alt bist Du, in vier Jahren, wenn Du nicht ins College gehst?" fragten wir zurück. Wer Zukunftspläne macht, sollte sich vorzustellen suchen, wie das Leben in fünf Jahren aussehen wird: Haus, Wagen, Ehepartner, Kinder, Beruf und so weiter. Je größer der Unterschied zwischen diesen Zukunftsvorstellungen und der gegenwärtigen Realität ist, um so schneller sollte man Veränderungen einleiten. Man sollte sich klar vor Augen halten, daß Zeit ein kostbarer Vorrat ist, und ein begrenzter dazu.

Verwundbarkeit

Keines Menschen Energien sind unbegrenzt. Jeder muß wissen, welche Belastungen er sich zumuten kann; jeder muß die Gefahrenzeichen des Ausbrennens oder Überdrusses erkennen können und bereit sein, auf sich selbst zu achten. Unsere Reserven an emotionaler, geistiger und physischer Energie sind begrenzt. Wenn wir uns über ein gewisses Maß hinaus verausgaben, erreichen wir wahrscheinlich um so weniger, je länger und je härter wir arbeiten.

Menschen, die sich ermüdet, verärgert, illusionslos und entmutigt fühlen oder noch ernstere Symptome von Ausbrennen und Überdruß erleben, tun gut daran, sich freie Zeit zu nehmen. Das kann ein langes Wochenende sein, eine Woche oder ein Monat oder, wenn möglich, sogar noch länger. In dieser „freien" Zeit können sie analysieren, was geschieht. Dadurch werden sie wahrscheinlich neue und bessere Bewältigungsstrategien ausfindig machen.

Man sollte nicht warten, bis eine Krise eintritt: Es ist besser, die für alle Arbeiten nötige Zeit so einzuteilen, daß für regelmäßige Freizeit an den Abenden, an den Wochenenden und in der Urlaubszeit gesorgt ist. Das gilt besonders für Menschen, die am gleichen Ort leben und arbeiten; sie können vier Wochen arbeiten und die fünfte freinehmen, sie können drei Monate arbeiten und den vierten freinehmen und so fort. Alle Menschen brauchen ein Leben außerhalb ihrer Arbeitssphäre und private Freiräume. Das gilt für Hausfrauen wie für Berufstätige. „Arbeitssucht", regelmäßige Überstunden und abendliche Berufsarbeit zu Hause sind unbedingt zu vermeiden. Wenn die Anforderungen überhandnehmen, sollte eine Pause eingelegt werden, um Prioritäten zu überprüfen.

Abgrenzungen

Es ist wichtig, daß die in der Arbeitssphäre und die in den nicht arbeitsbezogenen Lebensbereichen investierten Energien sorgfältig gegeneinander abgewogen werden. Es ist auch wichtig, daß der Arbeitsbereich vom sonstigen Leben getrennt wird, daß man bei der Arbeit voll und ganz anwesend ist und dann voll und ganz weggeht. Solche Ausgrenzungen erlauben Engagement für alle Lebensrollen und begrenzen den jeder Rolle innewohnenden Streß auf ihre Zeit und ihren Ort. Es hat sich herausgestellt, daß Überschneidungen von beruflichen und privaten Belastungen hoch mit Überdruß korrelieren. Es ist zum Beispiel wichtig, daß man berufliche Probleme nicht mit nach Hause trägt. Diskussionen über berufliche Krisen mit Freunden oder Familienmitgliedern lassen die traumatischen Erlebnisse neu erstehen; die Darstellung der eigenen Seite einer Situation verhilft nur selten zu neuen Einsichten oder Bewältigungsstrategien.

Eine Zeit der „Dekompression" nach der Arbeit hat sich als nützlich erwiesen, eine Zeitspanne für Ruhe, Meditation, sportliches Training oder Entspannung. Ein wenig Zeit hilft einem, sich aus den beruflichen Problemen zu lösen und macht das Heimkommen weniger streßhaft, vor allem für berufstätige Hausfrauen. Wir wissen aus unseren Untersuchungen, daß vielerlei Methoden dazu dienen, „Druck abzulassen": Manche Menschen hören auf derHeimfahrt im Auto Opern, manche bleiben einfach eine Weile an der Bushaltestelle sitzen, manche gehen in ein Jacuzzi-Bad, laufen, schwimmen, schlafen oder sehen sich Schaufenster an.

Die Kraft in uns selbst

Menschen, die sich ihrer Arbeit verschrieben haben, sind vom Ausbrennen bedroht, weil sie sich zu viele oder zu intensive Belastungen für zu lange Zeit aufladen. Sie müssen Sicherheitsmaßnahmen treffen, die ihnen helfen, ihre Situation besser zu bewältigen. Zu diesen Sicherheitsmaßnahmen gehört, daß man sich des beruflichen Stresses bewußt ist, die Gefahrenzeichen von Ausbrennen und Überdruß erkennt, Verwundbarkeit zugibt und der Arbeit vernünftige Grenzen und realistische Ziele setzt. Menschen in den helfenden Berufen sollten vor allem bereit sein, für sich selbst so viel zu tun wie für ihre Klienten und ihre klientenzentrierte Orientierung in eine ausgewogene Beziehung umwandeln. Sie müssen lernen, zu sich selbst so gut zu sein wie zu ihren Klienten. Sie sollten Zeit schaffen für Dinge, die sie gerne (aber viel zu selten) tun, und ihre eigenen menschlichen Bedürfnisse als legitim anerkennen. Um anderen Leuten helfen zu können, muß man selbst ein gutes Leben haben. Übermäßiges Engagement im Beruf kann ein Zeichen sein, daß die so Engagierten es aufgegeben haben, nach sinnvollen außerberuflichen Aktivitäten und Beziehungen zu suchen. Menschen können in Organisationen so untergehen, daß ihnen für sich selbst und ihr eigenes Leben keine Zeit mehr bleibt.

Wir empfehlen eine Methode, derart übermäßiges Engagement zu vermeiden: Man nenne drei Dinge, die man gerne, aber selten tut, und drei, die man höchst ungern, aber zu oft tut. Vielleicht zeigt sich, daß auch hier Prioritäten überprüft werden sollten. Wenn zum Beispiel das Arbeitsleben vor allem geistige, verbale, zukunftsorientierte und emotionale Anforderungen an einen Menschen stellt, kann es nötig sein, daß er sich vermehrt physischen Aktivitäten widmet, die praktisch und gegenwartsorientiert sind. Eines der konsistentesten Ergebnisse unserer Untersuchungen war der Zusammenhang von Ausbrennen und Überdruß mit schlechter körperlicher Gesundheit.[30] Jedwedem Streß kann man bei guter körperlicher Verfassung besser standhalten.

Jeder Mensch kann aus sich selbst Kraft gewinnen. Eine gut gepflegte Selbstachtung ersetzt den Respekt und die Anerkennung, an der es die Menschen in der Umgebung vielleicht fehlen lassen. Alle Menschen können sich am Ende eines Tages oder zumindest an den Wochenenden fragen, was sie im Lauf dieses Tages oder dieser Woche gut gemacht haben, und sich den Luxus wirklicher Wertschätzung für ihre Tüchtigkeit und die harte Arbeit erlauben, die zu ihrem Leben gehören. Das fällt leichter, wenn man sich kurzfristige Ziele setzt und bereitwillig anerkennt, daß man sie erreicht hat.

Die Zuschreibung von Ich-Merkmalen verändern

Das Ausbrennen ist das Resultat einer sozialen und psychischen Interaktion zwischen einer Person und einer Umgebung. Die Menschen müssen lernen, sich als Personen in verschiedenen Situationen zu sehen, nicht nur als Personen mit bestimmten Veranlagungen. Es ist zum Beispiel keine Hilfe, wenn man sich selbst für „schüchtern" hält.[31] Es ist viel nützlicher, auf solche Bezeichnungen zu verzichten und herauszufinden, in welchen Situationen man kampflos aufzugeben pflegt und infolgedessen nicht bekommt, was man braucht. Vielleicht findet man, daß man sich nur um ein weniges mehr anstrengen müßte, um sich produktiver verhalten und mehr persönliche Befriedigung erlangen zu können.

Positive Einstellung

Manche Ereignisse, die man zunächst schwernimmt, wirken ein paar Wochen oder Monate später erheiternd. Wer lernen kann, nicht erst nach Monaten, sondern nach einer halben Stunde über sich selbst zu lachen, baut Streß ab. Schwierige Erlebnisse können auf einer Streß-Skala von 1 bis 10 eingeordnet werden. Wenn man im Sinn behält, daß die extrem negativen Werte für wirkliche Schicksalsschläge reserviert bleiben müssen, kann man die täglichen Streßerlebnisse auf der Skala hinunterdrücken, während man ihnen ausgesetzt ist. Wir müssen unseren Sinn für Humor bewahren. Wir müssen zwar unsere Berufsarbeit ernst nehmen, aber wir müssen uns selbst nicht immer ernst nehmen und bereit sein, über die eigenen Schwächen zu lachen und auch die komischen Seiten zu sehen, die manche schwierigen Situationen haben.

Dies ist keine vollständige Liste aller möglichen persönlichen Bewältigungsstrategien. Wir haben hier beschrieben, was wir über Puffer gegen Ausbrennen und Überdruß wissen, und wir haben Erfahrungen und Erlebnisse beschrieben, die über reine Schutzmaßnahmen hinausgehen und zu persönlichem Wachstum führen.

Wenn Menschen, die darum ringen, über Ausbrennen und Überdruß hinauszuwachsen, Zutrauen in ihre eigenen Möglichkeiten setzen, so bestätigt sich dieses selbst. In vielen Fällen hilft schon der Glaube, daß etwas getan werden kann, eine Aufgabe zu bewältigen. Aber selbst, wenn sie nicht oder nicht besonders gut zu Ende gebracht wird, macht das Vertrauen in die eigenen Fähigkeiten ihre Ausführung interessanter, anregender und erfreulicher. Die Realität fordert immer Kompromisse, aber zu große Konzessionen sollte man nicht machen. Um sich glücklich zu fühlen, braucht man den Glauben, daß man das eigene Leben in der Hand hat und Realität und Vorstellungsvermögen vereinbar sind. Man muß glauben, daß Handlungen und Bedürfnisse, Lebensstil und Wünsche, Träume und Alltagsleben sich verbinden können.

Diese Verbindung ist nicht leicht zu erreichen. Die gewohnten Wege versprechen die Sicherheit des Bekannten; neue Wege rufen die Angst vor dem Ungewissen und dem Risiko des Mißerfolgs und der Reue hervor. Aber diese Ängste sind integrale Teile eines Lebens, das Wandel und Wachstum bringt. Die Wahl eines neuen Weges braucht Mut und die Überzeugung, daß man Macht über das eigene Leben hat. Sie erfordert auch ein Gefühl der Kontrolle über die eigenen Handlungen bei der Auswahl gegebener und bei der Schaffung neuer Alternativen. Wenn man mehr erreichen will, als das Ausbrennen und den Überdruß gerade zu verhindern, muß man ständig nach Handlungsalternativen suchen und neue schaffen.

Obgleich Ausbrennen ein traumatisches und deprimierendes Erlebnis ist, kann es der Beginn vertieften Verstehens und vermehrter Bewußtheit des eigenen Lebens bedeuten. Den Kampf um dieses Wachstum könnte man einer Kriegslist vergleichen, die die Schwungkraft des Gegners nutzt, um ihn zu besiegen. So kann es auch mit dem Ausbrennen und dem Überdruß sein: Wenn die Menschen über angemessene Methoden zur Streßbewältigung verfügen, macht das Erlebnis sie oft stärker, weiser und einsichtsvoller, als sie waren und vielleicht geblieben wären.

Anmerkungen

1 R. A. Butler, „Curiosity in Monkeys". *Scientific American,* 190 (1954), S. 78—95.

2 V. E. Frankl, *The Doctor and the Soul* (New York: Bantam Books, 1967).

3 In einer Untersuchung über 205 Angehörige gehobener Berufsgruppen ergab sich zwischen Sinn im Leben und Überdruß eine Korrelation von $r = -.22$ ($p <$. 05); für eine Stichprobe von 84 Studenten lag die Korrelation bei $r = -.33$ ($p <$. 05).

4 S. R. Maddi, „The Existential Neurosis". *Journal of Abnormal Psychology* 72 (1967), S. 311—325.

5 A. Antonovsky, *Health, Stress and Coping* (San Francisco: Jossey-Bass,1979).

6 R. Walton schreibt in seinem Artikel „Alienation and Innovation in the Work Place" in: *Work and the Quality of Life*, ed. J. O'Toole (Cambridge, Mass.: MIT Press, 1974; S. 227—245), über neuartige Methoden eines Managements, das autonomen Arbeitsgruppen kollektive Verantwortung für große Abschnitte des Produktionsprozesses delegierte, um die Arbeit zu bereichern und den Angestellten zu mehr Vielfalt, zu vermehrter Autonomie und einem Gefühl der Bedeutung zu verhelfen.

7 D. McClelland, *The Achieving Society* (New York: Van Nostrand, 1961).

8 Zum Beispiel lag die Korrelation für Erfolg im Leben für eine Versuchsgruppe von 205 Angehörigen gehobener Berufsgruppen bei $r = -.48$ ($p < .001$) und bei $r = -.58$ ($p < .001$) für eine Stichprobe von 84 Studenten.

9 Für eine Untersuchung über 205 Angehörige gehobener Berufsgruppen zum Beispiel ergab sich eine Korrelation von $r = -.23$ ($p < .001$) zwischen Vielfalt im Leben und Überdruß, für 84 Studenten eine solche von $r = -.44$ ($p < .001$).

10 E. Duffy, *Activation and Behavior* (New York: Wiley, 1962).

11 J. P. Zubeck, *Sensory Deprivation: Fifteen Years of Research* (New York: Appleton-Century-Crofts, 1969).

12 Christopher Burney, *Solitary Confinement*. (New York: Croward-McCann, 1952).

13 Duffy, *Activation and Behavior*.

14 Im *San Francisco Chronicle*, 9. Mai 1979 vom Manson Syndikat berichtet.

15 B. Russell, *The Conquest of Happiness* (New York: Liveright, 1930).

16 M. Csikszentmikalyi, *Beyond Boredom and Anxiety: The Experience of Play in Work and Games* (San Francisco: Jossey-Bass, 1975).

17 N. Krogius, *Psychology in Chess* (Albertson, N.Y.: RHM Press, 1976).

18 V. E. Frankl, *The Doctor and the Soul* (New York, Bantam Books, 1977), S. 35.

19 Eine Voruntersuchung über 29 Angehörige gehobener Berufsgruppen hat ergeben, daß zwischen dem Erleben vollständiger Konzentration und von Gefühlen des Einsseins mit der Umgebung und der Kontrolle der eigenen Bedürfnisse nach Aktivität einerseits und dem Überdruß andererseits eine negative Korrelation besteht.

20 Ein Überblick findet sich bei S. R. Maddi, *Personality Theories: A Cognitive Analysis* (Homwood, Ill.: Dorsey Press, 1976).

21 A. Maslow, *Toward a Psychology of Being* (New York: Van Nostrand, 1962).

22 C. R. Rogers, *On Becoming a Person* (Boston: Houghton-Mifflin, 1962).

23 In einer Untersuchung über 205 Angehörige gehobener Berufsgruppen zum Beispiel lag die Korrelation zwischen Überdruß und Selbstverwirklichung bei $r = -.27$ ($p < .01$); in einer anderen über 84 Studenten bei $r = -.26$ ($p < .01$).

24 A. Monat und R. S. Lazarus, *Stress and Coping* (New York: Columbia University Press, 1977).

25 D. Kafry and A. Pines, „Coping Strategies and the Experience of Tedium", Vortrag vor der American Psychological Association, Toronto, August 1978.

26 R. S. Lazarus, „Psychological Stress and Coping in Adaptation to Illness". *International Journal of Psychiatry in Medicine*, 5 (1974), S. 321—333.

27 Kafry and Pines, „Coping Strategies".

28 Ibid.

29 Dov Eden, „Toward an Analysis of Stress Situation and Response Effectiveness". Persönliche Mitteilung, Universität Tel Aviv, Israel.

30 In verschiedenen Untersuchungen lag die Korrelation zwischen Überdruß und körperlicher Gesundheit zwischen r = —.20 und r = —.46. Alle Korrelationen waren statistisch signifikant.

31 P. G. Zimbardo, *Shyness: What It Is, What To Do About It* (Reading, Mass.: Addison-Wesley, 1977).

9. Kapitel: Postskriptum: Ausbrennen und Überdruß außerhalb des Berufslebens

Das Hauptthema dieses Buches waren das Ausbrennen und der Überdruß im Berufsleben; diese Erscheinungen sind jedoch keineswegs lediglich Berufsrisiken, sie können in allen Lebenssphären auftreten. Eheleute können in ihren ehelichen, Väter und Mütter in ihren elterlichen Rollen ausbrennen. Man kann als Student Überdruß erleben oder einfach deshalb, weil man älter wird. Das Ausbrennen kann auch von kulturellen Standards oder sozialen Erwartungen beeinflußt werden. Dieses Kapitel informiert über den Überdruß in bestimmten Lebensphasen, über das Ausbrennen im Familienleben und über einen transkulturellen Vergleich von Überdrußerscheinungen.

Ausbrennen in verschiedenen Lebensphasen

In den letzten Jahrzehnten hat sich das Interesse der psychologischen Forschung, das früher beinahe ausschließlich der Entwicklung in der Kindheit und Jugend galt, auch der menschlichen Entwicklung im Erwachsenenalter zugewendet. Das Leben eines Menschen verläuft in natürlichen Phasen, von denen jede von der Kindheit bis ins hohe Alter für seine menschliche Vollendung gleich wesentlich ist. Die Sozialisation hört niemals auf: Die Menschen verändern sich, entwickeln sich und erleben in jeder bestimmten Phase die ihr entsprechende Krise.

Ausbrennen und Überdruß sind in jeder Lebensphase möglich. Ihr Auftreten ist kein Anzeichen schlechter Anpassung oder mangelnder Reife, sondern eine Reflexion des lebenslangen Strebens nach Wachstum. In manchen Lebensphasen scheinen Krisen überwiegend von äußerem, umweltbedingtem Streß verursacht zu werden, in anderen scheint der Streß aus ebendiesen Entwicklungsstadien zu entstehen.

In den folgenden Abschnitten befassen wir uns mit dem Überdrußerleben in zwei Altersgruppen: bei jungen erwachsenen Studenten und bei Menschen (aus gehobenen Berufsgruppen) im mittleren Lebensalter. Beide Gruppen müssen sich sowohl mit umweltbedingtem Streß wie mit den für ihre Lebensphase typischen Problemkreisen auseinandersetzen: die Studenten mit dem Übergang in das Erwachsenenleben, die Leute in den mittleren Jahren mit dem Übergang ins Alter. Der Streß der Collegestudenten ist überwiegend durch ihre Umgebung, der der Menschen in den mittleren Jahren durch ihr Lebensalter bedingt.

Der Überdruß der jungen Erwachsenen im College

Das junge Erwachsenenalter wird meist im Glorienschein der Jugend, Romantik und Freiheit gesehen. In diesem Alter sind die schmerzhaften Phasen des Erwachsenwerdens überwunden, die Last beruflicher und familiärer Verantwortung liegt noch in der Zukunft. Es ist eine Zeit der intensiven Gefühle und des grenzenlosen Idealismus, der Hoffnungen und der Träume. Diese allgemeinen romantischen Vorstellungen über das Leben junger Erwachsener gelten insbesondere für das Leben der Collegestudenten. In den Vereinigten Staaten gibt es etwa zehn Millionen Studenten an Colleges und Unversitäten.[1] Diese jungen Leute scheinen geradezu phantastisch privilegiert: Sie können ihre Zeit damit verbringen, zu lernen und ihr persönliches Wachstum zu fördern. Vieles deutet jedoch darauf hin, daß die Studienjahre diesen jungen Erwachsenen enorme Belastungen bringen. Einer dieser Indikatoren ist die Rate der versuchten und vollzogenen Selbstvernichtung bei Studenten. Die Selbstvernichtung junger Menschen ist etwas überaus Tragisches und sollte Anlaß zu großer Sorge sein. Richard Seiden von der Universität von Kalifornien hat nachgewiesen, daß die Suizidgefahr für Studenten größer ist als für ihre Altersgenossen in anderen Berufen.[2]

Auch die hohe Ausfallsrate, über die seit mindestens vierzig Jahren Aufzeichnungen vorliegen, läßt auf den Streß der Collegejahre schließen. Eine Revision dieser Aufzeichnungen und der einschlägigen Literatur hat ergeben, daß nur 55% bis 80% der Studenten in den Vereinigten Staaten ihr Studienziel innerhalb von sieben bis zehn Jahren erreichen.[3]

In vielen Colleges gibt es psychiatrische Dienste, die den Studenten das Einleben an der Universität erleichtern sollen. Diese Hilfe wird von 2% bis 25%, üblicherweise von 5% bis 10% der Studenten in Anspruch genommen. Man nimmt allgemein an, daß etwa die Hälfte aller Studenten, die Hilfe nötig haben, auch wirklich in die Beratungsstellen kommen; wer als hilfsbedürftig gilt, hängt jedoch von den Kriterien der jeweiligen Beurteilung ab.[4]

In Universitätskreisen werden diese Zahlen zu leicht genommen. Man argumentiert, daß diese Informationen nicht für die typischen Studentinnen und Studenten gelten, sondern auf Aufzeichnungen über Studenten beruhen, die Selbstmord versucht oder begangen, das Studium aufgegeben oder psychiatrische Hilfe in Anspruch genommen haben. Diese Erkärung bedrohlicher Erscheinungen durch die Selektivität der erfaßten Gruppen beruhigt: Man kann an der Überzeugung festhalten, daß das Gros der Studenten das Collegeleben sehr genießt. Wir haben uns bemüht, Informationen über typische Studentinnen und Studenten zu sammeln.

Wir erwarteten bei Studenten geringere Überdrußgrade als bei anderen Berufsgruppen. Auch wir dachten, daß sie weniger Belastungen ausgesetzt seien als voll berufstätige Erwachsene und daß der Streß, mit dem sie fertig werden müssen, auf das College beschränkt sei und nicht als chronisch empfunden werden könne. Auch unsere Vorstellungen über das Collegeleben waren romantisch gefärbt, auch wir hielten ein Leben im Umgang mit interessanten Leuten und anregenden Tätigkeiten für besonders reizvoll. Bei so positiven Ansichten über das College im allgemeinen muß der Campus der Universität von Kalifornien in Berkeley als besonders günstige Umgebung erscheinen. Berkeley gilt als eine der besten Universitäten des Landes — das Gebiet der San Francisco Bay ist eine der schönsten Gegenden der Welt, in der das Klima das ganze Jahr über ideal ist und die Leute für ihre Liebenswürdigkeit berühmt sind. Wenn Überdruß bei Studenten im allgemeinen unwahrscheinlich erscheint, so müßte das also für die Studenten von Berkeley in besonderem Maße gelten. Deshalb wählten wir sie als Versuchspersonen.

An dieser Untersuchung beteiligten sich 84 Studenten eines repräsentativen Jahrgangs und 205 Angehörige gehobener Berufsgruppen aus dem Gebiet der San Francisco Bay. Unser Hauptziel war ein Vergleich der beiden Gruppen in bezug auf ihr Überdrußerleben und die ursächlichen Merkmale ihrer Umgebungen. Zu unserer Überraschung fanden wir, daß die Überdrußwerte der Studenten höher lagen als die aller anderen erfaßten Berufsgruppen (Geschäftsleute, Wissenschaftler, Angestellte der öffentlichen Dienste und Künstler).[5] Aus der Sicht dieser Studenten hatte ihr Leben nur wenige der positiven Züge, die man für die typischen zu halten pflegt: Sie empfanden ihr Leben nicht so vielfältig und ihre Arbeit nicht so wichtig wie die Vergleichsgruppen, sie hatten nicht das Gefühl, etwas Neues zu tun. Sie fühlten sich weniger frei und weniger einflußreich bei Entscheidungen, die ihr Leben betrafen. Entgegen der allgemeinen Vorstellung, nach der das College ein Ort freier Ausdrucksmöglichkeiten ist, erlebten die Studenten weniger Gelegenheiten zum Selbstausdruck als die Berufstätigen. Sie fühlten sich auch häufiger als diese gezwungen, sich in Wettbewerbssituationen zu beweisen. Der Wettbewerb gehört zu den streßhaftesten Merkmalen des Collegelebens und ist häufig der Grund dafür, daß die Studenten nur oberflächliche Beziehungen zu Kommilitonen haben und sich einsam fühlen. Die von den Studenten geschilderten zwischenmenschlichen Beziehungen waren weniger gut als die der anderen Gruppen. Sie empfanden sehr deutlich, daß sie wenig teilen konnten und waren sich, besonders was ihre akademischen Leistungen betraf, des ständigen Vergleichs mit anderen und des Wettbewerbsstrebens sehr bewußt.[6]

Alle diese Ergebnisse konnten repliziert werden: In einer zweiten Untersuchung über 294 Studenten wollten wir feststellen, wie die Studenten ihr Leben im College und außerhalb des College wahrnahmen. Ihren Angaben nach überwogen innerhalb des College negative Merkmale wie Probleme mit der Verwaltung und bürokratische Bevormundung. Ihr Leben außerhalb des College sahen sie positiver: Sie nannten Merkmale wie Vielfalt, Autonomie, Bedeutung, Rückmeldungen, Anerkennung, Unterstützung, Teilen, emotionale Gegenseitigkeit und gute persönliche Beziehungen.[7]

In einer dritten Untersuchung baten wir 147 Studenten, die wichtigsten Belastungen und Freuden ihres Lebens aufzuzählen.[8] Insgesamt 61% der genannten Belastungen fielen unter zwei Kategorien: Belastungen durch das Studium (Noten, Prüfungen, Wettbewerb und zuviel Aufgaben) einerseits und durch zwischenmenschliche Beziehungen (Liebesbeziehungen, Freunde, Familie und Zimmergenossen) andererseits. Zu den sonstigen genannten Problemen gehörten Finanzen, Gesundheit, Arbeit, Planung der Berufslaufbahn, Fragen nach dem Sinn des Lebens, Selbstverwirklichung, Einsamkeit und Langeweile. 40% der aufgezählten Freuden hatten mit zwischenmenschlichen Beziehungen, 13% mit dem Studium zu tun; andere waren Liebhabereien, Sport, Natur, Reisen, Musik, Entspannung, Lesen, Essen, Schlafen und Selbstverwirklichung.

Aus diesen Ergebnissen folgt offensichtlich, daß die mit dem Studium verbundenen Tätigkeiten häufiger Belastungen als Freuden bedeuteten. Eine Analyse zeigte eine interessante Beziehung zwischen Belastungen, Freuden und Überdruß: Je mehr Freuden erlebt wurden, um so weniger Überdruß wurde empfunden, aber obgleich zwischen dem Überdruß und der Intensität der Belastungen eine hohe Korrelation bestand, war die zwischen Überdruß und der Anzahl der Belastungen nicht signifikant. Wir schlossen daraus, daß sich die wahrgenommene Intensität der Belastungen stärker auf den Grad des Überdrusses auswirkt als ihre Zahl.

Zu diesen umweltgegebenen Belastungen kommt die Entwicklungsarbeit der letzten Jahre des Erwachsenwerdens. Dazu gehört die Entwicklung von Rollen und Beziehungen, in denen die erwachsene Identität sich etablieren und festigen kann.[9] Diese Aufgaben beinhalten Probleme der eigenen Kompetenz. Infolgedessen ist in diesem Alter das Selbstbild eng mit Leistungsgefühlen verbunden. Wir fanden auch tatsächlich, daß die Studenten sich häufiger als die Berufstätigen gezwungen fühlten, sich in Wettbewerbssituationen zu beweisen. Sie erlebten auch mehr Belastungen durch Entscheidungen und mehr Konflikte zwischen ihrer Arbeit und ihrem sonstigen Leben. Auch diese tragen zu den für diese Studenten errechneten hohen Überdrußgraden bei.[10]

Die Krisen des mittleren Alters

Eine Erscheinung der Erwachsenenentwicklung, der seit einiger Zeit großes Interesse gilt, ist die Midlife-Krise und eine ihr vergleichbare berufliche Krise.[11] Viele, auch beruflich erfolgreiche Menschen beginnen sich zwischen ihrem vierzigsten und fünfzigsten Lebensjahr nach dem Sinn ihres Lebens zu fragen. Es ist dies eine Periode, in der man das Selbst, das Leben und die berufliche Karriere neu einschätzt. Diese Krise trifft oft Menschen, die ihre Laufbahn mit großer Begeisterung aufgenommen hatten und überzeugt waren, viel für die Gesellschaft leisten zu können. Inmitten ihrer Karriere wird ihnen klar, daß ihr Beitrag vielleicht kleiner sein wird, als sie es erträumt hatten.

Nach William Bridges, der sehr viel mit Menschen im mittleren Lebensalter gearbeitet hat, kann der Auslöser einer solchen Krise ein Fehler in der Zeitplanung sein oder ein entscheidendes Ereignis, auf das viele Hoffnungen aufbauten. Es kann das die Erkenntnis sein, daß man nie zur Elite des Berufs gehören oder nie genug Geld für das Traumhaus aufbringen wird. Langanhaltende gesundheitliche oder eheliche Schwierigkeiten, Probleme mit Kollegen oder Patienten, denen man sich endlich stellen muß, können derartige Krisen ebenso auslösen wie der Tod eines Freundes oder eine eigene lebensbedrohliche Krankheit. In allen Fällen läßt die Krise unsicher und unwirklich erscheinen, was früher eine festgefügte Welt schien.

Während einer Midlife-Krise ist nicht so wichtig, ob Träume sich erfüllt haben oder nicht. Wichtig ist die Differenz zwischen diesem Traum und der Wirklichkeit. Bridges schreibt:

Wenn man das Ziel seiner Träume erreicht hat, Vizepräsident ist, das Buch geschrieben, drei Kinder oder ein hübsches Haus hat, kommt der Augenblick der Wahrheit: „Jetzt habe ich es. Und?" oder sogar, „So ist das? Das ist das Ziel, für das ich alles geopfert habe?" Die Diskrepanz zwischen dem äußeren Bild und der privaten Erkenntnis kann sehr qualvoll empfunden werden. Und wie ergeht es dem Menschen, der es nicht geschafft hat? Der unerfüllte Traum ist das andere

Tor zur Wirklichkeit. Hier steht man vor dem Niemals. „Ich glaube, ich muß der Tatsache ins Auge sehen, daß ich niemals der Direktor der Gesellschaft sein . . . niemals ein berühmter Schriftsteller werden . . . niemals vier glückliche und wohl-angepaßte Kinder haben werde". Und mit diesem Eingeständnis kommt das Gefühl, wie ein Esel am Ziehbrunnen hinter einer Karotte hergelaufen zu sein, oder daß der Sonnenuntergang, in den man hineinzufahren glaubte, an der Rück-wand eines Lastwagens aufgemalt ist.[12]

In diesen Krisen der mittleren Jahre fühlt man sich leer, enttäuscht und zutiefst verzweifelt. Man fühlt sehr bewußt, daß man sterblich ist, daß die Zeit verronnen ist und weiter verrinnt.

Menschen, die sich in solchen Krisen befinden, berichten Symptome, die denen des Ausbrennens und des Überdrusses ähnlich sind. Unter den Teilnehmern unserer Arbeitsgruppen waren Leute in Spitzenposi-tionen, die seit Jahren ihr Familienleben und alle anderen Interessen hinter alles verschlingende Ambitionen zurückgestellt hatten. Sie waren von Überdruß befallen und begannen am Wert ihres Lebens zu zwei-feln, weil sie erkannt hatten, welch hohen Preis sie für ihren Erfolg gezahlt hatten (soferne sie erfolgreich waren). Für einige von ihnen war diese Erkenntnis so schmerzlich, daß sie sich unbedingt selbst überzeu-gen wollten, daß ihre Arbeit wichtig genug wäre, um alle Opfer zu rechtfertigen. Um diese Überzeugung aufrechtzuerhalten, vergruben sie sich noch mehr als bisher in ihre Arbeit, wiederum auf Kosten ihres Familienlebens. Wir sagten schon, daß diese Symptome des Ausbren-nens in einer Midlife-Krise auch bei jungen Leuten am Beginn ihrer Karriere auftreten können.

Studenten wie Berufstätige im mittleren Alter sind von ihren Umwel-ten bedingten Belastungen ausgesetzt, die (wie für alle anderen Men-schen auch) die Ausgangsbedingungen für Ausbrennen und Überdruß schaffen können. Beide Gruppen haben überdies mit den für ihre Lebensphasen typischen Problemen zu kämpfen: Die Studenten müssen die Entwicklungsarbeit des Erwachsenwerdens leisten, die Leute im mittleren Alter mit den körperlichen, emotionalen und geistigen Verän-derungen des Älterwerdens fertig werden. Wie aus der Diskussion unse-rer Ergebnisse hervorgeht, leiden die Studenten vor allem unter umge-bungsbedingten Belastungen, während der Streß der anderen Gruppen aus ihrem Lebensalter entsteht.

Eine der Grundtendenzen dieses Buches ist unsere Überzeugung, daß Offenheit für Veränderungen etwas sehr Wichtiges ist. Einer unserer guten Freunde wurde einmal aufgefordert, eine Begegnungsgruppe für unheilbar krebskranke Menschen zu leiten. Er zögerte zunächst, weil er fürchtete, daß diese Aufgabe sehr deprimierend sein würde, übernahm sie dann aber doch. Es wurde eine der aufregendsten Gruppenarbeiten, die er je erlebt hatte; er fühlte, daß einige der Menschen in dieser Gruppe größerer Offenheit für Veränderungen fähig waren, als ihm je begegnet war. Diese Menschen wußten, daß sie nur noch wenige Monate zu leben hatten, und sie stellten Fragen: „Welche Aspekte meines Lebens sind befriedigend? Welche sind weder wesentlich noch befriedigend, sondern einfach zwangsläufig?" Viele Menschen unternehmen ernsthafte Versuche, sich über die Prioritäten in ihrem Leben klar zu werden. Wer aber im Schatten des Todes lebt, ist dieser schweren Forderung besser gewachsen.

Eines der wichtigsten Dinge, die ich als Leiter dieser Gruppe lernte, ist, daß das Leben aller Menschen ein Ende haben wird; die meisten von uns haben zwar noch viel länger zu leben als die Leute in dieser Gruppe, aber keiner weiß, wie lange. Wenn man das weiß, kann und muß man so etwas wie eine Bestandsaufnahme des eigenen Lebens machen und die Prioritäten festlegen: Was ist wirkungsvoll? Was ist befriedigend? Was ist erfreulich? Das läuft auf die Frage nach dem Sinn des Lebens hinaus. Wenn Sie so weit gekommen sind, entscheiden Sie selbst, was Sie verändern, wie Sie dabei vorgehen und wie Sie Ihr Leben ordnen wollen.

Die Ursachen des Ausbrennens und des Überdrusses im beruflichen und außerberuflichen Leben

Was würden Sie auf die Frage antworten, ob Ihnen Ihr berufliches oder Ihr außerberufliches Leben wichtiger sei? Wir haben diese Frage mehreren hundert Versuchspersonen gestellt, und beinahe allen war das außerberufliche Leben wichtiger.[13] Angesichts der großen Bedeutung, die der Arbeit von der Allgemeinheit und auch von den Sozialwissenschaftlern zugeschrieben wird, ist diese Reaktion eher überraschend. In einer anderen Untersuchung fragten wir 384 Versuchspersonen, welcher Tag der Woche ihnen der liebste sei. 29% nannten den Samstag, 17% den Sonntag (vor der Arbeitswoche) und 26% den Freitag (vor dem Wochenende). Aus diesen Zahlen geht klar hervor, daß die meisten Leute die Wochenenden den Arbeitstagen vorziehen. Wir fanden auch bei verschiedenen Gruppen, daß um so weniger Überdruß erlebt wird, je zufriedener man mit dem Leben ist;[14] dasselbe gilt für die Zufriedenheit im Beruf (diese Beziehungen sind aber nicht so ausgeprägt). In landesweiten Erhebungen nannten nur wenige Leute die Arbeit als den wichtigsten

Teil ihres Lebens.[15] In der Aufzählung wichtiger Lebensfaktoren nannten die meisten das Familienleben vor dem Beruf.

Eine Untersuchung, in der Merkmale des Lebens und der Arbeit verglichen wurden, die als regelmäßige Begleiterscheinungen des Überdrusses auftreten, zeigte einige Unterschiede auf:[16] Das Leben außerhalb des Berufs wurde als wichtiger, befriedigender und weniger belastet empfunden. Die Befragten hatten das Gefühl, in ihrem außerberuflichen Leben über mehr Autonomie zu verfügen und mehr Möglichkeiten zum Selbstausdruck, zur Selbstverwirklichung und zu persönlichem Wachstum zu haben. Sie glaubten auch in ihrem Privatleben mehr Einfluß auf Entscheidungen zu haben als im Berufsleben; sie erlebten mehr angemessene Belohnungen, Wertschätzung und Anerkennung, mehr Unterstützung und mehr emotionale Gegenseitigkeit.

Beruflicher Streß

In ihrem beruflichen Leben fühlten sich die Befragten mehr als in ihrem außerberuflichen Leben durch Bürokratie, Verwaltung und Organisation am Erreichen ihrer Ziele behindert; sie hatten mehr administrative Probleme wie Schreibarbeit, Routine und schlechte Kommunikation; sie empfanden größere umweltgegebene Belastungen. Die Befragten fühlten sich im Berufsleben häufiger gezwungen, sich in Wettbewerbssituationen zu beweisen, sie erlebten mehr Schwierigkeiten bei Entscheidungen, zu denen ihnen Informationen, Zeit und Fähigkeiten fehlten. Die negativen Folgen von Fehlern verursachten im Beruf wegen ihrer potentiellen Auswirkungen auf Personen und Eigentum mehr Streß als im Privatleben.

Dennoch ist es oft die Familie, die unter beruflichen Belastungen leidet. Viele Menschen bringen ihre Arbeit und die damit verbundenen Probleme mit nach Hause, nicht aber die Freuden und Belohnungen, die sie am Arbeitsplatz erleben. In einer Erhebung über 714 Versuchspersonen fanden wir, daß die Überdrußwerte um so höher lagen, je weitgehender sich die Belastungen im Berufs- und Privatleben überschnitten; eine entsprechende Beziehung in bezug auf erlebte Freuden fand sich nicht.[17] Das Teilen von Freuden kann, wenn es ein gewisses Maß übersteigt, die familiären Spannungen ebenso steigern wie das Teilen der Belastungen. Die Familie erwartet Zuwendung, nicht intensive und konstante Beteiligung an beruflichen Problemen und Erfolgen. Daraus läßt sich schließen, daß man Berufs- und Familienleben (vor allem, was Probleme anlangt) auseinanderhalten sollte. Und es ist notwendig, daß man „Familienzeiten" reserviert, daß man zu bestimmten Zeiten nur für die

Familie da ist. Wir meinen damit, daß die Eltern sich Zeit nehmen sollten, in der sie ganz ungestört auf die Kinder eingehen können und in der
die Beschäftigungen und Gespräche sich allein und vollständig nach dem
gegenseitigen Vergnügen und den Bedürfnissen richten. Stellen wir uns
die gegenteilige Situation vor: Es gibt Eltern, die daran festhalten, daß
alle Mahlzeiten von der ganzen Familie gemeinsam eingenommen werden sollten; diese Mahlzeiten werden aber häufig durch Anrufe von
Freunden oder Geschäftspartnern unterbrochen, die Tischgespräche drehen sich um Finanzplanung oder Fachprobleme, die die Kinder nicht im
mindesten interessieren. Ein gutes Beispiel für „Familienzeit" ist die *love
hour* in den israelischen Kibbuzim: In den Nachmittagsstunden widmen
sich die Eltern ausschließlich ihren Kindern. Obwohl diese Kinder nicht
mit den Eltern, sondern mit Altersgenossen zusammenwohnen, verbringen sie mehr ungestörte Zeit mit ihren Eltern als die Kinder der meisten
amerikanischen Berufstätigen, die nie ganz von ihrem Beruf loskommen
können.

Manche Leute erwarten, wenn sie unter beruflicher Belastung stehen,
besonders viel Unterstützung von ihren Ehepartnern, weit mehr als von
ihren Vorgesetzten, Klienten oder Kollegen. Wenn der Streß weiterhin
zunimmt, können die Familie und besonders die Ehepartner diese
Erwartungen nicht mehr erfüllen — die Anforderungen sind zu groß, die
Belastungen nicht mehr erträglich. Viele Scheidungen sind das Ergebnis
einer Krise im Beruf, die die Familienbeziehungen zerstört hat. In diesen
Fällen konnten die Beziehungen den überhöhten Anforderungen nicht
standhalten.

Häuslicher Streß

Auch das Familienleben hat viele streßhafte Züge. Manche Belastungen
entstehen aus gesundheitlichen oder finanziellen Problemen, die allermeisten aber aus dem Zusammenleben mit anderen Menschen. Am häufigsten tritt das Ausbrennen in den ehelichen und elterlichen Rollen auf,
was wiederum auf die großen emotionalen Belastungen in langfristigen
Beziehungen zu anderen Menschen hinweist. Das Ausbrennen zu Hause
kann schmerzlicher sein als das Ausbrennen im Beruf; es ist schwieriger,
das häusliche „Schlachtfeld" zu verlassen.

Das Ausbrennen der Eltern

Elternglück ist ein Hauptthema der Literatur und der Unterhaltungsme-
dien. Wie alle Eltern wissen, ist die Elternschaft keineswegs ein Zustand
ständigen Glücks. Einiger Streß entsteht den Eltern aus den körperlichen

Anforderungen der Betreuung und Pflege der Kinder: Kinder muß man füttern und anziehen, man muß Zeit für sie haben und sie pflegen, wenn sie krank sind. Streß kann auch dadurch verursacht werden, daß Eltern viel geben müssen, ohne Gegengaben zu erwarten. Ein weiterer streßhafter Zug dieser Rolle ist, daß man sie nicht ablegen kann: Man kann nicht einfach aufhören, ein Vater oder eine Mutter zu sein.

Manche Eltern brennen unter allen diesen Belastungen aus. Gefährdet sind vor allem die, die sehr viel von sich selbst und ihren Kindern erwarteten oder isoliert sind und keine soziale Unterstützung genießen. Auch während schwieriger Perioden im Leben der Kinder werden die Eltern häufig vom Ausbrennen betroffen. Eine Teilnehmerin einer unserer Arbeitsgruppen, die Mutter eines heranwachsenden einzigen Sohnes, begann zu trinken, weil sie ständig Schwierigkeiten mit ihm hatte. Die Adoleszenz eines Kindes, für die meisten Eltern problematisch, war für sie besonders schwierig, weil sie sehr viel von sich selbst erwartete:

Meine Beziehung zu meinem Sohn ist das Wichtigste in meinem Leben. Aber ich verstehe ihn nicht. Er greift mich ständig an, gibt mir die Schuld an allen seinen Problemen, und ich weiß nicht, wie ich ihm aus dem Weg gehen soll. Ich habe angefangen, in die Bar zu gehen, weil das der einzige Ort ist, wo ich meine Nerven mit einem Drink beruhigen kann und sicher bin, keine Jugendlichen in diesem Alter zu treffen. Ich danke Gott für meine Arbeit; wenn ich meine Arbeit nicht hätte, würde ich verrückt werden. Ich bin emotional und körperlich ausgelaugt. Zwischen uns herrscht Krieg, und ich verliere.

In einer Untersuchung über 73 Mütter fanden wir eine signifikante Korrelation zwischen dem Ausbrennen der Mütter und der Impulsivität ihrer Kinder im Schulalter.[18] Eine ebenfalls signifikante Korrelation ergab sich für die Mütter wie die Väter zwischen dem Ausbrennen in der Elternrolle und der körperlichen, emotionalen und geistigen Erschöpfung des Überdrusses.[19]

Ausbrennen und Kindesmißhandlung

Eine besonders tragische Ausdrucksform des elterlichen Ausbrennens sind Kindesmißhandlungen.[20] In den Vereinigten Staaten belaufen sich die Schätzungen auf jährlich zwei Millionen Fälle, von denen zweitausend zum Tod eines Kindes führen.[21] Einige der Helfer, die in Beratungsstellen für „Elternstreß" arbeiten, sind der Meinung, daß das Ausbrennen der Eltern eine der Hauptursachen für Kindesmißhandlungen ist. Viele der Eltern, die über den „Notruf" der Beratungsstelle Hilfe suchen oder zur Therapie kommen, sagen, daß sie ihre Grenzen erreicht hätten:

„Ich kann es nicht mehr aushalten", „Mein Kind macht mich verrückt", „Ich zerbreche", „Ich schaffe es nicht".

Die Auslöser der Mißhandlungen sind selten dramatische Ereignisse. Meistens sind es die ganz alltäglichen Probleme, die man mit Kindern, vor allem mit Kleinkindern unter fünf Jahren, hat. Eltern, die Kinder mißhandeln, haben meist wenig Selbstachtung und fühlen sich als Vater oder Mutter als Versager. Sie wissen nicht, was man von einem Kind in einem bestimmten Alter zu erwarten hat, viele von ihnen sind sozial isoliert und von Schuldgefühlen gequält. Körperlich, emotional und geistig erschöpfte Eltern, die ihre Kinder mißhandeln, sind nicht imstande, sich nach Hilfe umzusehen oder positive Bewältigungsmethoden anzuwenden.

Das Risiko, mißhandelt zu werden, ist für Kinder unter fünf Jahren größer als für ältere. Durch so kleine Kinder fühlen sich die Eltern mißhandelter Kinder am meisten an das Haus gebunden, den Anforderungen der Pflege und Betreuung so kleiner Kinder fühlen sie sich am wenigsten gewachsen. Es gibt auch andere streßreiche Perioden, in denen Mißhandlungen besonders häufig sind. An Feiertagen, und besonders in den Weihnachtstagen, häufen sich die Notrufe bei den Beratungsstellen für Elternstreß. Während dieser „Familienfeiertage" wird die große Diskrepanz zwischen dem Image der heilen Familie, wie sie in den Medien dargestellt wird, und der Realität am grausamsten deutlich. Auch gegen Ende des Tages, wenn die Väter und Mütter keine Energie mehr haben, die emotionale Ausgeglichenheit verlieren und auf die geringfügigste Provokation explosiv reagieren, kommen viele Hilferufe. Eine der wirkungsvollsten Interventionen dieser Beratungsdienste im Falle von Mißhandlungen ist, den Eltern zu „Zeit zum Ausspannen" zu verhelfen, indem sie die Kinder bei Pflegeeltern unterbringen, um die Eltern für einen Tag oder wenigstens ein paar Stunden zu entlasten. Sie helfen den Eltern auch durch Information über Bewältigungsfertigkeiten oder durch die Vermittlung von Beziehungen zu den Ressourcen der Gemeinde, die die soziale Isolierung abbauen.[22]

Wir haben in einer Voruntersuchung 12 Eltern befragt, die ihre Kinder mißhandelt hatten.[23] Diese Eltern waren in einem Maß ausgebrannt, wie wir es bei keiner der vielen anderen Gruppen, mit denen wir gearbeitet haben, angetroffen haben. Die meisten von ihnen hatten große Geldsorgen, schlechte familiäre Beziehungen und zu wenig Unterstützung durch Ehepartner oder Freunde. Sie fühlten sich nicht fähig, ihre emotionalen und finanziellen Probleme zu bewältigen. Sie waren den Anforderungen der Elternschaft nicht gewachsen und konnten auf das normale Verhalten ihrer Kinder nur gewalttätig reagieren.

Viele Eltern haben nie gelernt, wie man mit Kindern umgeht; sie sind nicht auf die Belastungen vorbereitet, die aus der Mutter- oder Vaterrolle entstehen. Unrealistische Erwartungen in bezug auf sich selbst oder das Kind, täglicher Streß, keine Zeit für Erholung und eine kinderzentrierte Orientierung führen regelmäßig zum Ausbrennen und, in extremen Fällen, zur Mißhandlung der Kinder.

Ein vorbereitendes Training kann viel zur Verhinderung des elterlichen Ausbrennens und vor allem der Mißhandlung von Kindern beitragen. Zum Beispiel sollte man den Müttern Neugeborener noch in der Klinik sagen, daß Babys manchmal auch dann weiter schreien, wenn alles Menschenmögliche getan wurde, um sie zu beruhigen. Wenn also ein Baby immer noch schreit, nachdem es gefüttert, gewickelt und in den Arm genommen wurde, sollte die Mutter am besten Kopfhörer aufsetzen und eine Viertelstunde oder zwanzig Minuten lang Musik hören. Mütter mit kleinen Kindern sollten auch lernen, ihre eigenen Grenzen zu kennen und nicht bis zur körperlichen Erschöpfung zu arbeiten, der die emotionale und geistige Ermüdung des Ausbrennens folgt.

Ausbrennen in der Ehe

Das Ausbrennen in der Ehe ist so verbreitet wie der Überdruß im Beruf. Es beginnt mit der wachsenden Einsicht, daß „es nicht mehr ist wie früher", daß die Frau oder der Mann nicht mehr so attraktiv ist wie einst. Das kann zur Scheidung führen, zu außerehelichen Beziehungen oder zu erstorbenen, freudlosen Ehen. Wie haben schon wiederholt erwähnt, daß berufsbedingtes Ausbrennen auf das Familienleben übergreifen kann. Nun wollen wir uns dem Ausbrennen dauerhafter Beziehungen zwischen zwei Menschen zuwenden, das aus ebendieser Beziehung entsteht.

Es gibt viele sozialpsychologische Untersuchungen über zwischenmenschliche Anziehung und viele Theorien über deren Ursachen. Eine dieser Theorien konzentriert sich auf die Auswirkungen des Gewinns oder Verlusts von Wertschätzung auf Zuneigung; sie schlägt vor, daß

. . . sich steigerndes positives Belohnungsverhalten eines anderen Menschen sich stärker auf das Individuum auswirkt als konstantes Belohnungsverhalten desselben Menschen. Wenn wir als Belohnung auffassen, daß man uns gern hat, werden wir also einen Menschen, dessen Zuneigung mit der Zeit zunimmt, dem vorziehen, der uns seit jeher gern hat. Das würde sogar dann zutreffen, wenn die Anzahl der Belohnungen durch den letzteren größer wäre. In ähnlicher Weise wirken sich Verluste an Belohnungsverhalten eines Menschen stärker aus als konstantes Strafverhalten eines anderen. Wenn die Wertschätzung eines Menschen mit der Zeit abnimmt, reagieren wir unwilliger als auf eine Person, die uns nie mochte, selbst wenn deren Strafverhalten häufiger ist. Wenn wir in bezug auf das belohnende Verhalten eines Menschen Sicherheit erlangt haben, kann es geschehen, daß wir seine Belohnungen als weniger wirksam empfinden als die eines Fremden. Ein Beispiel macht das anschaulich: Nach fünfzehnjähriger Ehe kleiden sich ein verliebter Ehemann und seine Frau für ein offizielles Abendessen an. Er macht ihr ein Kompliment: „Liebling, du siehst großartig aus". Sie hört seine Worte, aber sie machen sie nicht besonders glücklich. Sie weiß seit langem, daß ihr Mann sie attraktiv findet, sie hat das tausende Male gehört und überschlägt sich nicht mehr vor Glück über sein Kompliment. Wenn der Ehemann seiner Frau jedoch gesagt hätte, sie sehe nicht mehr so gut aus und er finde sie nicht mehr so attraktiv wie früher, hätte ihr das großen Schmerz bereitet, weil das einen entscheidenden Verlust an Wertschätzung zum Ausdruck gebracht hätte.[24]

Weil Eheleute sich daran gewöhnen, daß sie Freundlichkeit, Liebe und Lob voneinander erhalten, verstehen sie all das wahrscheinlich nicht als Zugewinn an Wertschätzung durch den Partner. Aus dem gleichen Grund haben Eheleute große gegenseitige Strafpotentiale: Je näher sie sich stehen und je länger ihre gegenseitige unveränderte Wertschätzung und ihr gegenseitiges Belohnungsverhalten zurückreichen, um so vernichtender ist deren Entzug. Man hat also nach einer langen Beziehung viel Macht, die Menschen, die man liebt, zu verletzen, und wenig Macht, sie zu belohnen. Eine lebendige Beschreibung dieser Entwicklung findet sich in Marilyn Frenchs Buch „The Women's Room":

Die Ehe gewöhnte einen an die guten Dinge, bis man sie für selbstverständlich hielt, und ließ die schlechten immer größer erscheinen, bis sie so quälend wurden wie ein Sandkorn im Auge. Ein offengebliebenes Fenster, eine vergessene Besorgung, ein nicht abgestellter Fernsehapparat, Socken auf dem Badezimmerboden konnten einen unglaublich wütend machen.[25]

Das Ausbrennen in der Ehe kann ein überaus schmerzliches Erlebnis sein. Nina, die nach vierzehnjähriger Ehe ausbrannte, schilderte ihre Gefühle:

Ich fühlte mich in dieser Beziehung wie ausgehöhlt. Zwischen uns ist nichts: keine Bindung, keine Kommunikation, kein Teilen, kein Kontakt, keine Gefühle, nichts. Wir haben keine gemeinsamen Pläne, keine gemeinsamen Interessen. Die Spannungen machen mich müde und traurig. Es gibt keine Hoffnung für uns. Er tut nichts, um mein Leben schöner zu machen, weder emotional noch intellektuell, noch körperlich. Ich fühle mich nicht wie ein Paar, ich fühle mich emotional verarmt. Ich fühle mich verärgert und gereizt. Ich muß mich emotional abschließen, um mich nicht so zu fühlen. Ich kann mich ihm weder sexuell noch emotional hingeben. Ich glaube, das Leben hat mir nichts zu geben. Ich würde alles tun, um von ihm frei zu sein. Ich fühle nichts für ihn, außer Gereiztheit und manchmal Mitleid. Wenn ich heimkomme und er da ist, bin ich sofort nervös und gereizt. Ich würde um nichts in der Welt bei ihm bleiben.

Im Zusammenleben von zwei Menschen bauen sich großer Druck und Streß auf. Es ist beinahe unvermeidlich, daß diese Belastungen intensiv und zuweilen unerträglich werden, was häufig zu Scheidungen führt oder aber zu einem eintönigen und tödlichen Höchststand des Ausbrennens, der von traumatischen Gefühlen akzentuiert wird. Ein junger Mann und eine junge Frau leben nach der Hochzeit nicht wie Prinz und Prinzessin im Märchen glücklich bis an ihr Lebensende, wenn es ihnen nicht bewußt oder unbewußt gelingt, das Nachlassen ihrer Zuneigung zu vermeiden oder aufzuhalten. Damit wollen wir nicht sagen, daß nur über die Gefahr des Ausbrennens informierte Paare glückliche Ehen führen können. Wir wollen sagen, daß man an einer guten Ehe arbeiten muß, und diese Arbeit ist positiven Bewältigungsstrategien gegen das Ausbrennen verwandt.

Wenn eine Ehe zerbricht, ist man versucht, an traumatische oder dramatische Vorkommnisse zu denken: etwa an außereheliche Beziehungen des Ehemannes oder an unloyales Verhalten der Ehefrau in Gegenwart anderer Leute. Solche Dinge kommen natürlich vor und führen auch gelegentlich zur Scheidung. Die häufigsten Ursachen ehelichen Ausbrennens sind jedoch andere. Genau wie im Beruf vollzieht sich auch das Ausbrennen in der Ehe allmählich: Allmählich wächst die Langeweile, allmählich summieren sich nichtige Ärgernisse und kleine Unzufriedenheiten. Keines dieser Ereignisse für sich könnte als Streßursache identifiziert werden. Das Gesetz hat für solche Zustände den Begriff der Unvereinbarkeit der Charaktere gefunden, als könnten zwei Menschen auf einmal entdecken, daß sie doch nicht füreinander geschaffen sind. Wir glauben, daß kaum ein Paar auf die Dauer ein harmonisches, anregendes und produktives Leben führen und einander unterstützen kann, wenn nicht beide an ihrem Zusammenleben arbeiten.

Man hört of Klagen über die große Zahl von Scheidungen; wir sind über diese hohe Zahl ebensowenig überrascht wie über die noch höhere der Ehen, die ohne viel produktive Bewältigungsarbeit weiterbestehen – ganz im Gegenteil. Was wir erstaunlich finden, ist, wie viele Ehen anregend sind und beiden Partnern Unterstützung bieten. Zwei Menschen, die produktiv miteinander leben und einander unterstützen wollen, müssen sich nicht nur lieben und den ernsthaften Wunsch haben, aufeinander einzugehen, sie müssen auch eine Menge harter Arbeit aufbringen und lernen, sich offen auszusprechen und die kleinen und größeren Ärgernisse zu verarbeiten, wenn sie sich ereignen. Kurz, die Menschen müssen sich Fähigkeiten aneignen, die das Ausbrennen ihrer Ehe verhindern, ebenso wie sie gewisse Fertigkeiten lernen müssen, um das Ausbrennen im Beruf zu bekämpfen. Diese letzteren in den vorigen Kapiteln geschilderten Fertigkeiten können individuellen ehelichen Situationen angepaßt werden.

Wichtige Lebensereignisse und das Erlebnis des Überdrusses

Die Forschung über wichtige Lebensereignisse und die Streßforschung im besonderen wurden stark von den Arbeiten Hans Selyes beeinflußt.[26] Selye definiert Streß als die Summe aller Abnutzung des Organismus, die das Leben verursacht. Er hat gefunden, daß als Reaktion eine Anhäufung physiologischer Veränderungen stattfindet, die er das „Allgemeine Adaptionssyndrom" nannte. Er beschreibt drei Stadien der Entwicklung des Syndroms: das erste ist die Alarmreaktion, das zweite der Widerstand und das dritte ein Zustand der Erschöpfung. Dieser tritt ein, wenn das Individuum dem Streß kontinuierlich ausgesetzt ist; in diesem Stadium treten das Ausbrennen und der Überdruß auf.

Die meisten Lebensereignisse wie Krankheit, Tod eines Familienmitglieds, Heirat oder Scheidung gelten als streßhafte Ereignisse, die emotionale und physiologische Prozesse beeinflussen. Thomas H. Holmes und seine Kollegen von der Medizinischen Fakultät der Universität von Washington entwickelten eine Liste von 43 Lebensereignissen; sie enthält erfreuliche wie Heirat oder eine hervorragende Leistung und unerfreuliche wie Verletzungen oder Krankheit.[27] Die Autoren vertreten die Meinung, daß jedes Lebensereignis Anpassungs- und Bewältigungsverhalten erfordert, daß jede Veränderung, ob sie nun für „günstig" oder „ungünstig" gehalten wird, für den Organismus streßhaft ist und ihn für Funktionsstörungen anfällig macht. Wie intensiv diese Neuanpassung sein muß und wieviel Zeit für sie gebraucht wird, hängt von der Art der Lebensveränderung ab. Alle Lebensveränderungen wurden der Heirat verglichen, für die ein Wert von 50 festgesetzt wurde. Die Analyse der den einzelnen Ereignissen zugeschriebenen Werte zeigte, daß die größte Neuanpassung durch den Tod eines Ehepartners (mit einem Wert von 100) und durch Scheidung (mit einem Wert von 73) nötig wurde. Die niedrigsten Anpassungswerte ergaben sich für geringfügige Vergehen (11) und für Weihnachten (12). Nach der Definition der

Autoren befindet sich eine Person, die in zwölf Monaten Lebensveränderungen im Gesamtbetrag von mehr als 150 Punkten dieser Schätzskala erlebte, in einer Krise.[28] Lebenskrisen gingen dem Einsetzen von Funktionsstörungen, emotionalen Störungen und Verhaltensstörungen häufig voraus.

Wir haben im Verlauf unserer eigenen Forschungen eine Liste von positiven und negativen Lebensereignissen ausgearbeitet, die Punkte wie körperliche und seelische Gesundheit, Finanzen, familiäre Beziehungen, Beruf, Erholung und „Gipfelerlebnisse" enthält.[29] Diese Liste legten wir 322 Berufstätigen vor, die wir baten, die Ereignisse zu bezeichnen, die sie in den letzten sechs Monaten erlebt hatten.[30] Diejenigen Versuchspersonen, die negative Erlebnisse verschiedener Art angaben, erlebten mehr Überdruß als diejenigen, bei denen das nicht der Fall war. Auch lagen die Überdrußraten bei Leuten mit positiven Erlebnissen im Beruf und in der Freizeit niedriger als bei denen, die keine solchen Erlebnisse angaben.[31]

Diese Ergebnisse zeigen, daß sich positive und negative Lebensereignisse unterschiedlich auf Überdruß auswirken, obwohl beide Neuanpassungen nötig machen. Um unsere Ergebnisse weiter zu überprüfen, erstellten wir für jede Versuchsperson eine Tabelle der angegebenen positiven und negativen Ereignisse. Diese beiden Zahlen wurden dann zum Überdrußwert in Beziehung gesetzt. Es zeigte sich, daß der Überdruß um so höher lag, je mehr unerfreuliche Ereignisse erlebt worden waren. Die Anzahl der erfreulichen Erlebnisse stand ebenfalls in signifikanter Beziehung zu den Überdrußwerten, aber in umgekehrtem Sinne: Je mehr positive Ereignisse, um so weniger Überdruß. Es ist also wichtig, positive und negative Ereignisse zu trennen, weil ihre Auswirkungen verschieden sind: Ihre Beziehung zum Überdruß wird durch ihr Vorzeichen bestimmt.

Überdrußerscheinungen in Israel und in den Vereinigten Staaten: ein transkultureller Vergleich

Aus sozialpsychologischer Perspektive erscheinen die Umwelteinflüsse auf das menschliche Verhalten besonders wichtig. Transkulturelle Vergleiche sind eine Methode, Einflüsse zu untersuchen, die Erlebnisse wie das Ausbrennen und den Überdruß einleiten, intensivieren und fortbestehen lassen. Wir sprachen davon, daß die Arbeit und das Zusammenleben mit Menschen Ausbrennen verursachen kann. Wir sprachen davon, daß die Arbeit in großen Organisationen zum Überdruß führen kann. Streßhafte Umwelteinflüsse betreffen aber nicht nur das Familien- und Berufsleben, sondern auch das soziale und das kulturelle Umfeld. Wir wollten die soziale und kulturelle Dynamik des Überdrusses durch einen Vergleich von israelischen und amerikanischen Versuchspersonen untersuchen.[32] Wir befragten insgesamt 66 israeliche und 66 amerikanische Manager über ihr Leben und ihre Arbeit, ihren Überdruß und ihre Bewältigungsstrategien.

In Israel ist das Leben streßreicher. Körperliche Belastungen sind durch politische Spannungen und den Militärdienst gegeben, ökonomische durch die Inflationsrate, die vor kurzem 120 Prozent jährlich erreichte. Trotzdem ergaben sich bei den Israeli signifikant niedrigere Überdrußwerte als bei den Amerikanern. Noch signifikanter waren diese Unterschiede in bezug auf das außerberufliche Leben, woraus man schließen könnte, daß sie durch die der Managerrolle inhärenten Belastungen und Belohnungen verschleiert werden. Für die Israeli ergaben sich signifikant höhere Raten positiver Lebensmerkmale wie Gefühle der Bedeutung, des Erfolgs und der Wertschätzung. Ihre sozialen Beziehungen waren besser. Sie erlebten mehr Gegenseitigkeit, mehr Teilen, Rückmeldungen und Einfluß. Die Amerikaner dagegen berichteten über mehr negative Lebensmerkmale, wie Angst und Schuldgefühle, Überbelastung, Anforderungskonflikte und Schwierigkeiten bei Entscheidungen.

Ähnliche Verhältnisse ergaben sich aus dem Vergleich der Merkmale des Berufslebens. Auch hier gaben die Amerikaner signifikant mehr negative Züge an, wie Überlastung, Angst und Schuldgefühle und Verantwortung. Die Israeli nannten mehr Schwierigkeiten bürokratischer Natur, erlebten aber mehr Freiheit und mehr Erfolgsgefühle. Außerdem gab es bei ihnen weniger Konflikte zwischen außerberuflichem und beruflichem Leben. Für die Israeli ergaben sich mehr signifikante Korrelationen zwischen den Merkmalen ihres Privat- und Berufslebens und den Überdrußwerten. Das könnte durch ihre im Vergleich zu den Amerikanern größere Einsicht in die Zusammenhänge zwischen dem Überdruß und den Merkmalen der Umgebung zu erklären sein oder aber durch ihre Tendenz, ihr Überdrußerleben auf äußere Ursachen zurückzuführen. Die Amerikaner neigen eher dazu, die Ursachen ihres Überdrusses in sich selbst zu suchen und erleben daher mehr Angst, Schuldgefühle, Ärger und Überlastung. Diese Unterschiede in den Angaben der Israeli und der Amerikaner wiederholten sich in Kontrollversuchen mit Stichproben von Managern, Sozialarbeitern und Krankenschwestern.[33]

Israel existiert unter Bedingungen konstanter Bedrohung, die das soziale Klima nicht erstarren lassen. Außerdem ist es ein kleines Land, in dem die Leute einander besser kennen als zum Beispiel die Menschen in den meisten amerikanischen Städten. Daher ist in Israel der Sinn für soziale Eintracht und Schicksalsgemeinschaft stärker, jeder Mensch ist wichtig. Manche israelischen Psychologen sehen die Erklärung für die emotionale Stabilität und den moralischen Halt ihrer Landsleute in Anpassungsmechanismen, die Funktionsstörungen in einem ständig gefährdeten und belasteten Leben verhindern.[34] Die Israeli leben mit ihren Familien, mit Freunden und Nachbarn in intimeren und stabileren sozialen Systemen als die meisten Amerikaner. Dieser charakteristische Zusammenhalt der israelischen Gesellschaft könnte einer der Gründe für die guten sozialen Beziehungen, die ausgeprägte emotionale Gegenseitigkeit und das Teilen von Belastungen sein, von denen die israelischen Manager berichteten. In der amerikanischen Kultur werden der Wettbewerb und das Streben nach individueller Leistung und überragenden persönlichen Verdiensten gefördert. Malcolm Arth, der sich mit dem Phänomen der Freundschaft in der amerikanischen Kultur beschäftigt hat, vermutet, daß die wettbewerbsfördernden Einrichtungen und die hohe Bewertung von Erfolg und Status in den Vereinigten Staaten dem Geist der Freundschaft nicht förderlich sind.[35] In der amerikanischen Kultur wird Individualismus hoch bewertet, Selbstbeobachtung und Bewußtheit des Selbst werden ermutigt. Ein derart wettbewerbsbestimmtes System macht Mißerfolge zur Ursache persönlicher Beschämung, schafft Angst und Schuldgefühle und kann auf indirektem Wege Entscheidungen erschweren. Versuche haben nachgewiesen, daß amerikanische Kinder sich sogar in Situationen, in denen Zusammenarbeit gewinnbringender wäre, kompetitiv verhalten.[36] Die israelische Gesellschaft dagegen hält an den sozialistischen Idealen der Gleichheit und der gemeinsamen nationalen Leistung fest. In Israel finden sich weder Kinder noch Erwachsene häufig mit Situationen konfrontiert, in denen sie ihre Fähigkeiten und Fertigkeiten im Vergleich zu anderen Menschen beweisen müssen. Infolgedessen haben die Israeli weniger Gelegenheit, Mißerfolge zu erleben. Außerdem sind ihre Ziele weniger individualisiert, besser definiert und realistischer; sie haben also größere Chancen, zu erreichen, was sie sich vorgenommen haben, und sich erfolgreich zu fühlen.[37]

Man könnte auch die Hypothese aufstellen, daß der hohe Stellenwert der Jugend in der amerikanischen Kultur Midlife-Krisen fördert. Die Manager, die an unseren Untersuchungen teilnahmen, standen kurz vor der Lebensmitte; ihr durchschnittliches Alter war 38, das der Israeli 39 Jahre. Auch dadurch kann die Differenz ihrer Überdrußwerte teilweise bedingt sein.

Eine weitere mögliche Erklärung ist das Vorherrschen der negativen vor den positiven Zügen im Privat- und Berufsleben der Amerikaner. Wieder eine andere ließe sich aus den kulturellen Unterschieden ihrer Bewältigungsmethoden ableiten.[38] Die Israeli nannten mehr aktive, äußere und auf die Ursache des Stresses gerichtete Bewältigungsstrategien (Veränderung der streßhaften Situation, Beeinflussung bestimmter streßhafter Faktoren und das Bemühen um positive Einstellungen). Sie setzten diese Methoden auch mit größerem Erfolg ein als die Amerikaner, die mehr passive Methoden angaben (Ignorieren oder Vermeidung von Streß, Rückzug aus der Situation). Bei ihnen waren innere Strategien (über den Streß reden, Engagement für andere Dinge) häufiger als bei den Israeli. Diese Strategien richten sich auf das Selbst statt auf die Streßursachen.

Auch die negativen Reaktionen, die weder die Streßursache noch die Person beeinflussen, waren bei den Amerikanern häufiger (Trinken, Krankwerden, Zusammenbrechen). Die Bewältigungsmethoden der Israeli beeinflußten die streßhaften Situationen wirkungsvoller; es ist möglich, daß der bei den Israeli festgestellte geringere Grad des Überdrusses auf sie zurückzuführen ist.

In dieser transkulturellen Untersuchung wurde nachgewiesen, daß die Israeli weniger Überdruß *angaben* als die Amerikaner – das muß ausdrücklich betont werden. Diese Angaben können von vielen Bedingungen beeinflußt sein. Zum Beispiel wäre denkbar, daß die Israeli Überdruß als unerwünschtes Anzeichen von Schwäche oder Inkompetenz sehen und daher nicht zugeben wollen. Tatsächlich gaben die Mitglieder einer israelischen Gruppe, denen wir gesagt hatten, daß gerade die besten Leute ausbrennen, höhere Überdrußraten zu, die das Niveau ihrer amerikanischen Kollegen beinahe erreichten.[39] Unsere Schlußfolgerung ist, daß angegebene Überdrußgrade kulturell beeinflußt sind und somit ihrerseits durch äußere soziale Kräfte beeinflußt werden können.

In Kulturvergleichen richtet sich die Aufmerksamkeit in besonderem Maß auf diejenigen Situationen und gesellschaftlichen Bedingungen, die den Streß steigern. Wenn es gelingt, diese Merkmale zu identifizieren, kann man mit Hilfe dieser Informationen den Belastungen vorbeugen und ihre Verursachung erklären. Im Kulturvergleich verschiebt sich die Aufmerksamkeit von einzelnen Arbeitenden und einzelnen Organisationen auf ihr soziales Umfeld. Auch diese Einstellung könnte den Abbau von Ängsten, Schuldgefühlen und Überlastung erleichtern helfen und Energien zur Bewältigung frei machen.

Zusammenfassung

In den ersten Kapiteln dieses Buches haben wir Überdruß und Ausbrennen definiert und ihre Erscheinungsformen und einige typische Folgen beschrieben. Das dritte, vierte und fünfte Kapitel erläuterten einige der Ursachen und regelmäßigen Begleiterscheinungen von Ausbrennen und Überdruß im Beruf, in großen Organisationen und bei Frauen. Die nächsten drei Kapitel waren der Darstellung möglicher Gegenmaßnahmen gewidmet. Bewältigungsstrategien auf drei Ebenen wurden dargestellt: auf der organisatorischen, der sozialen und der individuellen.

In diesem letzten Kapitel schilderten wir die Ursachen des Ausbrennens und Überdrusses in häuslichen und anderen Lebensbereichen. Das Kapitel hatte drei Themen: den Streß bestimmter Phasen der Erwachsenenentwicklung, den Streß im familiären Zusammenleben und einen Vergleich des Überdrußerlebens einer amerikanischen und einer israelischen Gruppe. Der Schwerpunkt des ersten Themas waren die spezifischen Streßformen bestimmter Lebensphasen und ihre Beziehung zum Überdrußerleben. Junge erwachsene Collegestudenten und Berufstätige im mittleren Alter wurden ausführlich verglichen, weil diese beiden Gruppen Extreme des Kontinuums zwischen umweltbedingten und altersspezifischen Belastungen darstellen. Die Erörterung der häuslichen Belastungen bezog sich vor allem auf die elterlichen und ehelichen Rollen, in denen das Ausbrennen durch den ständigen intimen Kontakt mit anderen Menschen gefördert wird. Zuletzt wurde beschrieben, wie kulturelle Werte in Israel und den Vereinigten Staaten sich auf den erlebten Überdruß auswirken.

Anhang I und Anhang II beschreiben die Schwerpunkte unserer Arbeit und dieses Buches im Detail, nämlich unsere Werkstattseminare und unsere Forschungen.

Anmerkungen

1 L. Bloom, ed., *Psychological Stress in the Campus Community* (New York: Behavioral Publications, 1975).

2 R. H. Seiden, „The Problem of Suicide on College Campusses". *Journal of School Health*, 5 (1971), S. 243—248.

3 F. R. Timmons, „Research on College Dropouts". In: *Psychological Stress in the Campus Community*, hrsg. von L. Bloom (New York: Behavioral Publications, 1975).

4 T. G. Caraskadon, „Help Seeking in the College Student: Strength and Weak-

ness". In: *Psychological Stress in the Campus Community*, hrsg. von L. Bloom (New York: Behavioral Publications, 1975).

5 Als mittlere Überdrußwerte ergaben sich für Studenten x = 3.9, für die Angestellten im öffentlichen Dienst x = 3.1, für Geschäftsleute x = 3.2, Wissenschaftler x = 3.3 und Künstler x = 3.2. Außerdem erlebten 8% der Studenten und nur 2,5% der Berufstätigen höchste Überdrußgrade.

6 Die mittleren Werte für Vielfalt lagen für Studenten bei x = 4.2, für Berufstätige x = 5.0; für Autonomie für Studenten x = 4.1, für Berufstätige x = 5,0; für Bedeutung für Studenten bei x = 4.1, für Berufstätige x = 4.9; für Innovationen für Studenten x = 3.8, für Berufstätige x = 4.7; für Selbstausdruck für Studenten x = 4.1, für Berufstätige x = 4.9; für Anforderungen, sich in Wettbewerbssituationen zu beweisen, für Studenten bei x = 5.0, für Berufstätige x = 4.7; für Einfluß auf Entscheidungen, die das eigene Leben betreffen, für Studenten bei x = 3.3, für Berufstätige bei x = 4.0; für persönliche Beziehungen für Studenten bei x = 4.9, für Berufstätige bei x = 5.5; für Teilen für Studenten bei x = 3.5, für Berufstätige bei x = 4.4. Hier muß erwähnt werden, daß die Studenten vielleicht aus unbekannten Gründen ehrlicher waren als die Berufstätigen und im Fragebogen bereitwilliger höhere Überdrußraten und mehr negative Züge ihrer Umgebung zugaben. Wir verweisen hier auf die Fußnote im 2. Kapitel, S. 26.

7 Für die Angaben der Studenten über ihr Leben in und außerhalb des College ergaben sich die folgenden Mittelwerte: Vielfalt außerhalb der Schule x = 5.3, in der Schule x = 4.2; für Autonomie außerhalb der Schule x = 5.4, in der Schule x = 4.1; Bedeutung außerhalb der Schule x = 5.3, in der Schule x = 4.1; Innovationen außerhalb der Schule x = 4.9, in der Schule x = 3.8; Selbstausdruck außerhalb der Schule x = 5.8, in der Schule x = 4.1; Selbstverwirklichung außerhalb der Schule x = 5.8, in der Schule x = 4.5; bürokratische Einmischung außerhalb der Schule x = 3.4, in der Schule x = 4.4; Schwierigkeiten mit der Verwaltung außerhalb der Schule x = 3.0, in der Schule x = 4.2; Einfluß auf Entscheidungen, die das eigene Leben betreffen, außerhalb der Schule x = 5.0, in der Schule x = 3.3; Wertschätzung außerhalb der Schule x = 5.0, in der Schule x = 4.3; persönliche Beziehungen außerhalb der Schule x = 5.7, in der Schule x = 4.9; Unterstützung außerhalb der Schule x = 5.3, in der Schule x = 4.2; Teilen außerhalb der Schule x = 4.6, in der Schule x = 3,5.

8 Diese Untersuchung wurde in Zusammenarbeit mit Liz Lopez, einer Studentin der Universität von Berkeley, Kalifornien, unternommen.

9 W. Bridges, *The Seasons of our Lives* (San Francisco: The Wayfarer Press, 1977).

10 Der Mittelwert für Konflikte zwischen dem Leben in und außerhalb der Schule für Studenten lag bei x = 4.6, der für Konflikte zwischen Berufs- und Privatleben der Berufstätigen bei x = 4.2.

11 D. Levinson et al., *The Seasons of a Man's Life* (New York: Knopf, 1979).

12 Bridges, *Seasons of our Lives*, S. 7—8.

13 In einer unserer Untersuchungen baten wir die Versuchspersonen z.B., die

relative Bedeutung von Berufs- und Privatleben auf einer Skala von 1—7 zu bewerten, wobei 1 nur der Arbeit und 7 nur dem privaten Leben Bedeutung zuerkennt. Für 84 Studenten ergab sich ein Mittelwert von 5.6, für 205 Berufstätige einer von 5.3.

14 Für eine Versuchsgruppe von 205 Berufstätigen ergaben sich z.B. Korrelationen von r = —.56 zwischen Zufriedenheit im Leben und Überdruß, von r = —.39 zwischen Zufriedenheit im Beruf und Überdruß. Für eine Versuchsgruppe von 84 Studenten lag die Korrelation zwischen Zufriedenheit im Leben und Überdruß bei r = —.69, die zwischen Zufriedenheit in der Schule und Überdruß bei r = —.50. Alle Korrelationen waren statistisch signifikant (p < .001).

15 Zum Beispiel A. H. Cantril and C. W. Roll Jr., *Hopes and Fears of the American People* (New York: Universe Books, 1971).

16 Eine eingehende Darstellung dieser Untersuchung findet sich in D. Kafry and A. Pines, „Life and Work Tedium". *Human Relations*, 1980 (im Druck).

17 In dieser in Zusammenarbeit mit Steve Weinberg und dem Management Training Program der Universität von Alabama durchgeführten Untersuchung lag die Korrelation zwischen überlappenden Belastungen im Berufs- und Privatleben und Überdruß bei r = .42 (p < .01), die zwischen überlappenden Freuden und Überdruß bei r = .08.

18 B. Sutton-Smith and B. G. Rosenberg, „A Scale to Identify Impulse Behavior in Children". *Journal of Generic Psychology* 94 (1959), S. 211—216.

19 Die Korrelation zwichen Überdruß und Ausbrennen in der Elternrolle war r = .70 (p < .001) für 33 Väter und r = .31 (p < .01) für 73 Mütter.

20 R. E. Helfe and E. H. Kempe, *The Battered Child* (Chicago: University of Chicago Press, 1978).

21 L. Morrow, „Wondering if Children are Necessary". *Time*, 5.3.1979, S. 4.

22 Wir haben verschiedene Elternstreß-Berater befragt und uns besonders mit Irene Melnick ausführlich über die Beziehung zwischen dem Ausbrennen und Kindesmißhandlungen unterhalten.

23 Die Untersuchung wurde in Zusammenarbeit mit Teresa Ramirez, einer Studentin der Universität von Kalifornien in Berkeley, ausgeführt. Der mittlere Überdrußwert für Eltern, die ihre Kinder mißhandelt hatten, war 4.4, der Gesamtmittelwert (N = 3650) 3.3.

24 „Attraction: Why Do People Like Each Other?" In: E. Aronson, *The Social Animal* (San Francisco: Freman, 1973), Kap. 7.

25 M. French, *The Women's Room* (New York: JOVE/HBJ, 1977), S. 558.

26 H. Selye, *The Stress of Life* (New York: McGraw-Hill, 1956).

27 T. H. Holmes and R. H. Rahe, „The Social Readjusting Rating Scale". *Journal of Psychosomatic Research* (1967), S. 213—218.

28 T. H. Holmes and M. Masuda, „Life Change and Illness Susceptibility". In: *Stressful Life Events*, hrsg. von B. S. Dohrenwend und B. P. Dohrenwend (New York: Wiley, 1974).

29 A. Kanner, D. Kafry and A. Pines, „Stress Results from the Absence of Positive Experiences As Well". Vortrag vor der Jahresversammlung der „Western Psychological Association", Honolulu, Hawaii, Mai 1980.

30 Eine Beschreibung des Meßinstruments, der Validität und Verläßlichkeit findet sich in Anhang II.

31 Der mittlere Überdrußwert für Menschen mit negativen Erlebnissen wie Operationen, Krankheit oder Verletzungen war x = 3.9. Der mittlere Überdrußwert für Menschen mit positiven Erlebnissen im Beruf war x = 3.5. Die Korrelation zwischen der Anzahl negativer Erlebnisse und Überdruß war r = .22 (p < .001), die zwischen der Anzahl negativer Erlebnisse und Überdruß r = .30 (p < .001).

32 A. Pines, D. Kafry and D. Etzion, „A Cross Cultural Comparison Between Israelis and Americans in the Experience of Tedium and the Ways of Coping with It". Vortrag vor der Versammlung der „Western Psychological Convention" in San Diego, Kalifornien, April 1979.

33 Alle diese transkulturellen Untersuchungen wurden in Zusammenarbeit mit Dalia Etzion, Universität Tel Aviv, durchgeführt.

34 Zum Beispiel E. L. Gutman, „The Israeli's Mood Is Stable − with No Unrealistic Expectation and No Disappointments" (Y. Shavit), *Yediot Achronot* 3.11 (1977), S. 11, 20.

35 M. Arth Jr., „American Culture and the Phenomenon of Friendship in the Aged". In: *Social and Psychological Aspects of Aging*, hrsg. von C. Tibbits und W. Donahue (New York: Columbia University Press, 1962).

36 M. C. Madsch and A. Shapiro, „Cooperative and Competitive Balance of Urban Afro Americans, Anglo Americans, Mexican Americans and Mexican Village Children". *Developmental Psychology* 3 (1970), S. 16—20.

37 A. Pines and P. G. Zimbardo, „The Personal and Cultural Dynamics of Shyness: A Comparison between Israelis, American Jews, and Americans". *Journal of Psychology and Judaism* 3, no. 2 (Winter 1978), S. 81—101.

38 Pines, Kafry, and Etzion, „Cross Cultural Comparison".

39 Siehe Anmerkung 29, Kapitel 2.

217

Anhang I:
Was sind Arbeits- und Diskussions-
gruppen über das Ausbrennen?

In unseren Arbeits- und Diskussionsgruppen über das Ausbrennen versuchen wir, alles mitzuteilen, was wir über dieses Thema wissen. Wir erklären, was Ausbrennen ist und geben den Teilnehmern die Möglichkeit, die spezifischen, in der eigenen Arbeitstätigkeit erlebten Belastungen im Gespräch mit anderen Menschen in ähnlichen oder gleichen Beschäftigungen zu identifizieren und sich bewußt zu machen. Wir berichten unsere Forschungsergebnisse über verschiedene Bewältigungsstrategien und erklären auf sehr individualisierte und persönliche Weise, wie solche Strategien anzuwenden sind. Es ist von Vorteil, daß unsere Diskussionsgruppen den normalen Arbeitsablauf unterbrechen und den Teilnehmern erlauben, sich auf die Probleme, die sie erleben, zu konzentrieren und gemeinsam mit anderen Menschen in ähnlichen Situationen Lösungsmöglichkeiten zu erwägen und auszuarbeiten. Wir glauben zwar, daß das in diesem Buch dargestellte Material dem Leser nützen kann, wir glauben aber auch, daß unsere Diskussionsgruppen durch die Konzentration auf spezifische Probleme, durch die individualisierte Anleitung und die soziale Unterstützung, die ihre Kennzeichen sind, noch mehr helfen können.

In diesem Anhang werden die Auswirkungen einer Arbeitsgruppe und die Ergebnisse der systematischen Auswertung der erhobenen Daten eingehend beschrieben. Die sonstigen Informationen, die für die Wirksamkeit unserer Arbeitsgruppen sprechen, stammen großenteils aus den Reaktionen der Teilnehmer, vor allem aus ihren Mitteilungen über die Veränderung in ihrem Leben, die sie vorgenommen haben. Solche Rückmeldungen fanden wir besonders belohnend, wenn wir dieselben Gruppen nach einem Jahr oder zwei Jahren wiedersahen und erfuhren, welche Veränderungen die Teilnehmer aufgrund der Informationen und Erfahrungen in der Arbeitsgruppe vorgenommen und wie diese sich langfristig ausgewirkt hatten. Andere Rückmeldungen sind Briefe, in denen unsere Teilnehmer anerkennen, daß die Gruppenarbeit sie zu Veränderungen motiviert und ihnen zudem den nötigen Antrieb dazu gegeben hat.

Was tatsächlich in solchen Arbeitsgruppen vor sich geht, hat nichts mit Magie zu tun. Wir glauben, daß unsere Arbeitsgruppen helfen, weil sie zielgerichtete und konkrete Versuche sind, das Ausbrennen auf produktive und wachstumsfördernde Weise zu bekämpfen. Daher hoffen wir, daß dieser Anhang die Leser weiter ermutigen wird, konkrete Ideen über „arbeitsgruppenartige" Aktivitäten in ihren eigenen Lebensbereichen auszuprobieren. Dabei ist von entscheidender Wichtigkeit, daß diese Aktivitäten den normalen Arbeitstag unterbrechen, daß sie gemeinsam mit anderen Menschen in gleichen Situationen, die zur sozialen Unterstützungsgruppe werden könnten, ausgeführt werden, und daß sie sich auf konkrete, positive Möglichkeiten der Bewältigung des Ausbrennens konzentrieren.

Wir leiteten zwischen 1976 und 1980 über hundert Arbeitsgruppen über das Ausbrennen in Israel und in vielen Teilen der Vereinigten Staaten (Alabama, Colorado, Florida, Georgia, Kalifornien, Illinois, Michigan, Missouri, North Carolina, North Dakota und Texas). Die Teilnehmerzahlen lagen zwischen 12 und 500, meistens zwischen 50 und 100. Wir leiteten Gruppen mit freier Anmeldung, als Programmpunkte von Konferenzen bestimmter Berufsgruppen und im Rahmen von Trainingsprogrammen in Organisationen.

Zu diesen Organisationen gehörten Kinderbetreuungszentren, Elementary schools, Junior high schools, High schools, städtische Colleges, Colleges, an Universitäten angeschlossene Programme, Sonderschulen, eine Blindenschule, eine Sprachenschule, Abteilungen der öffentlichen Behörde für Gesundheitswesen und Wohlfahrt, Dienststellen dieser Behörde und des öffentlichen Dienstes, religiöse Hilfsdienste, städtische psychiatrische Zentren, Gesundheitsberatungsstellen, Rehabilitationszentren, Abteilungen der sozialen Dienste und der Sozialversicherungsbehörde, psychiatrische Kliniken, ein Staatskrankenhaus, Krankenhäuser für Veteranenversorgung, städtische Krankenhäuser, Gesundheitszentren, Katastropheneinheiten, Dialysezentren, Abteilungen der Krankenpflegeausbildung, Psychiatrieabteilungen, ein Gefängnis, Bewährungsdienststellen, Trainingsprogramme für leitende Angestellte, ein Zentrum für Berufsplanung und Stellenvermittlung und die Armee.

Unsere Teilnehmer und Teilnehmerinnen kamen aus den folgenden Berufsgruppen: Psychiatrie, Psychologie, Beratungsdienste, Medizin, Krankenpflege, Zahnmedizin, Zahnhygiene, zahnärztliches Personal, Dialysepersonal, Schwangerschaftsbetreuung, Physiotherapie, Sozialarbeit, Fürsorge, Kinderfürsorge, Behindertenfürsorge, aus Abteilungen zur Intervention bei Kindesmißhandlung, den städtischen Gesundheitsdiensten, der Alkoholikerfürsorge, Personal des Strafvollzugs, Bewährungshilfe, Kinderbetreuung, Unterricht aller Stufen, Berufsplanungs- und Stellenvermittlungs-Beratung, Collegeverwaltung, Sozialversicherung, religiöse Hilfsdienste, Sonderunterricht und Beratung, Geschäftsleitung, juristische Berufe, Polizei, Organisationsentwicklung, aus der Geistlichkeit und Heerespsychologie.

Die spontanen Rückmeldungen, die wir unmittelbar nach der Gruppenarbeit in Wort und Schrift von den Teilnehmern erhielten, waren durchwegs positiv. Wir haben vielfach versucht, diese Rückmeldungen so systematisch wie möglich auszuwerten. Zum Beispiel beantworteten

132 Personen aus einer Abteilung der Gesundheitsdienste eine organisationsinternen Fragebogen, der die Auswirkungen von Trainingsprogrammen erfassen sollte. 80 von ihnen bewerteten die Arbeitsgruppe als „hervorragend", 41 als „sehr gut" und 11 als „gut". Die Bewertungen „schlecht" oder „sehr schlecht" wurden nicht gegeben.

In einer anderen Abteilung der öffentlichen Dienste im Mittelwesten wurden die Teilnehmer sechs Monate nach den Gruppendiskussionen gebeten, deren Wirksamkeit in bezug auf die Definition der Probleme des Ausbrennens und seiner Bekämpfung zu bewerten. 30 Angestellte beantworteten diesen Fragebogen, und alle beurteilten die Arbeitsgruppe sehr günstig: Die Durchschnittsantwort auf beide Fragen war „sehr gut". Zwei Jahre nach der ersten Arbeitsgruppe wurde eine weitere mit denselben Teilnehmern organisiert. Aus informellen Rückmeldungen der Teilnehmer ging hervor, daß die Unterstützungssysteme, die sich als Ergebnis der ersten Gruppenarbeit etabliert hatten, immer noch funktionierten und dem Ausbrennen entgegenwirkten.

Der Inhalt unserer Gruppendiskussionen unterscheidet sich nach der jeweiligen Zusammensetzung der Gruppe und den Bedürfnissen der Teilnehmer. Dieser Anhang gibt eine detaillierte Schilderung einer eintägigen Arbeitsgruppe, unserer Untersuchungen über ihre kurzfristigen und längerfristigen Effekte und deren Ergebnisse.

Für diese Untersuchung verwendeten wir eine Versuchsanordnung mit nicht äquivalenten Kontrollgruppen.[1] In dieser Anordnung arbeitet man mit einer Versuchs- und einer Kontrollgruppe, die beide vor und nach der Gruppenarbeit, an der jedoch nur die Versuchsgruppe teilnimmt, Fragebogen beantworten. Diese Gruppen sind nicht vor dem Experiment (der Arbeitsgruppe) statistisch ermittelte Stichproben, sondern natürlich entstandene Kollektive; man wählt die ähnlichsten der verfügbaren Gruppen, aber auch die sind einander nicht so ähnlich, daß man auf eine Ausgangserhebung verzichten könnte. Die Einteilung in Versuchs- und Kontrollgruppe gilt als zufällig und obliegt dem Versuchsleiter.

Insgesamt 53 Mitarbeiter der sozialen Dienste aus zwei Dienststellen nahmen an dieser Untersuchung teil. Die beiden Dienststellen wurden gewählt, weil sie nach geographischer Lage, Größe, Klienten und Arbeitsweise als ähnlich gelten konnten. 23 Angestellte (3 Männer und 20 Frauen) gehörten zur „Versuchs"-Dienststelle und 30 Angestellte (10 Männer und 20 Frauen) zur „Kontroll"-Dienststelle.

Die Angestellten der Versuchsgruppe beteiligten sich an einer eintägigen Arbeitsgruppe. Die Angestellten beider Gruppen beantworteten die 21 Fragen unseres Überdruß-Fragebogens (siehe Kapitel 2) und frei zu beantwortende Fragen nach Merkmalen der Arbeit, Einstellungen, Zufriedenheit am Arbeitsplatz und Streß. Dieser Fragebogen war dreimal zu beantworten: in der Ausgangserhebung, die vor der Arbeitsgruppe durchgeführt wurde und eine Vergleichsgrundlage schaffen sollte, und dann in einem Kontrollversuch nach kurzem Intervall (eine Woche später) und nach längerem Intervall (6 Monate später). Außerdem beantworteten die Angestellten der Versuchsgruppe unmittelbar nach den Gruppendiskussionen den sogenannten „Rückmeldungs-Fragebogen".

Die Arbeitsgruppe hatte vier Hauptziele:

1. Die Begriffe des Ausbrennens und des Überdrusses sollten erklärt, ihre Symptome dargestellt und diskutiert werden. Dadurch sollte den Teilnehmern das Problem bewußtgemacht werden, was den ersten Schritt zur Bewältigung bedeutet.
2. Die arbeitsbedingten Belastungen, die für gewöhnlich das Ausbrennen der Helfer in den sozialen Diensten verursachen, sollten identifiziert werden, um den Teilnehmern den Entschluß zur eigenen Verantwortung für Veränderungen positiver Art zu erleichtern.
3. Die Entwicklung kognitiver Klarheit in der Unterscheidung zwischen zwei Kategorien streßhafter Arbeitsmerkmale: derjenigen, die das Individuum beeinflussen kann und die modifiziert werden können, und derjenigen, die der Arbeit selbst innewohnen und daher akzeptiert werden müssen.
4. Die Entwicklung von Bewältigungsverfahren, wie zum Beispiel bessere individuelle Anpassung mit Hilfe flexibler Anwendung unterschiedlicher Bewältigungsstrategien, die dem Individuum zur Verfügung stehen. Das Hauptthema ist hier die Entwicklung und Nutzung von Unterstützungssystemen; andere Themen sind die positiven Aspekte der Arbeit und die Entwicklung positiver Einstellungen als Puffer gegen den Überdruß.

Das leitende Personal wurde in diese Diskussionen nicht einbezogen, weil die Teilnehmer sich frei über die belastenden Aspekte ihrer Tätigkeit äußern sollten. Der Tag begann mit der theoretischen Darstellung der Begriffe „Ausbrennen" und „Überdruß" und einer Beschreibung der ersten Gefahrenzeichen dieser Erscheinungen. Die Teilnehmer konnten den Grad ihres eigenen Ausbrennens feststellen; die Ursachen und regelmäßigen Begleiterscheinungen des Ausbrennens in der Arbeitsumgebung und in spezifischen Arbeitstätigkeiten wurden besprochen. Die Teilnehmer wurden ermutigt, über ihre beruflichen Ziele und Erwartungen zu sprechen. Ein besonders wichtiges Thema war ihr Streß, insbesondere Streß durch frustrierte Erwartungen; in diesem Zusammenhang erwähnen die Teilnehmer ihre Gefühle der Hilflosigkeit und Hoffnungslosigkeit und werden sich ihrer Probleme bewußt. Referate und Gespräche in kleinen Gruppen verschaffen ihnen Gelegenheit, die gemeinsamen Aspekte ihrer Arbeit, die zum Ausbrennen und zum Überdruß führen, besser zu verstehen und sich zu entschließen, Verantwortung für Veränderungen zu übernehmen.

Besonderes Gewicht wurde auf klare Unterscheidung zwischen beeinflußbaren und nicht beeinflußbaren Belastungen gelegt. Verschiedene grundlegende Hilfsmittel und verschiedene Bewältigungsfertigkeiten wurden erklärt, die eingesetzt werden können, um die beeinflußbaren streßhaften Züge der Arbeit zu verändern, und die den Angestellten bei der Entwicklung neuer Bewältigungsmaßnahmen und zur Verbesserung und Erweiterung des Anwendungsbereiches der bisher eingesetzten nützen können. Den Teilnehmern wurde sehr dringend geraten, konkrete Pläne für Veränderungen zu machen, sobald sie die Hauptursachen ihres Stresses identifiziert haben. Ganz allgemein wurden sie zu möglichst flexiblem Bewältigungsverhalten ermutigt, das heißt zum Einsatz verschiedener, der jeweiligen Situation angemessenen Strategien: aktiv-direkte (z.b. Veränderung der streßhaften Situation), aktiv-indirekte (z.B. ein Gespräch mit einem Freund) und indirekt-aktive (z.B. Ignorieren oder Vermeidung der streßhaften Faktoren). Von inaktiv-indirekten Bewältigungsversuchen (z.B. Drogen und Alkohol) wurde dringend abgeraten. Mögliche Unterstützungssysteme im Kollegenkreis wurden beschrieben, ihr Ausbau und ihre Nutzung empfohlen: auf die Bedürfnisse der Angestellten ausgerichtete Mitarbeiterbesprechungen, offene Kommunikation, aktives Zuhören, fachliche Unterstützung und Herausforderung, offene Gespräche über belastende emotionale Erlebnisse, Arbeitsteilung und das Ausfindigmachen positiver Aspekte der Interaktion mit Kollegen und Klienten. Die Wirksamkeit von positiven Einstellungen und Humor als Puffer gegen Ausbrennen und Überdruß wurde besprochen. Weitere Empfehlungen waren richtige Zeiteinteilung, Abgrenzung von Berufs- und Familienleben, „Druck ablassen" am Ende eines streßreichen Tages, Wachsamkeit in bezug auf Gefahrenzeichen, Zugeben der eigenen Schwächen und eine realistische Zielsetzung.

Der Tag endete mit einer zusammenfassenden Diskussion über die Bedeutung des Ausbrennens und des Überdrusses für Privatleben und Beruf.

Die Auswirkungen dieser Gruppenarbeit wurden durch einen umittelbar anschließend gegebenen Rückmeldungs-Fragebogen und durch eine Wiederholung der Ausgangserhebung nach Intervallen von einer Woche und sechs Monaten erfaßt. Die Antworten auf den Rückmeldungs-Fragebogen zeigten, daß die Teilnehmer die Gruppenarbeit sehr günstig beurteilten und die Darstellung der Begriffe, die Vorschläge für Lösungen und auch ihre Hoffnungen auf zukünftige Lösungsmöglichkeiten sehr positiv bewerteten.

Der Rückmeldungs-Fragebogen enthielt auch Fragen, die frei zu beantworten waren. Auf die Frage nach den wichtigsten informativen Aspekten der Diskussionen wurden vor allem die Erkenntnis der Gemeinsamkeit der im Beruf erlebten Belastungen und die Bedeutung der Unterstützungssysteme im Arbeitsbereich genannt. Es folgen einige Antworten: „. . . daß wir herausgefunden haben, daß unsere Probleme im Grunde die gleichen sind . . .", „. . . wir wissen nun, daß wir uns kennenlernen und gegenseitig helfen müssen . . .", „. . . daß vor allem die Kollegen ein Unterstützungssystem sein können . . .", „. . . Ermutigung nicht vom Management erwarten, sondern bei Kollegen suchen . . ." Andere Kommentare bezogen sich auf bestimmte Empfehlungen: „. . . Kontrolle über die Arbeitslast . . .", „. . . daß wir positive Möglichkeiten gelernt haben, Probleme zu bekämpfen und zu betrachten . . .", „. . . die Feststellung, daß es ein Problem und eine Lösung gibt . . .". Manche äußerten sich auch anerkennend über die Gelegenheit, sich offen und vor allem in Abwesenheit der Vorgesetzten aussprechen zu können.

Der letzte Teil des Fragebogens bat um allgemeine Bemerkungen zur Sache. Es gab zwei Arten von Antworten: Bewertungen der Arbeitsgruppe und Vorschläge an das Management für Verbesserungen der Arbeitsbedingungen. Die Bemerkungen der ersten Art lobten die Arbeitsgruppe im allgemeinen, fanden ein zweitägiges Programm nötig oder schlugen bestimmte Themen oder ähnliche Diskussionen für das leitende Personal vor.

Zu den Vorschlägen an die Leitung gehörten auch Ideen über die Verbesserung der Arbeitsbeziehungen: „. . . Angestellte müssen über ihre Probleme reden dürfen, ohne die Vorgesetzten zu fürchten . . .", „. . . die Vorgesetzten sollten mit allen Angestellten Verbindung halten . . .", „. . . man kann viele negativen Aspekte der Arbeit ertragen, wenn die Chefs wissen, wieviel Anstrengung das kostet und das anerkennen . . .", „. . . sollte die Angestellten mehr unterstützen. die Erwähnung in den vierteljährlichen Besprechungen und Bewertungen ist nicht genug . . .", „. . . bessere *Teamarbeit* von Vorgesetzten und Angestellten . . .", „. . . viele Konferenzen wie die heutige, vielleicht einmal im Monat . . .".

Der Kontrollversuch nach kurzem Intervall

Eine Woche vor den Gruppendiskussionen beantworteten die Angestellten der Versuchs- wie der Kontrollgruppe den Fragebogen zum ersten Mal, um eine Ausgangsbasis festzulegen. Eine Woche nach den Gruppendiskussionen beantworteten sie ihn noch einmal für unsere Kontrollerhebung nach kurzem Intervall. Die Fragen waren dieselben wie bei der ersten Erhebung. Die Antworten sollten den Stand der Auswirkungen der Arbeitsgruppe zu diesem Zeitpunkt zeigen.

Die Antworten auf die Fragen der Ausgangserhebung wurden mit denen auf die Fragen der ersten Kontrollerhebung verglichen. Wir gingen von der Annahme aus, daß die nur in der Versuchsgruppe eingetretenen Veränderungen von der Arbeitsgruppe bewirkt worden wären. Nur 15 der 23 Angestellten der Versuchsgruppe, die an den Diskussionen teilgenommen hatten, füllten beide Tests aus. Der Ausfall von Versuchspersonen wiegt bei kleinen Versuchsgruppen schwer und gibt Anlaß zu Vorbehalten über die Validität und Generalisierbarkeit der Daten.

Die Ergebnisse für die Angestellten, die den Fragebogen zweimal ausgefüllt hatten, zeigen, daß der Überdruß in der Versuchsgruppe etwas nachgelassen ($p < .10$) und die Zufriedenheit erheblich zugenommen hatte ($p < .01$). Die Angestellten der Versuchsgruppe waren nach der Teilnahme an der Arbeitsgruppe auch zufriedener mit ihren Vorgesetzten, ihrem Kontakt mit der Öffentlichkeit und mit ihren Klienten. Bei den Angestellten der Kontrollgruppe, welche die Arbeitsgruppe nicht mitgemacht hatten, waren derart konsistente positive Einstellungsänderungen nicht zu verzeichnen. Auf Arbeitsmerkmale wie Vielfalt, Autonomie, Bedeutung, Erfolg, Unausgelastetheit und Überlastung wirkte sich die Arbeitsgruppe nur geringfügig aus. Diese Arbeitsmerkmale sind Teil der realen Arbeit und können als solche nicht von den Arbeitenden beeinflußt werden. Auf die persönlichen Aspekte der Arbeit wirkte sich die Arbeitsgruppe stärker aus: Persönliche Beziehungen, Beziehungen zu Vorgesetzten und Rückmeldungen von Kollegen wurden in der Versuchsgruppe positiver beurteilt als in der Kontrollgruppe.

In der Kontrollerhebung beschrieben die Angestellten der Versuchsgruppe sich selbst auch als angemessener belohnt als vor der Arbeitsgruppe. Zwei der äußeren, unpersönlichen Merkmale, nämlich bürokratische Einmischung und Verwaltungskonflikte, wurden nach der Arbeitsgruppe (negativ) höher bewertet, diese Differenz war jedoch statistisch nicht signifikant. Diese beiden Arbeitsmerkmale wurden in vielen Arbeitsgruppen als der Arbeit innewohnend und unveränderbar identifiziert. Es könnte also sein, daß sie von den Teilnehmern nach der Arbeitsgruppe als streßhafter empfunden wurden. Zusammenfassend läßt sich sagen, daß der Vergleich der Ergebnisse der Ausgangserhebung und der ersten Kontrollerhebung zeigt, daß die Arbeitsgruppe sich vor allem auf die Zufriedenheit der Teilnehmer auswirkte; auf die Arbeitsmerkmale, die sich der Beeinflussung durch das Individuum entziehen, hatte sie keine Wirkung.

Bei dem Vergleich dieser beiden Erhebungen überprüften wir auch die Relationen der Arbeitsmerkmale und der Zufriedenheit zum Überdruß. In der Versuchsgruppe zeigte sich nach der Arbeitsgruppe ein vermehrter Zusammenhang zwischen einigen Variablen und Überdruß, in der Kontrollgruppe dagegen nicht. Man könnte aus diesen Veränderungen schließen, daß die Versuchsgruppe nach den Gruppendiskussionen die Beziehung zwischen Merkmalen wie Überbelastung, Rückmeldungen und besonders persönlichen Beziehungen zu Kollegen und dem subjektiven Überdruß bewußter empfand.

Diese Zunahme an Bewußtheit, die das erste Ziel der Arbeitsgruppe war, zeigt sich auch, wenn man die Werte für Zufriedenheit in ihrer Beziehung zum Überdruß in der Ausgangs- und Kontrollerhebung vergleicht. Obwohl die negative Korrelation zwischen Überdruß und allgemeiner Zufriedenheit für die Versuchsgruppe zunahm, änderte sie sich viel weniger und in umgekehrter Richtung für die Kontrollgruppe. Die Korrelation zwischen Überdruß und Zufriedenheit mit Klienten und Dienststelle nahm für die Versuchsgruppe erheblich zu und für die Kontrollgruppe ab. Die Korrelation für Zufriedenheit mit den Vorgesetzten und Überdruß stieg sehr erheblich für die Versuchsgruppe und blieb für die Kontrollgruppe unverändert. Wir sahen in diesen Veränderungen der Beziehungen zwischen Zufriedenheit und Überdruß eine Reflexion der vermehrten Einsichten über den Begriff Überdruß. Bei allen diesen Interpretationen ist jedoch Vorsicht am Platz, weil die Gruppen, deren Angaben diesen Korrelationen zugrunde liegen, sehr klein waren.

Zusammenfassend ist zu sagen, daß der Vergleich der Ausgangserhebung und der ersten Kontrollerhebung vermuten läßt, daß die Arbeitsgruppe sich in zwei Bereichen ausgewirkt hat: Die Einsichten in die Beziehungen zwischen verschiedenen Arbeitsmerkmalen und dem Überdruß nahmen zu. Der Überdruß ging leicht zurück, und die Zufriedenheit in den Beziehungen zu Vorgesetzten, in bezug auf die Dienststelle, Öffentlichkeit, Klienten und Kollegen stieg etwas an. Von diesen Korrelationen war nur die Verbesserung der Beziehungen zu den Kollegen signifikant. Die Arbeitsgruppe hatte sich auf die Einsichten und die Zufriedenheit der Angestellten offensichtlich ausgewirkt, auf der Arbeit innewohnende streßhafte Merkmale dagegen nicht nennenswert. Auch auf unpersönliche Arbeitsmerkmale wirkte sie sich nicht aus.

Die Kontrollerhebung nach längerem Intervall

Sechs Monate nach der Arbeitsgruppe über das Ausbrennen führten wir die zweite Kontrollerhebung durch. Wir ließen die Fragebogen zum dritten Mal ausfüllen, um die langfristigen Auswirkungen der Arbeitsgruppe beurteilen zu können. Die Antworten wurden mit denen der beiden früheren Erhebungen verglichen. Wieder gingen wir von der Annahme aus, daß die nur in der Versuchsgruppe eingetretenen Veränderungen durch die Arbeitsgruppe bewirkt worden wären und daß die in der zweiten Kontrollerhebung verzeichneten Veränderungen die langfristigen Auswirkungen der Arbeitsgruppe über das Ausbrennen zeigen würden.

Infolge der hohen Ausfallsrate der Teilnehmer der ersten Erhebung in beiden Kontrollerhebungen ist dieser Vergleich wissenschaftlich nicht verwertbar. Nur 8 der 23 Angestellten der Versuchsgruppe, die an der Arbeitsgruppe teilgenommen hatte, und nur 14 der 30 Angestellten der Kontrollgruppe füllten den Fragebogen dreimal aus. Bei so kleinen Versuchsgruppen sind komplizierte statistische Analysen sinnlos, die Validität und Generalisierbarkeit der Daten zweifelhaft.

Da sich die Arbeitsgruppe auf die Bürokratien eigenen Merkmale wie den Mangel an Vielfalt, Autonomie, Bedeutung und Erfolg, auf Unausgeglichenheit und Überlastung nicht auswirkte, werden diese Variablen hier nicht diskutiert. Auswirkungen zeigten sich vor allem in den sozialen Aspekten der Arbeit, einige davon sogar noch nach sechs Monaten, wenn auch in abgeschwächter Form. In der Versuchsgruppe wurde die Zufriedenheit in bezug auf Kollegen, Klienten und Öffentlichkeit immer noch höher bewertet als vor der Arbeitsgruppe. Der Wert für Zufriedenheit in bezug auf Vorgesetzte war als einziger wieder abgesunken. Die Zufriedenheit in persönlichen Beziehungen war in der Versuchsgruppe etwas angestiegen, in der Kontrollgruppe nicht.

Die Korrelationen zwischen Überdruß und den verschiedenen Variablen scheinen nach sechs Monaten für die Versuchsgruppe durchwegs noch etwas höher zu liegen als für die Kontrollgruppe, was auf eine fortgesetzte Auswirkung der Arbeitsgruppe auf die Einsichten der Teilnehmer in die Zusammenhänge zwischen diesen Merkmalen und dem Überdruß schließen läßt.

Zusammenfassend ist zu sagen, daß ein vorbehaltlicher Vergleich der Ausgangserhebung und der Kontrollerhebung nach langem Intervall bei Versuchs- und Kontrollgruppen vermuten läßt, daß die Arbeitsgruppe sich auch nach sechs Monaten noch in zwei Bereichen auswirkte: im leichten Ansteigen der Zufriedenheit in bezug auf Öffentlichkeit, Klienten und vor allem Kollegen und in vermehrten Einsichten in die

Zusammenhänge zwischen Überdruß und verschiedenen Arbeitsmerkmalen.

Die Arbeitsgruppe hat sich auf manche Bereiche ausgewirkt und auf manche nicht. Arbeitsmerkmale, die zur Arbeit in großen, komplexen Organisationen gehören, wurden nicht beeinflußt, wohl aber persönliche Aspekte der Arbeit wie die Beziehungen zu Klienten und Kollegen.

Viele Teilnehmer sagten uns, daß das Programm der Arbeitsgruppe zu kurz gewesen sei, um sich optimal auswirken zu können, und es ist nicht überraschend, daß seine Auswirkungen nach sechs Monaten nachgelassen hatten. Man sollte also eine Arbeitsgruppe dieser Art als die erste einer Reihe dienstlicher Besprechungen sehen, die sich in regelmäßigen Abständen in ein- bis zweistündigen Sitzungen fortsetzen. Die kommunikativen Fertigkeiten, die in solchen Besprechungen anzuwenden sind, lernen die Angestellten in der Arbeitsgruppe.

In die Diskussionen der eben so eingehend geschilderten Arbeitsgruppe wurden die leitenden Angestellten nicht einbezogen, weil eine spannungsfreie Atmosphäre für persönliche Äußerungen geschaffen werden sollte. Einige der Teilnehmer meinten jedoch, die Arbeitsgruppe hätte durch die Anwesenheit des leitenden Personals gewonnen, auch wenn man sich dann nicht so behaglich gefühlt hätte. Der Wert der Anwesenheit der leitenden Angestellten wurde vor allem durch ein Gespräch demonstriert: Die Angestellten berichteten, daß die Rückmeldungen ihrer Vorgesetzten immer ein gewisses Maß an Kritik enthielten, ganz gleich, wie sehr sie sich angestrengt oder wieviel sie geleistet hätten. Eine teilnehmende Supervisorin erwiderte, sie sei angewiesen worden, positive Rückmeldungen zu geben, wenn sie verdient wurden, aber immer negative Rückmeldungen anzuschließen, um auf Verbesserungsmöglichkeiten hinzuweisen. Die Angestellten verstanden nun ihren Konflikt und konnten ihn nachfühlen, die Supervisorin begriff den Impakt der Rückmeldungen, die sie zu geben pflegte. Alle fanden, daß die Verständigung gewonnen hatte.

Es gibt zwei Typen von Arbeitsgruppen über das Ausbrennen. Einerseits solche für Menschen in verschiedenen Stellungen, die ähnliche Rollen haben und ähnlichen Streß erleben. In diesen Gruppen können die Teilnehmer über die für ihre Position spezifischen Belastungen und Belohnungen sprechen und Unterstützungssysteme mit Menschen ausbauen, die an anderen Orten arbeiten. Diese Arbeitsgruppen können sich besonders für Leute in leitenden Stellungen als hilfreich erweisen, die glauben, daß ihre Position das Gespräch mit Menschen in anderen Anstellungen und die Teilnahme an deren Unterstützungssystemen verbiete. Diese Arbeitsgruppen für bestimmte Beschäftigungen können zum

Abbau der Asymmetrie in bezug auf Rückmeldungen und Belohnungen in großen Organisationen beitragen. Viele Angestellte der öffentlichen Dienste erwarten, daß ihre Belohnungen von den leitenden Angestellten kommen; diese Erwartungen setzen die Vorgesetzten unter starken Druck. Im Verlauf einer Arbeitsgruppe kann man sich bemühen, dieses Muster zu verändern, indem man den Angestellten Vorschläge über mögliche Systeme wirksamer gegenseitiger Unterstützung macht.

Im zweiten Typus der Arbeitsgruppen über das Ausbrennen kommen die Menschen aus einer Organisation zusammen. Diese Gruppenarbeit kann besonders nützlich sein, wo schlechte Kommunikation, Feindseligkeit und schlechte Zusammenarbeit das Funktionieren der Organisation gefährden. Diese Arbeitsgruppen haben wahrscheinlich ähnliche Wirkungen wie die in diesem Kapitel beschriebene, die zu diesem Typus gehört.

Anmerkung

1 D. T. Campbell and J. C. Stanley, Experimental and Quasi Experimental Designs for Research (Chicago: Rand-McNally 1973), S. 47-50.

Anhang II: Forschungsbericht

von Ditsa Kafry

Unsere Untersuchungen über Überdruß, während der Jahre 1976 bis 1980 und in der Hauptsache an der Universität von Kalifornien in Berkeley ausgeführt, erfaßten insgesamt 3916 Personen: Studenten und Angehörige bestimmter (gehobener) Berufsgruppen aus den Vereinigten Staaten, Kanada, Japan und Israel. In diesem Anhang werden das Meßinstrument für Überdruß, die erfaßten Versuchsgruppen und einige unserer Ergebnisse dargestellt. Wir betonen, daß die bei der Korrelation anamnestischer Daten üblichen Probleme auch für einen großen Teil der im folgenden mitgeteilten Ergebnisse gelten (siehe die Fußnote im 2. Kapitel, Seite 26).

Das Meßinstrument für Überdruß

Definition: Überdruß ist das Erleben körperlicher, emotionaler und geistiger Erschöpfung. Charakteristisch für diesen Zustand sind negative Einstellungen zum Selbst, zur Umgebung, zur Arbeit und zum Leben im allgemeinen. („Ausbrennen" ist nach Definition und Symptomen mit Überdruß identisch, vom Ausbrennen spricht man jedoch nur bei Menschen, die in emotional anspruchsvollen Situationen mit anderen Menschen arbeiten.)
Beschreibung des Meßinstruments: Der Grad des Überdrusses wird durch einen Fragebogen von 21 Punkten gemessen. Diese Fragen beziehen sich auf die drei Aspekte dieses Zustandes:

1. Körperliche Erschöpfung: müde sein, körperlich erschöpft sein, sich erledigt fühlen, sich abgearbeitet fühlen, sich ausgelaugt fühlen, sich schwach fühlen, sich tatkräftig fühlen.
2. Emotionale Erschöpfung: sich niedergeschlagen fühlen, emotional erschöpft sein, sich ausgebrannt fühlen, sich gefangen fühlen, bekümmert sein, sich hoffnungslos fühlen, Angst haben.
3. Geistige Erschöpfung (negative Einstellungen zum Selbst, zum eigenen Leben und zu anderen Menschen): glücklich sein, unglücklich sein, einen guten Tag haben, sich wertlos fühlen, sich optimistisch fühlen, über andere Menschen verärgert oder enttäuscht sein, sich zurückgewiesen fühlen.

Diese Fragen werden in zufälliger Folge dargeboten und jeweils nach einer 7-Punkte-Skala beantwortet. Diese sieben Punkte sind wie folgt definiert: 1 = niemals, 2 = ein einziges Mal, 3 = selten, 4 = manchmal, 5 = oft, 6 = meistens, 7 = immer. Der errechnete Wert für den Überdruß ist der Mittelwert der Antworten auf die einzelnen Fragen, von denen vier im Gegensinn zu bewerten sind: sich tatkräftig fühlen, glücklich sein, einen guten Tag haben, sich optimistisch fühlen.

Bitte beantworten Sie nach der folgenden Skala, ob Sie

1	2	3	4	5	6	7
niemals	ein- oder zweimal	selten	manchmal	oft	meistens	immer

1. müde sind, _____
2. sich niedergeschlagen fühlen, _____
3. einen guten Tag haben, _____
4. körperlich erschöpft sind, _____
5. emotional erschöpft sind, _____
6. glücklich sind, _____
7. „erledigt" sind, _____
8. „ausgebrannt" sind, _____
9. unglücklich sind, _____
10. sich abgearbeitet fühlen, _____
11. sich gefangen fühlen, _____
12. sich wertlos fühlen, _____
13. überdrüssig sind, _____
14. bekümmert sind, _____
15. über andere verärgert oder enttäuscht sind, _____
16. sich schwach und hilflos fühlen, _____
17. sich hoffnungslos fühlen, _____
18. sich zurückgewiesen fühlen, _____
19. sich optimistisch fühlen, _____
20. sich tatkräftig fühlen, _____
21. Angst haben. _____

Verläßlichkeit: Als Wiederholungsverläßlichkeit ergab sich für ein Intervall von einem Monat .89, für eines von zwei Monaten .76 und für eines von vier Monaten .66. Die innere Konsistenz der meisten Gruppen wurde mit Hilfe des α-Koeffizienten errechnet, für den die Werte zwischen .91 und .93 lagen.

Die Versuchsgruppen

Wir untersuchten 30 Gruppen von 9 bis 724 Personen; diese Gruppen unterschieden sich nach ihrer beruflichen Zusammensetzung und den Untersuchungsorten.

Im folgenden werden sie kurz beschrieben:

1. 205 (96 Männer und 109 Frauen) Angehörige gehobener Berufsgruppen aus dem Bereich der San Francisco Bay. Sie wurden von den Studenten eines Forschungsseminars angeworben und kamen aus verschiedenen Berufsgruppen: aus den helfenden Berufen, aus der Wissenschaft, aus dem Geschäftsleben, aus künstlerischen Berufen und aus dem Haushalt.

2. 220 (47 Männer und 173 Frauen) Angehörige bestimmter Berufsgruppen nahmen im Gebiet der San Francisco Bay an einer Arbeitsgruppe über das Ausbrennen teil. Sie kamen aus verschiedenen Bereichen der helfenden Berufe und aus dem Management.

3. 322 (56 Männer und 266 Frauen) Angehörige bestimmter Berufsgruppen nahmen im Gebiet der San Francisco Bay an einer Arbeitsgruppe über das Ausbrennen teil. Sie kamen aus verschiedenen Bereichen der helfenden Berufe und aus dem Management.

4. 277 berufstätige Frauen aus dem Gebiet der San Francisco Bay, die von den Studenten eines Forschungsseminars angeworben wurden. Sie kamen aus verschiedenen helfenden, wissenschaftlichen, kaufmännischen, künstlerischen und hauswirtschaftlichen Berufen.

5. 129 (19 Männer und 110 Frauen) Sozialarbeiter aus den öffentlichen Diensten, die in Colorado an einer Arbeitsgruppe über das Ausbrennen teilnahmen.

6. 198 (166 Männer und 32 Frauen) Sozialarbeiter aus der Behindertenfürsorge, die in Georgia an einer Arbeitsgruppe über das Ausbrennen teilnahmen.

7. 66 (17 Männer und 49 Frauen) Sozialarbeiter aus den öffentlichen Diensten, die in Colorado an einer Arbeitsgruppe über das Ausbrennen teilnahmen.

8. 89 (11 Männer und 78 Frauen) Lehrer, die im nördlichen Kalifornien an zwei Arbeitsgruppen über das Ausbrennen teilnahmen.

9. 53 (13 Männer und 40 Frauen) Angestellte aus zwei Dienststellen der öffentlichen Dienste im nördlichen Kalifornien.

10. Eine nach Zufall erhobene Stichprobe von 724 (275 Männer und 449 Frauen) Angehörigen der helfenden Berufe aus 14 staatlichen Heimen für Entwicklungsbehinderte in North Carolina, South Carolina, Indiana, New Jersey, Colorado, Montana, West Virginia, Texas, Virginia, Louisiana und New York.

11. 29 (1 Mann und 28 Frauen) Krankenpfleger und Krankenschwestern, die an einer Arbeitsgruppe über das Ausbrennen im Gebiet der San Francisco Bay teilnahmen.

12. 45 (23 Männer und 22 Frauen) Bewährungshelfer, die an einer Arbeitsgruppe über das Ausbrennen im Gebiet der San Francisco Bay teilnahmen.

13. 12 (1 Mann und 11 Frauen) Eltern, die der Kindesmißhandlung oder der Kindesvernachlässigung verdächtigt wurden.

14. 73 Mütter von Schulkindern, die an einem Forschungsprojekt im Gebiet der San Francisco Bay teilnahmen.

15. 33 Väter von Schulkindern, die an einem Forschungsprojekt im Gebiet der San Francisco Bay teilnahmen.

16. 72 Mütter von Schulkindern, die an einem Forschungsprojekt im Gebiet der San Francisco Bay teilnahmen.

17. 50 Väter von Schulkindern, die an einem Forschungsprojekt im Gebiet der San Francisco Bay teilnahmen.

18. 39 Krankenschwestern, die an einem Forschungsprojekt im südlichen Kalifornien teilnahmen.

19. 25 (9 Männer und 16 Frauen) Personen, die im Gebiet der San Francisco Bay an einem einmonatigen Kurs über das Ausbrennen teilnahmen.

20. 9 (2 Männer und 7 Frauen) Supervisoren und Administratoren eines Gesundheitsfürsorgezentrums im Gebiet der San Francisco Bay.

21. 84 (35 Männer und 49 Frauen) noch nicht graduierte Studenten der Universität von Kalifornien in Berkeley.

22. 147 (49 Männer und 98 Frauen) noch nicht graduierte Studenten der Universität von Kalifornien in Berkeley.

23. 294 (106 Männer und 188 Frauen) noch nicht graduierte Studenten der Universität von Kalifornien in Berkeley.

24. 118 (12 Männer und 106 Frauen) Angehörige der helfenden Berufe aus drei Krankenhäusern und einem kommunalen Zentrum in Kanada. Diese Stichprobe erfaßte nach Zufall Angestellte der Intensivstationen, der Notfallstationen und der Stationen für lange Krankenhausaufenthalte.

25. 81 (10 Männer und 71 Frauen) Sozialarbeiter aus Israel.

26. 181 (26 Männer und 155 Frauen) Telephonisten aus Israel.

27. 66 (59 Männer und 7 Frauen) Manager, die in Israel an einem Seminar über Management teilnahmen.

28. 55 (55 Männer) Manager, die an einem Management-Entwicklungsprogramm in Israel teilnahmen.

29. 21 (17 Männer und 4 Frauen) Manager, die in Israel an einer Arbeitsgruppe über Ausbrennen teilnahmen.

30. 199 japanische Studenten der Rissho Universität in Tokio.

Überdrußwerte der Versuchsgruppen und Stichproben

Tabelle A.1 zeigt die mittleren Überdrußwerte und die Standardabweichung aller erfaßten Versuchsgruppen und Stichproben. Die mittleren Werte lagen zwischen 2.8 und 4.2 und die Standardabweichungen zwischen 0.4 und 1.0. Als Gesamtmittelwert für Überdruß ergab sich 3.3.

Tabelle A.1: Gruppengröße, Mittelwerte und Standardabweichung für Überdruß

Versuchsgruppe	N	Mittelwert	Standardabweichung
1	205	3.2	0.6
2	220	3.7	0.6
3	322	3.6	0.7
4	277	3.1	0.6
5	129	3.3	1.0
6	198	3.1	0.6
7	66	3.7	0.7
8	89	3.2	0.9
9	53	3.6	0.7
10	724	3.1	0.9
11	29	3.6	0.6
12	45	3.5	0.5
13	12	4.2	0.6
14	73	3.1	0.8
15	33	2.9	0.9
16	72	3.1	0.5
17	50	2.9	0.5
18	39	3.0	0.6
19	25	3.1	0.9
20	9	3.0	0.4
21	84	3.4	0.7
22	147	3.4	0.7
23	294	3.3	0.8
24	118	3.3	0.6
25	81	3.3	0.6
26	181	3.1	0.7
27	66	2.8	0.5
28	65	2.8	0.6
29	21	3.5	0.4
30	199	3.5	0.9

Überdruß bei Männern und Frauen

Tabelle A.2 zeigt die mittleren Überdrußwerte der Männer und Frauen beinahe aller Versuchsgruppen. Der Gesamtmittelwert war für die Männer 3.2 (N = 1.118) und für die Frauen 3.3 (N = 2.529).

Tabelle A.2: Mittlere Überdrußwerte für Männer und Frauen

Versuchsgruppe	Männer		Frauen	
	N	Mittelwert	N	Mittelwert
1	96	3.1	109	3.3
2	47	3.5	173	3.8
3	56	3.6	266	3.6
4	0	—	277	3.1
5	19	3.3	110	3.3
6	166	3.1	32	3.2
7	17	3.8	49	3.7
8	11	2.7	78	3.2
9	13	3.7	40	3.5
10	275	3.1	449	3.2
11	1	3.2	28	3.6
12	23	3.6	22	3.5
13	1	3.5	11	4.3
14	0	—	73	3.1
15	33	2.9	0	—
16	0	—	72	3.1
17	50	2.9	0	—
18	0	—	39	3.0
19	9	2.9	16	3.3
20	2	2.9	7	3.0
21	35	3.6	49	3.2
22	49	3.3	98	3.5
23	106	3.2	188	3.3
24	12	3.0	106	3.3
25	10	2.8	71	3.2
26	26	2.9	155	3.1
27	59	2.8	7	3.0
28	55	2.8	0	—
29	17	3.5	4	3.5

Überdruß im Beruf

Tabelle A.3 zeigt die Mittelwerte des im Beruf erlebten Überdrusses. Wegen der großen Anzahl der Berufsgruppen sind nicht alle Teilnehmer in dieser Tabelle aufgeführt.

Tabelle A.3: Mittelwerte für im Beruf erlebten Überdruß

Versuchs-gruppe	Beruf	N	Mittel-wert
1	Helfende Berufe	63	3.1
	Kaufmännische Berufe und Management	36	3.2
	Wissenschaftliche Berufe	39	3.3
	Künstlerische Berufe	13	3.2
	Haushalt	14	3.2
	Technische und Büroberufe	40	3.4
2	Sozialarbeit	48	3.8
	Beratung	38	3.7
	Therapie	26	3.6
	Krankenpflege	35	3.8
	Erziehung	27	3.8
	Verwaltung und Management	28	3.4
3	Helfende Berufe	260	3.7
	Technische, Büro- und Verwaltungsberufe	46	3.4
4	Kaufmännische Berufe und Management	56	3.4
	Erziehung	21	3.1
	Sozialarbeit und Krankenpflege	36	3.3
	Wissenschaft	46	3.0
	Technische und Büroberufe	45	3.0
	Haushalt	18	3.5
5	Professioneller Haushalt	17	3.0
	Einzelfallarbeit	94	3.4
	Supervision	16	3.2

Versuchs-gruppe	Beruf	N	Mittel-wert
7	Professioneller Haushalt	18	3.6
	Einzelfallarbeit	44	3.8
8	Unterricht	89	3.2
9	Öffentliche Sozialarbeit	53	3.6
10	Verwaltung und Management	256	3.1
	Professionelle direkte Pflege	244	3.1
	Nicht professionelle direkte Pflege	244	3.1
11	Krankenpflege	29	3.6
12	Bewährungshilfe	45	3.6
20	Studenten	84	3.4
21	Studenten	147	3.4
22	Studenten	294	3.3
24	Krankenpflege – Kanada	55	3.4
	Krankenpflegehilfe – Kanada	27	3.0
	Sozialarbeit – Kanada	23	3.3
25	Sozialarbeit – Israel	81	3.1
26	Telephonisten – Israel	133	3.2
	Telephonaufsicht – Israel	33	2.9
27	Manager – Israel	66	2.8
28	Manager – Israel	55	2.8
29	Manager – Israel	21	3.5
30	Studenten – Japan	199	3.5

Überdruß und andere Variablen

Tabelle A.4 zeigt die Mittelwerte dreier Werte für Zufriedenheit und ihre Korrelation zum Überdruß: Zufriedenheit in bezug auf die Arbeit, das Leben und das Selbst. Zufriedenheit wurde mit Hilfe von *Kunin's Faces Scale*[1] gemessen. Die meisten Korrelationen waren negativ und signifikant von Null verschieden (p < .05).

Tabelle A.4: Mittelwerte für Zufriedenheit mit Überdruß

Versuchs-gruppe	Arbeit		Leben		Selbst	
	Mittelwert	Korrelation	Mittelwert	Korrelation	Mittelwert	Korrelation
1	5.1	—.39	5.7	—.56		
2	4.7	—.53	5.3	—.58	5.4	—.54
3	4.7	—.63	5.5	—.62	5.5	—.62
4	5.3	—.38	5.7	—.38		
5	5.0	—.58				
6	5.5	—.52				
9	4.8	—.58	5.5	—.44	5.6	—.45
10	5.4	—.45	5.9	—.43	5.1	—.43
11	5.3	—.37*	5.4	—.53	5.1	—.34*
12	4.5	—.45	5.5	—.55	5.3	—.59
14	5.4	—.41	5.8	—.61		
15	5.5	—.43	5.7	—.56		
16	5.6	—.63	5.8	—.51	5.9	—.54
17	5.6	—.31*	5.9	—.37*	5.9	—.60
18	4.8	—.53	5.9	—.70	5.1	—.68
21	4.7	—.50	5.6	—.69		
22	4.8	—.52	5.6	—.56	5.6	—.73
23	4.9	—.38	5.7	—.46		
24	5.4	—.24	5.9	—.34	5.7	—.40
25	5.6	—.30	5.6	—.46	5.6	—.41
26	4.7	—.53	5.7	—.47		
27	5.4	—.26	5.7	—.32		
28	5.1	—.39	5.5	—.54	5.1	—.32
30	3.7	—.35	4.8	—.61	4.3	—.35

* = nicht signifikant

Wahrnehmung der körperlichen Gesundheit und
Angaben über Schlafschwierigkeiten

Tabelle A.5 zeigt die Mittelwerte der Wahrnehmung körperlicher Gesundheit und Angaben über Schlafschwierigkeiten und ihre Korrelation zum Überdruß für einige der Versuchsgruppen. Alle Korrelationen unterschieden sich signifikant von Null ($p < .05$) und lagen in der erwarteten Richung: positiv für Schlafschwierigkeiten und negativ für die Wahrnehmung körperlicher Gesundheit.

Tabelle A.5: Mittelwerte der Wahrnehmung körperlicher Gesundheit und Angaben über Schlafschwierigkeiten in Korrelation zum Überdruß

Versuchsgruppe	Körperliche Gesundheit		Schlafschwierigkeiten	
	Mittelwert	Korrelation	Mittelwert	Korrelation
1	5.5	—.39		
4	5.6	—.33	2.7	.30
5			3.0	.33
6			2.8	.32
10	5.5	—.26		
14			2.8	.33
15			2.4	.47
23	5.4	—.40	2.9	.30
24	5.4	—.20		
25	5.4	—.38		
26	4.0	—.46		
28	5.5	—.28		
29	5.4	—.25		

Konflikte zwischen Berufs- und Privatleben

Tabelle A.6 zeigt die für einige Versuchsgruppen errechneten Mittelwerte für Konflikte zwischen Arbeit und Privatleben und ihre Korrelation zum Überdruß. Alle Korrelationen waren signifikant von Null verschieden (p < .05).

Tabelle A.6: Mittelwerte für Konflikte zwischen Berufs- und Privatleben und Korrelationen zum Überdruß

Versuchsgruppe	Mittelwert	Korrelation
1	4.2	.36
4	3.6	.22
10	3.6	.33
21	4.6	.32
23	4.1	.26
24	4.1	.38
28	3.7	.28
29	4.0	.24

Hoffnungslosigkeit

Eine Untergruppe (N = 130) der 3. Versuchsgruppe beantwortete den von Beck, Weissman, Lester und Trexler[2] ausgearbeiteten Fragebogen über Hoffnungslosigkeit (20 Items). Die Korrelation zwischen Überdruß und Hoffnungslosigkeit war .59 (p < .001).

Zuspätkommen

Für die Versuchsgruppe 26 waren Aufzeichnungen über „Verspätung" (die Anzahl der Tage pro Jahr, an denen die Angestellten zu spät zur Arbeit kommen) zugänglich. Die Korrelation zwischen Zuspätkommen und Überdruß war .30 (p < .001).

Wichtige Lebensveränderungen

Die Teilnehmer der Versuchsgruppe 3 zählten die wichtigen Ereignisse ihres Lebens während der sechs Monate vor der Beantwortung des Überdrußfragebogens auf. Die insgesamt zweiundzwanzig Lebensereignisse betrafen die körperliche und seelische Gesundheit, die wirtschaftliche Situation, Familienverhältnisse, die Arbeit und anderes. Die Anzahl negativer und positiver Ereignisse wurde für jeden einzelnen berechnet. Die Anzahl positiver Lebensereignisse korrelierte signifikant und negativ mit dem Überdruß (—.22), die Anzahl negativer Lebensereignisse signifikant und positiv (.30) (p < .001 für beide Korrelationen).

245

Die Tendenz, die Anstellung zu verlassen

Tabelle A.7 zeigt die Mittelwerte für die Tendenz, die Anstellung zu verlassen, und die Korrelation zum Überdruß. Alle Korrelationen waren positiv und unterschieden sich signifikant von Null ($p < .05$).

Tabelle A.7: Mittelwerte der Tendenz, die Anstellung zu verlassen, und Korrelationen zum Überdruß

Versuchsgruppe	Mittelwert	Korrelation
5	3.6	.58
6	2.6	.40
10	3.0	.33
24	3.2	.27

Ausbrennen bei der Arbeit

Den Teilnehmern der Versuchsgruppe 7 wurden verschiedene Fragen über ihre Erfahrungen mit dem Ausbrennen im Beruf vorgelegt. 48% berichteten über Ausbrennen zur Zeit der Untersuchung, 29% hatten früher Ausbrennen erlebt, erlebten es zur Zeit der Untersuchung aber nicht, und 23% hatten es nie erlebt. Diese letzte Gruppe hatte signifikant niedrigere mittlere Überdrußwerte als die beiden anderen ($p < .05$).

Die Wahrnehmung des Überdrusses anderer Menschen

Die Teilnehmer der Versuchsgruppen 8 und 11 beantworteten den Überdrußfragebogen; außerdem schätzten sie die Überdrußwerte der anderen. Die Korrelation zwischen diesen Schätzungen und den durch den Fragebogen festgestellten Wert war für beide Versuchsgruppen zusammengenommen .37 ($p < .001$).

Belastungen im Berufs- und Privatleben

Die Teilnehmer der Versuchsgruppe 1 wurden gebeten, die wichtigsten Belastungen in ihrem Leben und bei ihrer Arbeit aufzuzählen. Diese Belastungen wurden inhaltsanalysiert und auf acht Kategorien verteilt. Die Analyse der in Tabelle A.8 dargestellten Ergebnisse zeigt, daß der mittlere Überdrußwert sich gesamthaft signifikant auf die genannten Belastungen des Privatlebens auswirkte, nicht aber auf die genannten beruflichen Belastungen.

Tabelle A.8: Prozentsätze der Teilnehmer, die die Belastungen im Berufs- und Privatleben angaben, und mittlere Überdrußwerte

Belastung	Leben		Arbeit	
	%	Mittelwert	%	Mittelwert
Finanzielle Probleme	14	3.1	3	2.8
Zwischenmenschliche Probleme	39	3.2	18	3.3
Zeitmangel	13	3.3	17	3.3
Entscheidungs- und Planungsprobleme	2	3.3	17	3.1
Reibereien	4	3.2	15	3.2
Selbstverwirklichungsprobleme	12	3.6	13	3.3
Negative Gefühle	9	3.4	13	3.4
Keine Probleme	7	2.8	4	2.9

Belastungen und Freuden

Die Tabelle A.9 zeigt die Verteilung der von den Teilnehmern der Versuchsgruppe 22 angegebenen 564 Belastungen und 527 Freuden. Die Analyse der Korrelationen zum Überdruß zeigte, daß die Anzahl der erwähnten Belastungen nicht in signifikanter Beziehung zum Überdruß stand ($r = —.8$), wohl aber die mittlere Intensität dieser Belastungen ($.42$, $p < .05$). Sowohl die Anzahl wie die Intensität der erlebten Freuden standen in signifikanter negativer Korrelation zum Überdruß ($r = —.121$ und $r = —.23$, $p < .05$).

Tabelle A.9: Prozentsätze von Belastungen und Freuden nach Kategorien, Versuchsgruppe 22

Kategorie	Prozentsatz der Belastungen	Prozentsatz der Freuden
Finanzen	10	0
Zwischenmenschliche Beziehungen	33	40
Schule	28	13
Selbstverwirklichung	10	5
Zukunft	8	2
Arbeit	6	3
Gesundheit	5	1
Liebhabereien und Aktivitäten	0	34
Entspannung	0	2

Tabelle A.10 zeigt die mittleren Werte für Arbeitsmerkmale und die Korrelationen zum Überdruß für die Versuchsgruppen 5 und 6. Tabelle A.11 zeigt die gleichen Informationen über Lebensmerkmale für die Versuchsgruppen 4 und 23. Tabelle A.12 zeigt die Mittelwerte für Merkmale des Berufs- und des Arbeitslebens und die Korrelationen zum Überdruß für die Versuchsgruppen 1 und 10.

Tabelle A.10: Mittelwerte für Arbeitsmerkmale und die Korrelationen zum Überdruß

Arbeitsmerkmale	Vg. 5		Vg. 6	
	Mittel	Korr.	Mittel	Korr.
Vielfalt	5.4	—.14	6.2	—.23*
Komplexität	5.1	—.03	5.8	—.16*
Autonomie	5.0	—.15	5.4	—.32*
Bedeutung	5.5	—.13	6.3	—.18*
Rückmeldungen	4.8	—.31*	5.0	—.15*
Erfolg	5.2	—.16	5.9	—.15*
Gelegenheit zum Ausspannen	4.2	—.27*	4.4	—.15*
Funktionieren der Institution	4.4	—.30*	5.4	—.18*
Arbeitsteilung	4.2	—.28*	5.1	—.22*
Arbeitsbeziehungen	5.2	—.32*	5.2	—.28*
Soziale Unterstützung	5.9	—.29*	5.4	—.26*
Soziale Rückmeldungen	4.1	—.36*	4.2	—.32*

* $p < .05$

Tabelle A.11: Mittelwerte für Arbeitsmerkmale und die Korrelationen zum Überdruß

Merkmale des Privatlebens	Vg. 4		Vg. 23	
	Mittel	Korr.	Mittel	Korr.
Vielfalt	5.5	—.32*	5.1	—.35*
Komplexität	5.5	—.05	5.6	.01
Autonomie	5.6	—.29*	5.4	—.24*
Bedeutung	5.4	—.13*	5.2	—.23*
Erfolg	5.1	—.47*	5.1	—.47*
Überbeanspruchung	4.1	.21*	4.4	.20*
Gelegenheit zum Ausspannen	4.4	—.27*	4.4	—.15*
Familienbeziehungen	5.7	—.30*	5.6	—.17*
Freundschaftsbeziehungen	6.0	—.30*	5.8	—.32*
Unterstützung	5.4	—.25*	5.5	—.27*
Soziale Überbeanspruchung	3.8	.35*	4.0	.24*
Ablenkung durch Beruf	3.6	.35*	4.3	.28*

* $p < .05$

Tabelle A.12: Mittelwerte (M) für Merkmale des Berufs- und Privatlebens und Korrelationen (r) zum Überdruß

| | Vg. 1 | | | | Vg. 10 | | | |
| | Leben | | Arbeit | | Leben | | Arbeit | |
	M	r	M	r	M	r	M	r
Vielfalt	5.2	—.23*	5.0	—.21*	5.2	—.22*	4.8	—.20*
Komplexität	4.9	—.11	5.1	—.20*	4.9	—.09*	5.2	—.03
Autonomie	5.7	—.15*	5.0	—.28*	5.8	—.19*	4.7	—.19*
Überbeanspruchung	4.1	.22*	4.2	.23*	3.8	.23*	4.4	.31*
Überlastung	3.8	.13	4.0	.13	3.9	.27*	4.5	.35*
Unausgelastetheit	3.2	.29*	3.3	.15*	3.3	.22*	3.5	.20*
Entscheidungslast	3.4	.21*	3.9	.19*	3.2	.18*	4.1	.30*
Belastung durch Neuerungen	4.7	—.15*	4.7	—.17*	4.9	—.12*	5.0	—.08*
Bedeutung	5.2	—.22*	5.3	—.21*	5.7	—.18*	5.9	—.15*
Rückmeldungen	4.9	—.23*	4.7	—.15*	5.0	—.21*	4.4	—.15*
Erfolg	5.2	—.48*	5.2	—.24*	5.4	—.28*	5.2	—.17*
Negative Folgen	4.3	—.07	5.0	—.19*	4.6	.00	5.3	.04
Selbstausdruck	5.6	—.31*	4.9	—.22*	5.7	—.15*	4.9	—.20*
Selbstverwirklichung	5.5	—.28*	4.7	—.22*	5.4	—.24*	4.7	—.20*
Selbstwertverlangen	3.6	.11	4.2	.00	3.8	.08*	4.6	.17*
Schuldgefühle	3.2	.51*	3.1	.29*	3.3	.41*	3.6	.42*
Körperliche Gefahr	2.0	—.03	1.9	—.06	2.2	.10*	2.9	.12*
Umgebungsbelastung	2.5	.26*	2.8	.27*	2.4	.19*	3.3	.21*
Behagliche Umgebung	5.6	—.35*	4.6	—.29*	5.5	—.20*	4.4	—.24*
Bürokratische Belastungen	3.0	.20*	4.2	.11	2.7	.10*	4.6	.24*
Administrative Belastungen	2.8	.20*	4.5	.06	2.5	.10*	5.1	.26*
Einfluß auf Politik	5.2	—.24*	4.0	—.15*	5.5	—.16*	4.1	—.18*
Belohnungen	5.0	—.41*	4.4	—.33*	4.9	—.17*	4.0	—.17*
Gelegenheit zum Ausspannen	4.4	—.18*	4.2	—.11	4.5	—.16*	4.3	—.09*
Soziale Überbeanspruchung	4.4	.28*	4.2	.16*	3.7	—.33*	3.9	.38*
Unterstützung	5.0	—.29*	4.5	—.27*	5.1	—.12*	4.6	—.17*
Persönliche Beziehungen	5.7	—.32*	5.5	—.27*	5.9	—.26*	5.6	—.25*
Teilen	4.7	.28*	4.4	.13	5.1	—.20*	4.9	.23*
Unvereinbare Forderungen	3.8	.38*	3.9	.27*	3.5	—.30*	4.0	.31*
Wertschätzung	5.0	—.31*	4.6	—.32*	5.1	—.13*	4.3	—.16*
Verantwortung	4.4	—.12	4.1	—.06	4.3	—.01	4.3	—.07*
Emotionale Gegenseitigkeit	5.2	—.29*	4.5	—.18*	5.2	—.22*	4.2	—.18*

* p < .05

Geschlechtsunterschiede. Tabelle A.13 zeigt die Mittelwerte für Merkmale des Berufs- und Privatlebens und Korrelationen zum Überdruß für die Männer und Frauen der Versuchsgruppe 1.

Tabelle A.13: Mittelwerte für Merkmale des Berufs- und Privatlebens und Korrelationen zum Überdruß bei Männern und Frauen (Versuchsgruppe 1)

		Männer		Frauen		Männer/Frauen
		M	r	M	r	t-Wert des Mittelvergleichs
Vielfalt	Leben	5.4	—.17	5.0	—.22*	1.98*
	Arbeit	5.3	—.19	4.8	—.20*	2.10*
Komplexität	Leben	5.1	—.04	4.9	—.11	0.35
	Arbeit	5.4	—.02	4.9	—.30*	2.52*
Autonomie	Leben	5.8	—.02	5.7	—.18	0.40
	Arbeit	5.4	—.20*	4.7	—.30	2.99*
Unausgeglichenheit	Leben	3.1	.19	3.2	.32*	—0.63
	Arbeit	3.1	.03	3.5	.21*	—1.75
Überlastung	Leben	3.9	.17	3.9	.12	0.25
	Arbeit	4.3	.21*	3.9	.10	1.57
Entscheidungslast	Leben	3.5	.14	3.3	.30*	1.44
	Arbeit	4.1	.22*	3.8	.17	1.20
Überbeanspruchung	Leben	4.1	.20*	4.2	.27*	—0.41
	Arbeit	4.4	.20*	4.1	.25*	1.56
Selbstwertverlangen	Leben	3.7	—.05	3.7	.19	0.06
	Arbeit	4.5	—.07	3.9	—.03	2.44*
Belastung durch	Leben	4.7	—.17	4.7	—.12	0.04
Neuerungen	Arbeit	5.2	—.02	4.4	—.25*	2.97*
Bedeutung	Leben	5.1	—.22*	5.3	—.21*	—1.20
	Arbeit	5.3	—.24*	5.3	—.22*	0.15
Erfolg	Leben	5.3	—.41*	5.2	—.48*	0.48
	Arbeit	5.3	—.22*	5.1	—.23*	0.76
Rückmeldungen	Leben	4.7	—.29*	5.0	—.17	—1.34
	Arbeit	4.8	—.17	4.6	—.11	0.75
Selbstausdruck	Leben	5.5	—.09	5.6	—.42*	—0.51
	Arbeit	5.2	—.09.	4.6	—.28*	2.62*
Selbstverwirklichung	Leben	5.5	—.18	5.5	—.29*	0.27
	Arbeit	5.1	—.15	4.5	—.24*	2.49*
Schuldgefühle	Leben	3.0	.43*	3.5	.57*	—2.28*
	Arbeit	3.0	.30*	3.2	.25*	—0.64

		Männer		Frauen		Männer/Frauen
		M	r	M	r	t-Wert des Mittelvergleichs
Umgebungsbelastung	Leben	2.3	.15	2.6	.33*	—1.60
	Arbeit	2.6	.11	3.3	.37*	—2.04*
Bürokratische	Leben	3.0	.22*	3.1	.18	—0.27
Belastungen	Arbeit	4.2	.08	4.3	.13	—0.23
Administrative	Leben	2.9	.20*	2.8	.18	0.44
Belastungen	Arbeit	4.7	.06	4.5	.03	0.50
Behagliche	Leben	5.7	—.42*	5.5	—.30*	—1.28
Umgebung	Arbeit	4.9	—.25*	4.2	—.31*	2.97*
Verantwortung	Leben	4.3	.05	4.3	.16	—0.34
	Arbeit	4.1	—.19	4.2	.00	—0.44
Einfluß auf Politik	Leben	5.2	—.22*	5.3	—.28*	—0.61
	Arbeit	4.5	—.13	3.7	—.12	3.16*
Belohnungen	Leben	5.1	—.34*	5.0	—.44*	0.18
	Arbeit	4.7	—.24*	4.2	—.36*	1.96*
Gelegenheit zum	Leben	4.5	—.14	4.3	—.21*	0.78
Ausspannen	Arbeit	4.5	—.09	3.8	—.5	3.08*
Unterstützung	Leben	4.8	—.31*	5.2	—.31*	2.13*
	Arbeit	4.4	—.28*	4.6	—.27*	—0.93
Wertschätzung	Leben	5.0	—.34*	5.1	—.27*	—.47
	Arbeit	4.8	—.25*	4.4	—.33*	1.56
Emotionale	Leben	5.1	—.31	5.4	—.30*	—1.74
Gegenseitigkeit	Arbeit	4.4	—.20*	4.5	—.13	—0.43
Teilen	Leben	4.6	—.27*	4.9	—.30*	—1.05
	Arbeit	4.1	—.20*	4.6	—.11	—2.19*
Persönliche	Leben	5.6	—.21*	5.9	—.42*	—1.96*
Beziehungen	Arbeit	5.4	—.24*	5.6	—.30*	—1.10
Soziale Über-	Leben	4.0	.16	4.7	.34*	—2.76*
beanspruchung	Arbeit	3.9	.04	4.6	.21*	—2.16*
Unvereinbare	Leben	3.7	.30*	3.9	.44*	—1.38
Forderungen	Arbeit	4.0	.29*	3.8	.25*	1.05

* p < .05

Kulturelle Unterschiede. Tabelle A.14 zeigt Mittelwerte für Merkmale des Berufs- und Privatlebens und die Korrelationen zum Überdruß für Manager aus den Vereinigten Staaten und Israel.

Tabelle A.14: Mittelwerte für Merkmale des Berufs- und Arbeitslebens und Korrelationen zum Überdruß für Manager aus den Vereinigten Staaten und Israel

	Vereinigte Staaten				Israel			
	Leben		Arbeit		Leben		Arbeit	
	M	r	M	r	M	r	M	r
Vielfalt	5.5	—.08	5.7	—.12	5.0	—.12*	6.0	—.14
Komplexität	5.1	.01	5.5	.03	4.6	.12	5.9	—.12
Autonomie	5.9	.04	5.6	.04	5.7	—.31*	5.8	—.21
Überbeanspruchung	3.9	.16	4.8	.33*	4.2	—.07	5.3	—.08
Überlastung	4.0	.30*	4.4	.29*	3.2	—.26*	3.8	.16
Unausgelastetheit	2.9	.16	2.7	—.06	2.8	.20	2.6	.15
Entscheidungslast	3.5	.18	4.2	.37*	2.9	.33*	3.8	.20
Belastung durch Neuerungen	4.8	—.18	5.5	—.01	4.6	—.17*	5.7	—.37*
Bedeutung	5.1	—.05*	5.8	—.07*	6.0	.01	6.0	—.27*
Rückmeldungen	4.8	—.17	5.2	—.06*	5.5	—.17	5.8	—.16
Erfolg	5.3	—.30*	5.5	—.21*	5.6	—.43*	6.0	—.26*
Negative Folgen	4.3	—.03	5.4	—.05	4.9	—.00	5.6	—.27
Selbstausdruck	5.6	—.25*	5.6	—.10	5.5	—.27*	5.7	—.34*
Selbstverwirklichung	5.5	—.15	5.4	—.17	5.1	—.19	5.2	—.16
Selbstwertverlangen	3.8	.09	4.9	.09	3.2	.15*	5.1	—.06
Schuldgefühle	3.1	.53*	3.3	.48*	2.4	.38*	2.3	.36*
Körperliche Gefahr	2.0	—.08	1.8	—.05	1.7	.11	2.2	.05
Umgebungsbelastung	2.2	.12	2.6	.17	2.2	.13	3.2	.16
Behagliche Umgebung	6.1	—.14	5.2	—.14	5.7	—.17	4.8	—.22*
Bürokratische Belastungen	2.7	.13	3.9	.05	2.6	.31*	4.5	.31*
Administrative Belastungen	2.7	.16	4.6	.15	2.4	.37*	4.5	.40*
Einfluß auf Politik	5.3	—.17	4.9	—.15	5.8	.04	5.4	—.40*
Belohnungen	5.2	—.28*	5.1	—.29*	5.5	—.14	4.7	—.35*
Gelegenheit zum Ausspannen	4.7	—.06	4.7	.11	4.1	—.06	4.3	—.07
Soziale Überbeanspruchung	4.3	.13	4.5	.31*	4.4	.15	3.7	—.12
Unterstützung	5.1	.24*	4.7	—.16	5.3	—.09	4.9	—.15
Persönliche Beziehungen	5.8	—.25*	5.6	—.28*	6.1	—.25*	5.5	—.34*
Teilen	4.5	—.37*	4.3	—.01	5.2	—.16	4.1	.07
Unvereinbare Forderungen	3.7	.32*	4.4	.31*	3.2	.26*	3.7	.26*
Wertschätzung	5.1	—.30*	5.2	—.22*	5.6	—.21*	5.3	—.16
Verantwortung	4.4	.13	4.6	.06	4.2	—.02	3.8	.06
Emotionale Gegenseitigkeit	5.3	—.24*	4.7	—.16	5.8	.19	4.6	—.36*

* $p < .05$

Bewältigungsstrategien

Untersucht wurde eine zweidimensionale Taxonomie von Bewältigungsstrategien; die eine dieser Dimensionen war die direkt-indirekte, die andere die aktiv-inaktive. Aus der Interaktion dieser Dimensionen ergeben sich vier Typen von Bewältigungsstrategien, von denen hier jede durch drei mögliche Verhaltensweisen dargestellt wird. Für die Versuchsgruppe 2 wurde analysiert, wie häufig diese Strategien eingesetzt werden, wie erfolgreich sie sind und in welchen Beziehungen sie zum Überdruß stehen. Die in Tabelle A.15 dargestellten Ergebnisse zeigen, daß die aktiven Strategien am häufigsten und erfolgreichsten eingesetzt wurden. Inaktive Strategien wurden seltener eingesetzt und waren am wenigsten erfolgreich. Die Korrelationsanalyse zeigte, daß die Häufigkeit der aktiven Strategien negativ mit dem Überdruß korreliert, die der inaktiven dagegen positiv. Die Korrelationen zwischen dem Überdruß und dem Erfolgsgrad der eingesetzten Strategien waren überwiegend negativ und etwa zur Hälfte auf dem 5-Prozent-Niveau statistisch signifikant.

Tabelle A.15: Mittelwerte der Häufigkeiten und des Erfolgs von Bewältigungsverfahren und ihre Korrelationen zum Überdruß (Versuchsgruppe 2)

	Häufigkeit		Erfolg	
	Mittel	Korr.	Mittel	Korr.
Direkt-Aktiv				
— die streßhafte Situation verändern	3.4	—.09	3.4	—.26*
— bestimmte Streßfaktoren beeinflussen	4.1	—.32*	4.4	—.40*
— eine positive Einstellung einnehmen	4.5	—.19*	4.2	—.33*
Direkt-Inaktiv				
— die streßhaften Elemente der Situation ignorieren	3.3	.05	2.7	—.26*
— die streßhaften Elemente der Situation vermeiden	3.6	.21*	3.1	—.03
— die Situation verlassen	3.4	.15*	3.8	—.08

	Häufigkeit		Erfolg	
	Mittel	Korr.	Mittel	Korr.
Indirekt-Aktiv				
— über den Streß sprechen	5.2	—.09	5.2	—.25*
— Selbstveränderung	3.6	—.03	3.6	—.17*
— andere Tätigkeiten aufnehmen	4.5	—.09	4.9	—.13
Indirekt-Inaktiv				
— trinken oder Drogen konsumieren	2.6	.21*	3.0	—.09
— krank werden	2.6	.35*	2.4	.19*
— zusammenbrechen	2.1	.33*	2.4	.13

* $p < .05$

Geschlechtsunterschiede. Tabelle A.16 zeigt einen Vergleich der von den Männern und Frauen der Versuchsgruppe 2 eingesetzten Bewältigungsstrategien. Die Analyse enthüllte signifikante ($p < .05$) Unterschiede der Häufigkeit von vier Strategien: ignorieren der streßhaften Elemente, über den Streß sprechen, krank werden und zusammenbrechen. Die Mittelwerte lagen für Frauen bei der ersten dieser Strategien niedriger und bei den anderen drei höher als für Männer. Die Bewertung des Erfolges ergab zwei signifikant verschiedene Mittelwerte ($p < .5$): ignorieren der streßhaften Elemente und über den Streß sprechen. Die Mittelwerte für Frauen lagen bei der ersten Strategie niedriger, bei der zweiten höher.

Tabelle A.16: Mittelwerte der Häufigkeiten und des Erfolges von Bewältigungsverfahren für die Männer und Frauen der Versuchsgruppe 2

	Häufigkeit		Erfolg	
	Männer	Frauen	Männer	Frauen
Direkt-Aktiv				
— die streßhafte Situation verändern	3.5	3.4	3.4	3.3
— bestimmte Streßfaktoren beeinflussen	4.3	4.1	4.5	4.4
— eine positive Einstellung einnehmen	4.5	4.5	4.4	4.1
Direkt-Inaktiv				
— die streßhaften Elemente der Situation ignorieren	3.7	3.1	3.2	3.6
— die streßhaften Elemente der Situation vermeiden	3.4	3.6	3.2	3.1
— die Situation verlassen	3.5	3.3	4.2	3.7
Indirekt-Aktiv				
— über den Streß sprechen	4.7	5.3	4.8	5.3
— Selbstveränderung	3.8	3.6	3.9	3.5
— andere Tätigkeiten aufnehmen	4.4	4.6	4.6	4.9
Indirekt-Inaktiv				
— trinken oder Drogen konsumieren	2.5	2.6	3.0	3.0
— krank werden	1.8	2.8	2.5	2.4
— zusammenbrechen	1.5	2.3	2.3	2.5

Kulturelle Unterschiede. Die Häufigkeiten verschiedener Bewältigungsstrategien der amerikanischen Versuchsgruppe 2 und der israelischen Versuchsgruppe 27 wurden verglichen. Die in Tabelle A.17 dargestellten Ergebnisse zeigen, daß die direkt-aktiven Strategien, wie Verändern der streßhaften Situation, Beeinflussen bestimmter Streßfaktoren und die Betonung der positiven Aspekte der Situation, bei den Israeli häufiger waren. Die Amerikaner benutzten mehr direkt-inaktive Strategien, wie die streßhaften Elemente der Situation ignorieren, sie vermeiden oder die Situation verlassen. Sie verwendeten auch häufiger indirekt-aktive Bewältigungsstrategien, wie über den Streß sprechen, Selbstveränderung und sich in anderen Tätigkeiten engagieren und mehr indirekt-inaktive Aktivitäten, wie trinken, krank werden oder zusammenbrechen.

Tabelle A.17: Mittelwerte der Häufigkeiten und des Erfolges von Bewältigungsverfahren für Israeli und Amerikaner

	Häufigkeit		Erfolg	
	Israel	USA	Israel	USA
Direkt-Aktiv				
— die streßhafte Situation verändern	3.7	4.2	4.2	3.4
— bestimmte Streßfaktoren beeinflussen	4.8	4.1	4.7	4.4
— eine positive Einstellung einnehmen	4.7	4.5	4.9	4.2
Direkt-Inaktiv				
— die streßhaften Elemente der Situation ignorieren	2.6	3.3	3.7	2.7
— die streßhaften Elemente der Situation vermeiden	2.8	3.6	3.5	3.1
— die Situation verlassen	2.5	3.4	3.3	3.8
Indirekt-Aktiv				
— über den Streß sprechen	3.9	5.2	4.2	5.2
— Selbstveränderung	2.9	3.6	3.5	3.6
— andere Tätigkeiten aufnehmen	4.0	4.5	4.7	4.9
Indirekt-Inaktiv				
— trinken oder Drogen konsumieren	1.1	2.6	2.6	3.0
— krank werden	1.5	2.6	2.6	3.0
— zusammenbrechen	1.3	2.1	2.4	2.4

* $p < .05$

Zusammenfassung

In diesem Anhang wurden Forschungen über Überdruß und ihre wichtigsten Ergebnisse dargestellt. Der interessierte Leser sei auf die folgende Liste einschlägiger Arbeiten verwiesen.

Anmerkungen

1 T. Kunin, „The Construction of a New Type of Attitude Measure", *Personnel Psychology* 8 (1955), S. 65—77.

2 A. T. Beck, A. Weissman, D. Lester, and L. Trexler, „The Measurement of Pessimism: The Hopelessness Scale", *Journal of Consulting and Clinical Psychology* 42 (1974), S. 861—865.

Literaturhinweise

Etzion, D., Kafry, D. und Pines, A. „Tedium among Managers: A Cross-cultural American-Israeli Comparison. *Journal of Psychology and Judaism,* im Druck.

Etzion, D., Pines, A. und Kafry, D. „Coping Strategies and the Experience of Tedium: A Cross-cultural Comparison Between Israelis and Americans." *Journal of Psychology and Judaism,* im Druck.

Kafry, D. und Pines, A. „Coping Strategies and the Experience of Tedium." Vorgelegt bei der American Psychological Association Convention, Toronto, 1978.

Kafry, D. und Pines, A. „Tedium in Life and Work." *Human Relations,* im Druck.

Kanner, A. D., Kafry, D. und Pines, A. „Conspicuous in its Absence: The Lack of Positive Conditions as a Source of Stress." *Journal of Human Stress 4* (4) (1978): S. 33–39.

Kanner, A. D., Kafry, D. und Pines, A. „Stress Results from the Absence of Positive Experiences As Well." Vorgelegt bei der Western Psychological Association Convention, Honolulu 1980.

Maslach, C. und Pines, A. „The „Burnout" Syndrome in Day Care Settings." *Child Care Quarterly* 6, Nr. 2 (1977): S. 100–113.

Maslach, C. und Pines, A. „Burnout, the Loss of Human Caring." In *Experiencing Social Psychology,* von A. Pines und C. Maslach, New York 1979, S. 245–252.

Pines, A. „Burnout and Life Tedium in Three Generations of Professional Women." Vorgelegt bei der American Psychological Association Convention, San Francisco 1977.

Pines, A. „Characteristics of Burnout in Human Service Workers." Vorgelegt bei der 21. Annual Clinical Conference, Asilomar 1978.

Pines, A. „Emotional Involvement of Helping Persons–Where Do We Draw the Line?" Vorgelegt bei der Annual Conference on Child Abuse and Neglect, Houston 1977.

Pines, A. „How to Develop Detached Concern and Prevent Burnout." Vorgelegt bei der 2. Annual National Conference on Child Abuse and Neglect, San Antonio 1977.

Pines, A. und Aronson, E. *Burnout.* Schiller Park, Ill.: M. T. I. Teleprograms Inc., 1980.

Pines, A. und Aronson, E. „From Burnout to Personal Growth." Vorgelegt bei der American Psychological Association Convention, Montreal 1980.

Pines, A. und Kafry, D. „Tedium in the Life of Three Generations of Professional Women." *Sex Roles,* im Druck.

Pines, A. und Kafry, D. „Occupational Tedium in the Social Services." *Social Work* 23, Nr. 6 (1978): S. 499–507; auch in *On Becoming a Social Worker: Issues in Career Development,* hrsg. v. J. Herrick und D. Bargal. Columbus, im Druck.

Pines, A. und Kafry, D. „Tedium in College." Vorgelegt bei der Western Psychological Association Convention, Honolulu 1980.

Pines, A. und Kafry, D. „Tedium in the Life and Work of Professional Women as Compared to Men." *Sex Roles,* im Druck.

Pines, A., Kafry, D. und Etzion, D. „A Cross-cultural Comparison between Israelis and Americans in the Experience of Tedium and Coping with It." Vorgelegt bei der Western Psychological Association Convention, San Diego 1979.

Pines, A., Kafry, D. und Etzion, D. „Job Stress from a Cross-cultural Perspective." In *Burnout in the Helping Professions,* hrsg. v. K. Reid, Kalamazoo 1980.

Pines, A., Kafry, D. und Etzion, D. „Tedium: The Dangers Facing People at Work." Arbeitspapier, 581–78, Universität von Tel Aviv, Fakultät für Management, 1978; auch in *Shurot* (Hebr.) (April 1979): S. 12–16.

Pines, A. und Maslach, C. „Characteristics of Staff Burnout in Mental Health Settings." *Hospital and Community Psychiatry* 29 (1978): S. 233–237; auch in *Innovations* 6, Nr. 2 (1979): S. 40.

Pines, A. und Maslach, C. „Combating Staff Burnout in a Child Care Center," *Child Care Quarterly* 9, Nr. 1 (1979): S.5–16.

Pines, A. und Solomon, T. „Perception of Self as a Mediator in the Dehumanization Process." *Personality and Social Psychology Bulletin* 3, Nr. 2 (1977): S. 219–223.

Register

Christoph Eichhorn:
Gut erholen – besser leben
Das Praxisbuch für den Alltag
220 Seiten, Breitklappenbroschur, ISBN 3-608-94413-3

Dieses Buch vermittelt im ersten Teil die neuesten und wichtigsten Erkenntnisse aus der Erholungsforschung. Mit Hilfe von Tests läßt sich überprüfen, wie belastet man aktuell ist und wie gut man mit seiner Arbeit zurechtkommt.

Im zweiten Teil stellt der Autor ein neues, wissenschaftlich fundiertes Erholungskonzept vor, das Geist und Seele anspricht und bei dem man folgendes erfährt:

- warum positive Gefühle Erholung fördern und belastbarer machen
- wie Sinn und Werte Kraft geben und vor Überlastung schützen
- warum Freundschaften Belastung abpuffern
- wie Dankbarkeit zu innerer Ruhe führt
- wie man durch Vergebung mit sich und dem Umfeld Frieden schließt.

Mihaly Csikszentmihalyi:
FLOW. Das Geheimnis des Glücks
Aus dem Amerikanischen von Annette Charpentier
424 Seiten, 1 Abbildung, gebunden, ISBN 3-608-95783-9

»Gewiß, diese Hochstimmung zu erreichen, ist nicht einfach – *flow* läßt sich nicht auf Knopfdruck abrufen. Aber je stärker die Motivation, je besser man seine Tätigkeit beherrscht und je öfter man die Bedingungen schafft, desto eher stellt sich *flow* ein.
Und wer einmal *flow* erlebt hat, der wird ihn auch ein zweites Mal erleben. Und immer wieder.«
Marie Claire

Klett-Cotta

Patty Howell / Ralph Jones:
Der kleine Beziehungstherapeut
Zu zweit lieben lernen

Aus dem Amerikanischen von Christa Broermann
253 Seiten, Deckenbroschur, Lesebändchen, ISBN 3-608-91312-2

Jede Partnerschaft, jede Ehe, jede Liebe beginnt als Honeymoon, endet
aber nicht dort. Das Leben geht weiter und stellt Anforderungen an
die Partner.
Wenn Paare sehr vertraut miteinander werden, ist das A und O
gegenseitige Achtung und einfühlendes Verständnis sowie die Pflege
eines entspannten offenen Verhältnisses zueinander. Probleme und
Konflikte zwischen Partnern gehören zu jeder Partnerschaft. Sie auf die
lange Bank schieben, ist zwar möglich, hilft aber nicht ... Dieses und
viele andere Beispiele zu den Problemen, die sich in jeder Beziehung
ergeben, öffnen die Augen für die Klippen, die bewältigt werden müssen.

Ursel Bucher:
Das Geheimnis der Partnerschaft
Zwölf Thesen für ein erfülltes Leben zu zweit

287 Seiten, Klappenbroschur, ISBN 3-608-96005-8

Enttäuschungen und Auseinandersetzungen, die die Partnerschaft auf
die Probe stellen, gibt es in fast jeder Beziehung: Ein Partner nimmt
es mit der Treue nicht so genau, der Alltag hinterläßt seine Spuren,
ein Partner vermißt die Erfüllung seiner Sexualität, oder das Bett wird
gar zum Kampfplatz ehelicher Auseinandersetzungen. Doch gerade an
solchen Punkten kann eine heilsame Wende zu einer reifen und ganz
neuen Zweisamkeit eintreten. Daß das nicht ohne Beziehungsarbeit
und Kompromisse geht, liegt auf der Hand. Die Partner müssen lernen,
daß eine Beziehung nie der Himmel auf Erden ist, aber ein festes Band
sein kann, das sie freundschaftlich miteinander verbindet. Und je reifer
eine Beziehung ist, desto mehr verändern sich die Bedürfnisse und
auch die Erwartungen der Betroffenen an ihre Beziehung.

Klett-Cotta

W. Hugh Missildine:
In dir lebt das Kind, das du warst
Vorschläge zur Bewältigung des Alltags
Aus dem Amerikanischen von Josef Wimmer
374 Seiten, broschiert, ISBN 3-608-91864-7

Viele Menschen leiden unter seelischen Störungen, weil sie sich auch als Erwachsene von Verhaltensweisen ihrer Kindheit nicht freimachen können. Sie reagieren noch immer wie das zu sehr verwöhnte, zu ängstlich behandelte, zu streng oder zu nachsichtig erzogene Kind von früher. Das heißt, sie handeln weiterhin aus der Lebensanschauung des Hilflosen und des Abhängigen. Der amerikanische Kinderpsychiater W. Hugh Missildine zeigt, wie man als Erwachsener lernen kann, diese pathogenen Haltungen zu beeinflussen.

Arnold A. Lazarus / Clifford N. Lazarus:
Der kleine Taschentherapeut
In 60 Sekunden wieder o.k.
Aus dem Amerikanischen von Christoph Trunk
259 Seiten, broschiert, Lesebändchen, ISBN 3-608-91972-4

In knapper, prägnanter Form präsentieren Arnold und Clifford Lazarus 101 Tips, um uns psychisch fit zu halten. Auf pragmatische, mitunter auch unkonventionelle Weise führen sie einfache Techniken vor, in verschiedensten Bereichen des Alltags, ob in der Beziehung, im sozialen Leben oder im Beruf, besser klarzukommen.
Die Botschaft ist einfach: Wir können viel mehr in unserem täglichen Verhalten und somit unserem Wohlbefinden verändern, als wir glauben. Die Autoren zeigen, wie wir uns von falschen Erwartungen, destruktiven Ideen, negativen Emotionen befreien – kurz, wie wir in einer verrückten Welt kühlen Kopf bewahren, mit Zuversicht wir selbst sein und so tagtäglich zum Architekten eines besseren Lebens werden können.

Klett-Cotta